Barbara Beck

Vom Königsbett zum Schafott

Barbara Beck

Vom Königsbett zum Schafott

Frauen als Opfer von Intrigen

marixverlag

Bibliografische Information der Deutschen Nationalbibliothek
Die Deutsche Nationalbibliothek verzeichnet diese
Publikation in der Deutschen Nationalbibliografie; detaillierte
bibliografische Daten sind im Internet über
http://dnb.d-nb.de abrufbar.

Copyright © by marixverlag GmbH, Wiesbaden 2010
Covergestaltung: Nicole Ehlers, GmbH, Wiesbaden
Bildnachweis: istockphoto, Calgary/Kanada
Lektorat: Etel Brüning, Kaltenkirchen
Satz und Bearbeitung: Medienservice Feiß, Burgwitz
Der Titel wurde in der Adobe Caslon gesetzt.
Gesamtherstellung: Bercker Graphischer Betrieb GmbH & Co.KG, Kevelaer
Printed in Germany

ISBN: 978-3-86539-241-1

www.marixverlag.de

INHALT

Vorwort.   7

Mord aus Staatsräson
Agnes Bernauer. 11

Zum Wahnsinn verdammt
Johanna I. von Kastilien, „die Wahnsinnige". 22

Des Ehebruchs verdächtigt
Anna Boleyn. 36

Schachfigur im Poker um die englische Krone
Jane Grey. 48

Zu Fall gebracht durch das Babington-Komplott
Maria Stuart. 58

Spielball der Parteien
Margarethe von Valois. 72

Hauptverdächtige im Papistenkomplott
Katharina von Braganza. 85

Im Bann der Giftaffäre
Olympia Mancini. 97

Um ihrer „Ehre" willen unbeugsam
Anna Constantia von Cosel. 109

Verstrickt in die Struensee-Affäre
Caroline Mathilde von Dänemark. 121

Die Halsbandaffäre als Menetekel
Marie Antoinette von Frankreich. 134

Voll Selbstaufopferung in den Tod
Marie-Jeanne Roland de La Platière. 148

Lebenslanger Kampf um Anerkennung
Luise Karoline von Hochberg. 159

Ein romanhaftes Leben
Marie Caroline von Berry. 171

Als „die Engländerin" verunglimpft
Victoria von Preußen, „Kaiserin Friedrich". 182

Die Gastgeberin der „Teegesellschaft"
Elisabeth von Thadden. 197

Der „zionistischen Verschwörung" verdächtigt
Polina Semjonowa Schemtschuschina. 209

Literaturverzeichnis. 219

5

Vorwort

Die Geschichte der Menschheit ist seit Anbeginn zugleich eine Geschichte mehr oder weniger erfolgreich durchgeführter Intrigen und Komplotte. Die Intrige kommt in vielerlei Gestalten vor und besteht oft nicht nur aus einer isoliert dastehenden Aktion, sondern aus einer ganzen Kette von Einzelintrigen. Die „klassischen" Bestandteile der Intrige sind arglistige Täuschung, Fälschung, Verleumdung, Lüge und Rufmord. Da Geheimhaltung üblicherweise ein wesentlicher Bestandteil von Intrigen und verschwörerischen Komplotten ist, um aus der sicheren Deckung heraus „zuschlagen" zu können, ist es für die Geschichtsforschung nicht immer möglich, derartige Aktionen in allen Einzelheiten zu erfassen und die hinter den Kulissen agierenden Personen und ihre Beweggründe dingfest zu machen. Im Allgemeinen hinterließ der Intrigant bzw. die Intrigantin auch keine Dokumente, in denen Vorgehen und Intentionen zur Freude späterer Wissenschaftler genau festgehalten wurden.

Immer dann, wenn in der Geschichte von der Gewalt als selbstverständlich akzeptiertem und praktiziertem Mittel der Realpolitik abgerückt wurde, gewann die Intrige als Mittel zur Durchsetzung eigener Ziele an Bedeutung. Man begegnet ihr bevorzugt dort, wo sich Macht und Glanz entfalten – in den jeweiligen politischen Schaltzentralen, an den Höfen und Regierungssitzen. Es besteht von daher eine sehr enge Nachbarschaft von Politik und Intrige, worauf auch die zynisch anmutende Feststellung des ehemaligen sächsischen Ministerpräsidenten Kurt Biedenkopf anspielt, dass nämlich

Intrigen das Nebengeräusch der Politik sind. Zwar galten und gelten Intrigen als moralisch verwerflich, doch kommt der Mensch im Kampf um Macht und Einfluss ohne sie anscheinend nicht aus. Für die große „Beliebtheit" dieser Form der menschlichen Konfliktlösung spricht zudem, dass sich Literatur und Kunst ihrer immer wieder gerne als nahezu festem und offenbar unerschöpflichem Bestandteil der Handlung bedienen.

Nicht immer verdienen die Opfer von politischen Intrigen uneingeschränktes Mitgefühl. Sie waren keineswegs durch die Bank bedauernswerte Unschuldslämmer. Sehr häufig war die Grenze zwischen Intrigant und Opfer sogar fließend und die Veränderung der Position erfolgte sozusagen im fliegenden Wechsel. Die schottische Königin Maria Stuart etwa war selbst in zahlreiche Komplotte gegen Königin Elisabeth I. verwickelt, bevor diese deren Hinrichtungsurkunde unterzeichnete. Sich ohne genaue Kenntnis der Machtmechanismen in den Kampf um eine herausgehobene Stellung einzulassen, konnte mitunter tödlich enden, wie dies zum Beispiel das tragische Schicksal der Baderstochter Agnes Bernauer beweist. Dass eine Intrige nicht zwangsläufig zuungunsten des ins Auge gefassten Opfers ausgehen musste, beweist das Schicksal der Katharina von Braganza. Im Gegensatz zu einer anderen, wesentlich bekannteren englischen Königsgemahlin, Anna Boleyn, musste sie den gegen sie erhobenen, dabei aber völlig haltlosen Hochverratsvorwurf nicht mit ihrem Leben bezahlen. Bei ihr hatten sich die Verschwörer sozusagen „verrechnet" und den Rückhalt, den sie in führenden Kreisen und vor allem bei ihrem Ehemann König Karl II. genoss, falsch eingeschätzt. Bei Anna Boleyn hingegen war König Heinrich VIII. selbst die treibende Kraft hinter den

Anschuldigungen, so dass diese geradezu zwangsläufig den Weg des Opfers zum Schafott ebneten. In ihrem Fall wirkte es sich außerdem fatal aus, dass sie sich in den Zeiten ihres Glanzes nur wenig Freunde gewonnen hatte. Schwächen im falschen Moment zu zeigen und nicht auf der Hut vor möglichen Gegnern zu sein, trug bei vielen politischen Intrigenopfern zum Scheitern bei. So manches Opfer musste die bittere Erfahrung machen, dass seine Feinde und Gegenspieler aus dem allerengsten Umfeld kamen.

Während bei Männern im Allgemeinen ein lockerer, ja sogar ein ausschweifender Lebenswandel nicht schadete, stellte für Frauen ihr Ruf meist ihre Achillesferse dar. Frauen waren daher über Jahrhunderte hinweg besonders leicht mit dem Vorwurf der Sittenlosigkeit zu Fall zu bringen. Erschien ihre Reputation kompromittiert wie im Falle der dänischen Königin Caroline Mathilde, konnte dies für sie schreckliche Folgen haben. Und selbst wenn die angegriffenen Frauen die sprichwörtliche Ehrbarkeit in Person waren, konnten sich geschickt gesteuerte Rufmordkampagnen als erfolgreiche Aktionen erweisen. Manon Roland, Gattin eines führenden Ministers in der Zeit der Französischen Revolution und selbst einflussreicher Mittelpunkt der girondistischen Gruppe, sah sich wie die von ihr verachtete skandalumwitterte Königin Marie Antoinette von Frankreich einer solchen öffentlichen Diffamierung ausgesetzt. Ihre politischen Gegner zogen ihren Namen gnadenlos mit Hilfe von Lug und Trug in den Schmutz, bevor sie schließlich unter der Guillotine endete.

Der vorliegende Band versammelt bekannte und weniger bekannte Schicksale von Frauen aus der europäischen Geschichte, die aus politischen Gründen auf unterschiedliche Art und Weise Opfer von Intrigen wurden. Die Auswahl dieser Biografien aus dem 15. bis 20. Jahrhundert muss dabei letztlich immer nach subjektiven Kriterien getroffen werden. Ziel war es, eine möglichst große Bandbreite an solchen von Intrigen überschatteten und gestalteten Lebensgeschichten aufzuzeigen, auch mit welch unterschiedlichen Taktiken und Strategien gegen diese Frauen vorgegangen wurde und wie deren Reaktionen darauf ausfielen.

AGNES BERNAUER

Der zeitgenössische Chronist Andreas von Regensburg, der gewöhnlich als gut informiert gilt, berichtet über den gewaltsamen Tod der Agnes Bernauer am 12. Oktober 1435 in Straubing: *„Am 12. Oktober [wurde] auf Befehl Herzog Ernsts eine gewisse schöne Frau, die Geliebte Herzog Albrechts, genannt Bernawerin, von einer Donaubrücke gestürzt. Mit Hilfe eines Fußes, der nicht gefesselt war, schwamm sie ein Stück und kam dem Ufer nahe, wobei sie unter heiserem Röcheln rief: ‚Helft, helft!' Der Henker aber, der sie von der Brücke gestürzt hatte, lief am Donauufer herzu, und, weil er den heftigen Zorn Herzog Ernsts fürchtete, wickelte er eine lange Stange in ihr Haar und tauchte sie wieder unter"*[1]. Diese dürre Notiz wurde wohl um 1444 verfasst, neun Jahre nach den dramatischen Ereignissen. Lediglich der Tod der häufig nur „die Bernauerin" Genannten durch Ertränken ist damit zweifelsfrei dokumentiert. Andreas von Regensburg äußert sich weder über einen vorausgegangenen Prozess noch über Beteiligte an dieser Hinrichtung. Prozessakten sind in der Tat auch nicht überliefert, wie überhaupt die Quellenlage zum Schicksal der Agnes Bernauer, dieser berühmten Frauengestalt aus der bayerischen Geschichte, bemerkenswert dürftig ist.

Üblicherweise wird die Reichsstadt Augsburg als Geburtsort von Agnes Bernauer genannt. Hier soll sie um 1410 als Tochter des Baders Kaspar Bernauer geboren worden sein.

Die Existenz dieses Baders konnte bisher nicht nachgewiesen werden. Er taucht weder im Bürgerverzeichnis der Reichsstadt noch in den städtischen Steuerlisten des 15. Jahrhunderts auf. Vielleicht betrieb der Vater von Agnes nicht eigenständig ein Bad, sondern arbeitete als Geselle oder Baderknecht. Ebenso wenig eindeutig verbürgt wie die familiäre Abstammung sind das Geburtsjahr und der Geburtsort der Bernauerin. Die frühesten Hinweise auf den Vater und Augsburg stammen aus den siebziger Jahren des 15. Jahrhunderts. Eine erste Mitteilung darüber, welcher beruflichen Tätigkeit Agnes Bernauer selbst nachging, liefert der Humanist Enea Silvio Piccolomini, der spätere Papst Pius II., der als Teilnehmer am zeitgleich zu den Ereignissen in Straubing stattfindenden Basler Konzil entsprechenden Klatsch aufschnappte. Er berichtet daher 1456: *„Herzog Albrecht von Bayern war heillos in ein Mädchen, eine Badewärterin, verliebt"*[2].

Wenn Agnes Bernauer tatsächlich die Tochter eines Baders oder Barbiers war und selbst als Bademagd arbeitete, entstammte sie einfacheren Verhältnissen. In der mittelalterlichen Gesellschaft gehörten Bader vielfach zu den ehrlosen Ständen, die von vielen bürgerlichen Rechten ausgeschlossen waren. In Augsburg allerdings begannen die Bader und Barbiere seit dem 15. Jahrhundert gesellschaftlich aufzusteigen. Falls Agnes' Vater als selbständiger Bader arbeitete und ein eigenes Bad besaß, so gehörten er und seine Familie doch eher der ehrbaren mittleren Bürgerschicht der Reichsstadt an.

Die beliebten Badestuben dienten im 15. Jahrhundert nicht allein der Körperreinigung und der medizinischen Versorgung, sondern waren gelegentlich auch Orte der Prostitution. Für Augsburg gibt es jedoch kein Verbot wegen Badeprostitution. Es kann daher nicht verallgemeinernd von Sittenlosigkeit in den Bädern des Mittelalters gesprochen werden, vielmehr waren sie beliebte gesellschaftliche Treffpunkte. Im 15. Jahrhundert ging es in den Bädern sogar eher züchtig zu, völlig nackt badeten oft nur die Kinder.

Wesentlich besser ist erwartungsgemäß der biografische Kenntnisstand bei dem bayerischen Herzogssohn Albrecht, dem man später den Beinamen „der Fromme" gab. Der einzige legitime Sohn des regierenden Herzogs Ernst I. von Bayern-München und der Herzogin Elisabeth, einer Visconti aus Mailand, wurde am 27. März 1401 geboren. Seine standesgemäße Erziehung erhielt er am Prager Königshof bei seiner Tante Sophie, die mit dem böhmischen König Wenzel IV. verheiratet war. Im Alter von etwa sechzehn Jahren kehrte Albrecht an den Münchner Hof zurück. Zeitlebens hatte er eine ausgeprägte Vorliebe für die Jagd, Musik und Literatur, außerdem galt er als „ain liebhaber der zarten frawen"[3]. In Turnieren und in kriegerischen Auseinandersetzungen tat er sich als mutiger Kämpfer hervor. Bereits 1424 hatte ihm seine Mutter die Grafschaft Vohburg an der Donau zusammen mit Pfaffenhofen an der Ilm, Geisenfeld und Hohenwart abgetreten, weshalb sich Albrecht auch Graf von Vohburg nannte. Im Januar 1433 setzte ihn sein Vater zum Statthalter des 1425/1429 an Bayern-München gefallenen Straubinger Landes ein.

Wo und wann sich die als außergewöhnlich schön bezeichnete Baderstochter und der bayerische Erbprinz erstmals begegneten, darüber informieren die zeitgenössischen Quellen nicht. Da Herzog Albrecht III. als Teilnehmer an einem Turnier im Februar 1428 in Augsburg genannt wird, wird gemeinhin angenommen, dass er bei dieser Gelegenheit Agnes Bernauer wohl bei einem Besuch der väterlichen Badestube kennen lernte und bald darauf nach München holte. In einer in die zweite Hälfte der zwanziger Jahre zu datierenden Münchner Steuerliste taucht unter dem weiblichen Gesinde des herzoglichen Hofs eine „Pernawerin" auf. Tatsächlich ist dies bis heute der erste quellenmäßige Beleg für die Existenz der Agnes Bernauer überhaupt. Aus Äußerungen von Herzog Ernst vom Oktober 1435, dass sein einziger Sohn seit drei oder vier Jahren ein böses Weib gehabt habe, kann man aber auch schließen, dass das Verhältnis zwischen dem Herzogssohn und der Bernauerin erst um 1431/1432 seinen Anfang nahm. Da sich Albrecht zu dieser Zeit überwiegend in München aufhielt, könnte er auch dort eine Beziehung mit Agnes Bernauer angeknüpft haben, die zu dieser Zeit ja bereits ein Mitglied des Hofgesindes war.

Eine Liebesaffäre zwischen einem noch unverheirateten Adeligen und einer Frau aus einfacheren Verhältnissen hätte an sich kaum größeres Aufsehen erregt, da eine Geliebte einer standesgemäßen Heirat und damit erbberechtigtem Nachwuchs nicht im Wege stand. Die Beziehung zwischen Albrecht III. und Agnes Bernauer nahm aber einen überraschenden, die gesellschaftlichen Konventionen sprengenden Verlauf. Das Auftreten der jungen Frau fiel aus dem gewohnten Rahmen und sorgte für Misstöne. Im Sommer 1432 mischte sie sich selbstbewusst in die Beziehungen zwischen dem Herzog und der Stadt München ein, als sie dafür sorgte, dass ein vor dem Zugriff der städtischen Schergen in die Alte Veste, die herzogliche Residenz, geflohener Pferdedieb festgenommen werden konnte. Sie veranlasste nämlich, dass die Stadt einen Boten an den abwesenden Herzog schickte und um die Herausgabe des Diebes nachsuchte. Albrechts Schwester Beatrix reagierte bei einem Besuch in München empört über dieses in ihren Augen anmaßende Benehmen und sprach öffentlich zornig von *„der hoch und grosfaisten Bernawerin"*[4] (= der hochmütigen und aufgeblasenen Bernauerin). Eventuell war Agnes Bernauer zu diesem Zeitpunkt bereits mit Albrecht verheiratet und sah sich deshalb zu diesem Verhalten berechtigt. Die zeitgenössischen Quellen liefern allerdings keine eindeutigen Beweise für eine Eheschließung, es spricht aber einiges für eine geheim gehaltene Ehe. Vielfach wird der am 7. Januar 1433 urkundlich belegte Kauf einer Hube und Hofstatt in Niedermenzing durch Agnes Bernauer als Morgengabe Albrechts interpretiert, der ihr diesen Kauf ermöglichte. Ein eindeutiger Beweis für eine Eheschließung ist dieser Grunderwerb aber nicht, da solche Käufe häufig zu den üblichen Versorgungsleistungen für eine fürstliche Geliebte gehörten. In dem in der Nähe gelegenen Schloss Blutenburg lebte Albrecht nachweislich ungefähr zwei Jahre mit Agnes Bernauer zusammen. Dass es sich nicht nur um eine uneheliche Verbindung gehandelt haben kann, dafür spricht am eindeutigsten Agnes Bernauers tragischer Tod, da ihre Ermordung sonst weitgehend sinnlos gewesen wäre. Eine solche unebenbürtige Ehe verstieß aber gegen die Standesschranken der mittelalterlichen Gesellschaft. Damals bildeten sich selbst innerhalb des Adels Heiratsschranken aus. Wie sehr diese Verbindung zwischen einem Mitglied des Hochadels und einer Frau „aus dem Volk" dem adeligen Standesbewusstsein widersprach, wird durch die verächtliche Behandlung Albrechts bei einem Turnier am 23. November 1434 in Regensburg deutlich, als ihm die Teilnahme am Turnier verwehrt wurde. Der Herzog wurde *„wegen seiner Geliebten, deretwegen er, wie man glaubte, es verschob, eine rechtmäßige Frau zu heiraten, angegriffen und geschlagen"*[5].

Albrechts Mesalliance verstieß gegen die von Gott gewollte Ordnung der Ständegesellschaft.

Während quellenmäßige Belege für einen längeren zusammen verbrachten Aufenthalt des Paares in der Grafschaft Vohburg ebenso fehlen wie für eine gemeinsame Nachkommenschaft, sieht die Überlieferung für Straubing besser aus. Seit 1434/1435 trat Agnes Bernauer in Straubing als „Herzogin" an der Seite Albrechts auf, der nur noch selten nach München kam. Der bedeutende bayerische Geschichtsschreiber Aventinus schrieb etwa hundert Jahre später, dass sich die Bernauerin selbst als *„Gemahlin des bayerischen Fürsten und Herzogin von Bayern"*[6] bezeichnet habe. Wie Agnes Bernauer selbst ihre Position in Straubing verstand, verrät ihre Altarstiftung im Kloster der Karmeliten zu Straubing. Da das Kloster mit seiner Kirche als Grablege für die Straubinger Wittelsbacher, die wohlhabenden Bürger und den niederbayerischen Adel diente, wollte sie hier ebenfalls im Kreuzgang ihre letzte Ruhestätte finden. Ganz offensichtlich fühlte sie sich als legitime Herzogsgemahlin.

Als Herzog Albrecht im Straubinger Land zunehmend nach einem unabhängigeren Regiment strebte und mehrmals den schuldigen Gehorsam seinem Vater verweigerte, löste dies wachsendes Missfallen bei Herzog Ernst I. aus. Für weiteren Konfliktstoff sorgte Albrechts Wunsch nach Herausgabe des gesamten mütterlichen Erbes. Dass Herzog Ernst hinter dem neuen, für ihn unerfreulichen Verhalten seines Sohnes, der früher wenig Interesse an der Mitregierung in München gezeigt hatte, als die eigentlich Schuldige die Bernauerin vermutete, dafür sprechen seine späteren Ausführungen gegenüber Kaiser Sigismund. Wahrscheinlich hatte Herzog Ernst die Bernauerin zunächst nur als eine vor-

übergehende Geliebte seines Erben eingeschätzt. Inzwischen
sah der alte Herzog jedoch die Erbfolge in Bayern-München
durch die unstandesgemäße Verbindung in höchstem Grade
gefährdet. Immer wieder war es nach dem Tod von Kaiser
Ludwig dem Bayern im Jahr 1347 zu Teilungen der wittelsbachischen Territorien gekommen, und immer wieder gab
es auch kriegerische Auseinandersetzungen zwischen den
Teillinien. Die wittelsbachischen Verwandten in den Her-
zogtümern Bayern-Ingolstadt und Bayern-Landshut waren
in ihrem Interesse an einer erneuten Teilung nicht zu unter-
schätzen. Durch den unerwarteten Tod von Ernsts Bruder
und Mitregenten Herzog Wilhelm III. im September 1435
verschärfte sich die Situation bedenklich, da dieser nur einen
schwächlichen Sohn namens Adolf hinterlassen hatte. Zur
Sicherung des Fortbestandes des Herzogtums Bayern-München musste Albrecht unbedingt standesgemäß heiraten und
legitime Kinder bekommen. Außerdem musste er sich zur
Sicherung des Zusammenhalts des Herzogtums mit dem
Straubinger Land wieder dem väterlichen Willen fügen. Agnes Bernauer stand all diesen Erfordernissen im Weg, solange
sie lebte.

Als Herzog Albrecht im Oktober 1435 einer Einladung von
Herzog Heinrich XVI. von Bayern-Landshut zu einer Jagd-
partie und einer geheimen Besprechung Folge leistete, nutzte
Herzog Ernst I. die Abwesenheit seines Sohnes, um Agnes
Bernauer verhaften und am 12. Oktober 1435 in der Donau ertränken zu lassen. Ob es sich bei der Einladung des Landshu-
ter Herzogs um eine mit Herzog Ernst abgesprochene List
handelte, um Albrecht bewusst von Straubing fernzuhalten
und dessen Vater freie Hand zu verschaffen, muss ungeklärt
bleiben. Höchstwahrscheinlich fand kein ordentliches Ge-

richtsverfahren statt, allenfalls ein Schnellverfahren, bei dem
das Urteil von vornherein feststand. Ertränken war eine im
ausgehenden Mittelalter gebräuchliche Hinrichtungsart für
Frauen. Die der Bernauerin alles andere als wohlgesinn-
te Stimmung in den führenden Kreisen der Residenzstadt
München gibt der dortige Stadtschreiber Hans Rosenbusch
nach deren gewaltsamem Ende wieder, indem er geradezu
zynisch darüber schreibt, *„das man die Bernawerin gen hymel
gefertigt hett"*[7].

Als der bayerische Erbprinz Albrecht von Agnes Bernauers
Tod erfuhr, ging er am 14. Oktober wutentbrannt an den
Hof von Herzog Ludwig dem Gebarteten von Bayern-Ingolstadt, der mit seinem Vater verfeindet war. Erste Fehde-
briefe wurden zugestellt. Eine latente Kriegsgefahr zwischen
den bayerischen Teilherzogtümern bestand allerdings in den
letzten Jahren immer, so dass sicherlich nicht nur emotionale
Gründe zu diesem Schritt führten, sondern auch Albrechts
Erkenntnis, dass sein Vater unter keinen Umständen bereit
war, dem Straubinger Land und damit ihm eine größere
Selbständigkeit einzuräumen. Um den drohenden Konflikt
zu entschärfen, wandte sich Herzog Ernst I. Ende Oktober auch an Kaiser Sigismund. In den Anweisungen, die er
seinem Gesandten Friedrich Aichstetter mitgab, findet sich
Ernsts offizielle Begründung für die brutale Beseitigung der
unerwünschten Schwiegertochter. Er sprach davon, dass sein
Sohn *„mit einem poesn weyb"*[8] beladen gewesen sei, das diesen
schon seit drei oder vier Jahren bedrückt habe, so dass Albrecht seitdem *„nie recht froelich gewesen"* sei. Er habe schließlich um das Leben seines Sohnes fürchten müssen. Zudem
sei ihm zu Ohren gekommen, dass die Bernauerin einen
Giftmord an ihm selbst und seinem jungen Neffen Adolf

geplant habe. Da kein Ende für diese unerfreuliche Situation abzusehen gewesen wäre, weil sich die Bernauerin mit *„hartnekayt"* im Straubinger Schloss behauptet habe, habe er schließlich eingegriffen und diese Frau ertränken lassen. Abschließend verwies Herzog Ernst darauf, dass diese Beziehung seines Sohnes zu der Bernauerin *„ein schand und smach"* gewesen sei und den Ruf der bayerischen Fürsten im Ausland beschädigt habe. Ernst bat daher den Kaiser, Albrecht dazu zu bewegen, zu seinem Vater zurückzukehren und sich dessen Anweisungen zu fügen. Da sich der Herzogssohn nach einem knappen Dreivierteljahr nach dem Tod der Agnes Bernauer wieder mit seinem Vater versöhnte, hatte der Kaiser vielleicht ja tatsächlich mäßigend auf Albrecht eingewirkt.

Das Grab von Agnes Bernauer ist verschollen. Am 12. Dezember 1435 stiftete Albrecht bei den Straubinger Karmeliten eine ewige Messe, einen Jahrtag und Seelenämter *„der ersamen und erbern frawen Agnesen der Pernawerin, der got von himel gnadig und barmhertzig sej"*[9]. Die schon bald eingetretene Versöhnung von Vater und Sohn schlägt sich in der Besiegelung dieser Gedenkstiftung durch Herzog Ernst I. im April 1436 nieder. Nur wenige Monate später, am 16. Juli, stiftete Ernst selbst eine ewige Messe für die ungeliebte Schwiegertochter. Außerdem ließ er eine Gedächtniskapelle für Agnes Bernauer auf dem St. Peterfriedhof zu Straubing errichten. In den Boden der Kapelle wurde vor dem Altar ein Grabstein aus rotem Marmor eingelassen, der die Verstorbene beinahe in Lebensgröße zeigt. Ob es sich dabei um ein authentisches Porträt der Agnes Bernauer handelt, muss offen bleiben. Heute befindet sich das Epitaph an der Südseite der Kapelle. Am 21. Januar 1447 erneuerte und erweiterte Herzog Albrecht III. nochmals seine Stiftung zu Ehren von

Agnes Bernauer. Für die Kosten der jährlich im Oktober zelebrierten Messe in der Gedächtniskapelle kommt heute der Freistaat Bayern auf.

Nach der Versöhnung mit seinem Vater heiratete Herzog Albrecht am 6. November 1436 standesgemäß Anna von Braunschweig-Grubenhagen. Erfreut notierte der Münchner Stadtschreiber den vielsagenden Satz: *„des sullen wir alle fro sein, das wir nit wieder ain Bernauerin gewunnen haben"*[10]. Aus Albrechts zweiter Ehe gingen zehn Kinder hervor, darunter drei Söhne, die später als Herzöge regierten. Nach dem Tod von Herzog Ernst I. trat Albrecht III. 1438 die Nachfolge im Herzogtum Bayern-München an. Albrecht, der am 29. Februar 1460 in München verstarb, wird nicht zu den eindrucksvollen Herrscherpersönlichkeiten des Hauses Wittelsbach gezählt und wäre heutzutage wohl ohne die tragische Liebesgeschichte, die ihn mit Agnes Bernauer verband, weitgehend in Vergessenheit geraten.

Nicht nur die Historiker beschäftigte durch die Jahrhunderte hindurch immer wieder die faszinierende Verbindung zwischen dem Herzogssohn und der Baderstochter, sondern sie beflügelte vor allem auch die Fantasie von Literaten und Künstlern. Agnes Bernauers Leben und Sterben bot, vielleicht auch gerade wegen des Mangels an gesichertem Faktenmaterial, reichlich Stoff für Interpretationen aller Art und ließ die junge Frau zum Mythos werden. Zu den bekanntesten Bearbeitungen gehören neben dem Volkslied von der Bernauerin, das bereits im 15./16. Jahrhundert entstand, Friedrich Hebbels Trauerspiel „Agnes Bernauer" sowie Carl Orffs musikalisches Volksschauspiel „Die Bernauerin". Außerdem werden seit dem 20. Jahrhundert in Vohburg und Straubing Agnes-Bernauer-Festspiele veranstaltet.

ANMERKUNGEN

1 Zit. nach Claudia Märtl, Straubing. Die Hinrichtung der Agnes Bernauer 1435, in: Schauplätze der Geschichte in Bayern. Hrsg. von Alois
Schmid und Katharina Weigand, München 2003, S. 149 – 164, hier S. 151f.
2 Zit. nach Ebd., S. 153.
3 Zit. nach Marita A. Panzer, Agnes Bernauer. Die ermordete „Herzogin",
Regensburg 2007, S. 31.
4 Zit. nach Märtl, Straubing, S. 155.
5 Zit. nach Ebd., S. 151.
6 Zit. nach Panzer, Agnes Bernauer, S. 64.
7 Zit. nach Ebd., S. 99.
8 Die Zitate aus der Instruktion sind entnommen aus: Ebd., S. 89 - 97.
9 Zit. nach Ebd., S. 112.
10 Zit. nach Hans Schlosser, Agnes Bernauerin (1410-1435). Der Mythos
von Liebe, Mord und Staatsräson, in: Zeitschrift der Savigny-Stiftung
für Rechtsgeschichte. Germanistische Abteilung 122 (2005), S. 263 – 284,
hier S. 277.

Johanna I. von Kastilien, „die Wahnsinnige"

Johanna die Wahnsinnige, eine der bis heute bekanntesten Königinnen aus Spanien, kam am 6. November 1479 als drittes Kind von Ferdinand II. von Aragón und Isabella I. von Kastilien, die als die „Katholischen Könige" in die spanische Geschichte eingingen, in Toledo zur Welt. Ferdinand und Isabella begründeten den spanischen Gesamtstaat. Während ihrer Herrschaft begann Spaniens Aufstieg zur ersten kolonialen Weltmacht. Über Kindheit und Jugend Johannas ist nur wenig bekannt. Die übersensible Prinzessin, die als das intelligenteste Kind des Königspaars galt, erhielt eine strenge, asketisch anmutende Erziehung. Sie erlernte, wie dies für Mädchen ihres Standes üblich war, mehrere Sprachen und beherrschte auch einige Musikinstrumente. Der religiösen Unterweisung kam eine wichtige Rolle zu.

Im Alter von sechzehn Jahren wurde Johanna, die schönste der vier Töchter der Katholischen Könige, mit dem einzigen Sohn Kaiser Maximilians I., Philipp dem Schönen, verheiratet. Der ein Jahr ältere Habsburger war der Landesherr in den niederländischen Territorien. Im Gegenzug heiratete Johannas Bruder Johann gleichzeitig die Schwester seines Schwagers, Erzherzogin Margarete. Von dieser Doppelhochzeit versprachen sich sowohl Ferdinand II. als auch die Habsburger Unterstützung im Kampf gegen den beiderseitigen großen

Konkurrenten Frankreich, der auf diese Weise geographisch regelrecht umzingelt wurde. Die Gefühle der Brautleute interessierten bei diesem ehrgeizigen politischen Projekt nicht. Im November 1495 fand zunächst in Valladolid eine Trauung per Stellvertreter statt, bevor Johanna im Spätsommer 1496 von einer großen Kriegsflotte über den Seeweg in die Niederlande gebracht wurde. Sie reiste dabei in Begleitung eines beträchtlichen Hofstaats in ihre neue Heimat zu dem ihr bis dahin völlig unbekannten Herzog von Burgund. In Lier an der Nethe trat sie am 18. Oktober 1496 erstmals ihrem Ehemann Philipp persönlich gegenüber. Der junge Habsburger entsprach in seinem Aussehen dem männlichen Idealbild seiner Zeit, was seinen Beinamen „der Schöne" erklärt. Die beiden Brautleute verliebten sich sofort ineinander und bestanden entgegen den protokollarischen Abmachungen auf dem Vollzug der Eheschließung noch am selben Tag. Angesichts der Tatsache, dass der Erzherzog bekannt dafür war, dass er gerne *„jeden Tag mit einem anderen jungen Mädchen schlief"*[1], überrascht dieses stürmische Verlangen von seiner Seite aus nicht sonderlich, aber bei der verschlossen und scheu wirkenden Prinzessin erstaunt dieses leidenschaftliche Auflodern der Gefühle. Offensichtlich verfiel Johanna ihrem Ehemann, ihrem „Märchenprinzen", vom ersten Augenblick an völlig. Am 21. Oktober 1496 fanden die Hochzeitsfeierlichkeiten statt.

Die ersten Ehejahre an dem für seinen Luxus und sein aufwändiges Zeremoniell berühmten burgundischen Hof verliefen relativ glücklich, obwohl sich Johanna mit der fröhlichen und genussfreudigen Lebensart der Niederländer nie anfreunden konnte. Herzogin Johanna gebar zwischen 1498 und 1501 drei Kinder. Den ersehnten Thronerben, den späteren Kaiser Karl V., brachte sie am 24. Februar 1500 zur Welt. Bereits zu dieser Zeit sorgten erste Eifersuchtsszenen Johannas für Unruhe. Sie liebte ihren Ehemann so leidenschaftlich und war dermaßen auf ihn fixiert, dass alle anderen Pflichten und Aufgaben dahinter zurücktreten mussten. Die junge Fürstin konnte ihre Gefühle nur schwer beherrschen, weshalb sie sich aus dem öffentlichen Leben zurückzuziehen begann. Johanna bekannte selbst einmal, dass sie, wenn sie sich von der Leidenschaft hinreißen ließ, *„in einen Zustand verfiel, der meiner Würde nicht entsprach"*[2]. Jedes weibliche Wesen aus der Umgebung ihres lebenslustigen Ehemannes, der Liebesabenteuern alles andere als abgeneigt war, erregte ihr Misstrauen. In ihrem eifersüchtigen Verhalten ähnelte sie ihrer Mutter Isabella, die ebenfalls heftig auf die zahlreichen Seitensprünge ihres Gatten reagierte. Anfang Mai 1505 verwies Johanna selbst in einem, allerdings von Philipp dem Schönen veranlassten Brief, auf dieses mütterliche Erbe: *„(...) und nicht nur ich trage diese Leidenschaft in mir, auch meine Mutter, der Gott Ruhm verleihen möge, die eine solch vorzügliche und auserwählte Person in dieser Welt war, war eifersüchtig, und auch Ihre Hoheit heilte am Ende die Zeit, wie Gott, wenn es ihm gefällt, mich heilen wird"*[3].

Da ihr einziger Bruder Johann im Oktober 1497 jung verstarb, ohne einen Erben zu hinterlassen, ihre ältere Schwester Isabella im darauf folgenden Jahr das Kindbett nicht überlebte und im Juli 1500 auch der einzige Sohn ihrer Schwester Isabella als Kleinkind verschied, wurde die zwanzigjährige Johanna Erbin des spanischen Reichs. Das Königreich umfasste damals bereits neben Kastilien-León, Aragón, Granada und Neapel-Sizilien auch die westindischen Kolonien. Diese Aussicht löste am Hof Philipp des Schönen große Freude aus, wie der Chronist Lorenzo de Padilla zu berichten wusste: *„Die Erzherzöge jubelten über die Neuigkeit, wozu sie auch allen Grund hatten"*[4]. Das junge Fürstenpaar durfte sich nun Prinz und Prinzessin von Asturien nennen. Zur Sicherung von Johannas Anspruch war es notwendig, dass sie gemeinsam mit ihrem Ehemann Philipp nach Spanien reiste, um offiziell als Erbin anerkannt zu werden.

Im Oktober 1501 verließ das Herzogspaar die Niederlande, um in Kastilien den Treueid der Granden persönlich entgegenzunehmen. Der Reisebeginn hatte sich verzögert, da Johanna wieder schwanger war und erst ihre Niederkunft abwarten musste. Am 27. Mai 1502 versammelten sich die Cortes in der Kathedrale von Toledo, um Johanna als Prinzessin von Asturien und Thronerbin der kastilischen Reiche anzuerkennen. Ihr Vater König Ferdinand II. sorgte dafür, dass auch die aragonesischen Stände Johanna als Thronfolgerin bestätigten. Dies hatte großes staatsmännisches Geschick erfordert, da die auf ihren Traditionen, Gesetzen und Vorrechten beharrenden Aragonesen noch nie zuvor eine Frau als Kronprinzessin akzeptiert hatten.

Auf Johannas Gemütslage wirkten sich die Reise und die Rückkehr in die alte Heimat weniger positiv aus. Zu ihren Eifersuchtsattacken gesellten sich noch Wahnvorstellungen und Ohnmachten. Nur Philipp der Schöne konnte seine emotional instabile Frau beruhigen. Als der Herzog im Dezember 1502 zur Rückkehr in die Niederlande aufbrach und ihn die erneut schwangere Johanna nicht begleiten konnte, verschlechterte sich deren Zustand zunehmend. Sie fühlte sich ganz verlassen und verfiel in schwere Depressionen. Ihre Gedanken kreisten nur um ihren abwesenden Gatten. Laut Petrus Martyr von Anglería, einem Mailänder Humanisten im Dienst der Katholischen Könige, ließ sie *„Tag und Nacht ihren trübsinnigen Grübeleien hingegeben kein Wort von sich hören"*[5]. Auch nach der Geburt ihres zweiten Sohnes Ferdinand im März 1503 blieb ihr Gesundheitszustand bedenklich. Petrus Martyr berichtet: *„Sie verlangt nach ihrem Mann, ist zutiefst verzweifelt, runzelt die Stirn, grübelt Tag und Nacht, ohne ein Wort von sich zu geben, und wenn sie es, bedrängt von Fragen, dennoch tut, dann voller Verärgerung"*[6]. Zwischen Johanna und ihrer Mutter kam es im Verlauf des Jahres 1503 zu einem heftigen Zusammenstoß. Johanna fühlte sich ständig überwacht. Anfangs verweigerte Isabella die Katholische ihr die Heimreise zu ihrem Ehemann aus Sicherheitsgründen. Betrübt schilderte Königin Isabella die Auseinandersetzung mit ihrer Tochter: *„Sie sprach mit so wenig Respekt und so wenig, wie es einer Tochter geziemt, daß ich, wenn ich mir nicht ihres Geisteszustandes bewußt gewesen wäre, eine solche Sprache niemals geduldet hätte"*[7]. Als Isabella ihrer Tochter die Abreise endlich Ende Mai 1504 gestattete, blieb Johannas kleiner Sohn Ferdinand bei seinen Großeltern in Spanien zurück.

Nach ihrer Rückkehr nach Brüssel Anfang Juni 1504 trat keine wirkliche Verbesserung in ihrem seelischen Zustand ein. Nach der ersten Wiedersehensfreude verfolgte sie Philipp den Schönen wieder mit heftigen Eifersuchtsszenen. In ihrer Eifersucht griff Johanna sogar Philipps damalige Favoritin an und verletzte diese. Ihr wütender Ehemann sperrte sie daraufhin in ihren Zimmern ein. Petrus Martyr schilderte diese höchst unerfreulichen Szenen einer fürstlichen Ehe folgendermaßen: *„Jene Feuerschlange der Eifersucht trieb sie dazu, in wüste Beschimpfungen auszubrechen, es heißt, sie habe mit wutentbranntem Herz Feuer gespuckt, mit den Zähnen gefletscht, auf eine der Damen eingeschlagen, von der sie glaubte,* *sie sei die Geliebte, und befahl schließlich, das blonde Haar, das Philipp so gefiel, rappelkurz schneiden zu lassen. Als dieser davon erfuhr, geriet er außer sich und wandte sich gegen seine Frau und überzog sie mit Beschimpfungen und Beleidigungen und – zum größten Schmerz der Unglücklichen – schlief ihr nicht mehr bei"*[8]. Johannas Depressionen nahmen zu, so dass sie sich immer häufiger in dunkle, abgeschiedene Räume zurückzog.

Trotz der bedenklichen Vorfälle der letzten Zeit bestimmte Isabella die Katholische ihre Tochter Johanna zu ihrer Nachfolgerin in Kastilien. Mit der Bestimmung, dass, sollte Johanna nicht in der Lage sein, selbst die Herrschaft auszuüben, ihr Vater Ferdinand für sie die Regentschaft bis zur Volljährigkeit von Johannas Sohn Karl übernehmen sollte, war das tragische Schicksal Johannas eigentlich schon vorgezeichnet. Ganz bewusst erwähnte die Königin ihren Schwiegersohn Philipp nicht in ihrem Testament. Offensichtlich sah sie in ihm keinen guten Sachwalter der spanischen Interessen. Nach dem Tod von Königin Isabella am 26. November 1504 entbrannte zwischen Johannas Gatten Philipp dem Schönen und ihrem Vater König Ferdinand II. ein heftiger Machtkampf um die Regentschaft in Kastilien. Da die neue Königin Johanna nie auf den Umgang mit politischer Macht vorbereitet worden war, sollte es ihrem Ehemann ebenso wie ihrem Vater leicht fallen, ihr dieses mütterliche Erbe streitig zu machen. Sowohl Philipp der Schöne wie auch Ferdinand II. gedachten Johannas Eifersuchtswahn für ihre Zwecke zu nutzen und die junge Frau im für sie geeigneten Moment für regierungsunfähig zu erklären und zu einer Königin auf dem Papier zu degradieren.

Wegen einer erneuten Schwangerschaft Johannas verzögerte sich die Reise des jungen Herzogspaares auf die iberische Halbinsel. Erst nach der Geburt des fünften Kindes, der Tochter Maria, konnte das Paar im Januar 1506 die Reise antreten. Zunächst schien sich Philipp der Schöne erfolgreicher als sein Schwiegervater im Machtkampf um Kastilien zu behaupten, denn die Mehrheit der kastilischen Cortes erkannte ihn am 15. Juli 1506 als König-Gemahl neben seiner Frau an. Die kastilischen Magnaten versprachen sich von diesem ausländischen Fürsten eine weniger strikte Reglementierung als unter den Katholischen Königen. Philipp schirmte Johanna jetzt noch mehr von der Außenwelt ab. Zu einer wirklichen Ausübung der Herrschaft durch den Habsburger kam es jedoch nicht mehr, denn am 23. September 1506 verstarb Philipp der Schöne plötzlich im Alter von achtundzwanzig Jahren wohl an einer Infektion in Burgos. Es gab allerdings auch Gerüchte, dass er im Auftrag seines Schwiegervaters vergiftet worden sei.

Über Johannas Verhalten nach Philipps Tod liefern die erhalten gebliebenen Dokumente sehr unterschiedliche, sich oft widersprechende Berichte. Dies deckt sich generell mit der Quellenlage zu Königin Johannas Leben. Die historischen Dokumente erlauben sehr verschiedenartige Interpretationen des Geschehens. Die junge Witwe befand sich in einer schwierigen Position, da ihr zwei feindliche Lager gegenüberstanden. Auf der einen Seite befanden sich die Parteigänger und die niederländischen Gefolgsleute ihres verstorbenen Mannes, auf der anderen versammelten sich die Anhänger ihres Vaters. Das Einzige, was beide Parteien scheinbar einte, war die Überzeugung, dass Johanna mehr oder weniger unzurechnungsfähig sei. Königin Johanna verfügte unglücklicherweise über keine ihr persönlich ergebenen Gefolgsleute oder Berater und war über die politischen

Vorgänge nur unzureichend informiert. Dass Gerüchte kursierten, ihr Vater hätte ihren Ehemann vergiften lassen, erschwerte sicherlich für sie die Lage. Statt das entstandene Machtvakuum zu ihren Gunsten zu nutzen, zog sich Johanna, in deren Armen ihr über alles geliebter Mann verstorben war, in ihre tiefe Trauer zurück. Die psychisch labile Johanna war der komplizierten Lage nicht gewachsen. Sie litt erneut unter schweren Depressionen. Als Johanna am 1. November 1506 den Sarg ihres toten Gatten öffnen ließ, was einerseits an Allerheiligen der Tradition des Landes entsprach, andererseits aber der Kontrolle diente, ob nicht etwa burgundische Untertanen versucht hatten, die Leiche in Philipps Heimat zu bringen, wurde dies dahingehend aufgebauscht, dass sie solches mehrmals habe durchführen lassen. Derartige Gerüchte über ihren Geisteszustand, der noch durch die Erzählung untermauert wurde, dass sie des Nachts mit Philipps Sarg ziellos durch Spanien ziehe, brachten Johanna den Beinamen „die Wahnsinnige" ein. Dieses makaber anmutende Schauspiel beflügelte in den kommenden Jahrhunderten immer wieder die Fantasie von Malern, Dichtern und Dramaturgen. Sehr wahrscheinlich steckte ihr Vater König Ferdinand dahinter, der die Regierungsunfähigkeit seiner Tochter so zweifelsfrei „beweisen" wollte. Johanna reiste zwar in Begleitung des Sargs, doch geschah dies gemäß Philipps testamentarischem Willen. Sein Leichnam sollte in Granada in einem dort für ihn zu errichtenden Grabmal beigesetzt werden. Dass meist nur des Nachts gereist wurde, hatte nichts mit Johannas Wahnsinn zu tun, sondern hing mit den kühleren Temperaturen zusammen, die für den Transport der im Prozess der Verwesung befindlichen Leiche günstiger waren. Am 14. Januar 1507 brachte Johanna in

Torquemada ihr sechstes und letztes Kind, Katharina, zur Welt.

Im Sommer 1507 kehrte König Ferdinand II. nach Kastilien zurück. Johanna war nicht gut beraten, als sie sich aus Freude über die Begegnung mit ihrem Vater bereit erklärte, ihm die Regierungsgewalt zu übertragen. Aus dieser Zeit mehren sich Berichte über geistesgestörte Verhaltensweisen Johannas. Der Brief des Bischofs von Málaga an König Ferdinand zeichnet ein trostloses Bild: *„Ich habe versäumt, Ihnen zu sagen, daß sie seitdem noch kein sauberes Hemd angezogen hat, und ich glaube, daß sie ebensowenig ihr Haar in Ordnung gebracht oder ihr Gesicht gewaschen hat. Man behauptet auch, daß sie stets auf dem Fußboden schläft, wie früher. Man hat mir gesagt, daß sie sehr oft Wasser läßt, so oft, wie man es bei niemand anders bemerkt hat. (...) Ich hoffe, daß Eure Hoheit für alles Vorsorge treffen wird, denn meines Erachtens läuft ihre Gesundheit ernsthaft Gefahr. Es würde nicht richtig sein, ihr die Sorge für ihre Person allein zu überlassen, denn man sieht ja, wie schlecht sie für ihre eigene Gesundheit sorgt. Der Mangel an Reinlichkeit in ihrem Gesicht und, wie man sagt, auch an anderen Stellen ihres Körpers ist sehr groß. Sie ißt mit den Tellern auf dem Fußboden, ohne Tischtuch oder Schüsseln"*[9]. Auf Anordnung ihres Vaters wurde sie nach Tordesillas gebracht, wo sie seit 1509 in dem dortigen festungsartigen Schloss wie eine Gefangene lebte. Der Palast existiert heute nicht mehr. Er wurde wegen Baufälligkeit Ende des 18. Jahrhunderts abgerissen. Nur ein Turm des Schlosses blieb bis heute stehen.

Ihre Gefangenschaft wirkte sich auf ihren Zustand eher negativ aus. Jegliches königliche oder höfische Gepränge fehlte. Zu Außenstehenden hatte sie keinerlei Kontakt. Man überließ ihr nichts, womit sie sich in ihren wachen Augen-

blicken hätte beschäftigen können. Ferdinand II. konnte ungestört die Regentschaft von Kastilien übernehmen. Johanna
war auf diese Weise vor dem Zugriff ehrgeiziger kastilischer
Edelleute geschützt, die sich ihrer Person hätten bemächti-
gen können, um Einfluss auf die Regierungsbeschlüsse zu gewinnen. Da Johanna formal weiterhin Königin war, wurden
in ihrem Namen sämtliche Entscheidungen getroffen, Gesetze erlassen und Urteile gefällt. Bis 1525 blieb ihr noch die
Gesellschaft ihrer jüngsten Tochter Katharina. Als die Prinzessin mit dem portugiesischen König Johann III. verheiratet
wurde, verlor sie eine wichtige Stütze und vereinsamte noch
mehr. Zu ihren anderen Kindern hatte sie nie viel Kontakt
gehabt, so dass diese ihrer Mutter fremd waren. 1517 besuch-
ten sie ihre beiden ältesten Kinder Eleonore und Karl, die
zwar über die Armseligkeit, in der ihre Mutter leben musste,
erschüttert waren, doch keinerlei ernsthafte Versuche unter-
nahmen, daran etwas zu verändern.

Als Ferdinand II. Anfang 1516 verstarb, wurde seine gefangene Tochter auf Anordnung der Regierungsbehörden
darüber nicht informiert. Johannas ältester Sohn Karl wurde
nun zwar König von Aragón, aber Kardinal Jiménez de Cis-
neros und der Kronrat wiesen ihn explizit daraufhin, dass er
in Kastilien zwar die Macht ausüben konnte, die Führung
des Königstitels aber seiner Mutter vorbehalten blieb: *Der
Tod Eures Großvaters verleiht Euch in Kastilien kein Recht; jede
Änderung könnte im Land Aufruhr verursachen und die Gefühle
jener verletzen, die wohl notgedrungen die Unfähigkeit der
Königin, zu regieren, eingestehen, sich jedoch weigern, sie ihrer
Rechte zu berauben*[10]. Als ihm Anfang 1518 die kastilischen
Cortes den Huldigungseid unter der Bedingung leisteten,
dass er auf die Herrschaft zu verzichten habe, wenn Johanna

wieder vernünftig würde, bedeutete dies die endgültige Verdammung der Königin zum Irresein, denn Karl konnte zu Lebzeiten seiner Mutter nur solange regieren, wie Johanna als geistig umnachtet galt. Karl dachte allerdings nicht daran, auf die Herrschaft jemals zu verzichten.

Die unglückliche Königin ließ sich leicht dazu bewegen, Karls Regierungsanspruch für rechtmäßig zu erklären. Als Karl sein Ziel, nicht nur als Regent, sondern auch als Mitkönig in Kastilien anerkannt zu werden, durchgesetzt hatte, kümmerte er sich nur noch wenig um seine Mutter und änderte kaum etwas an den Zuständen ihres Aufenthalts in Tordesillas. Ihren Wunsch, ausgehen zu dürfen, adeliges Gefolge um sich versammeln zu dürfen und auf dem Laufenden gehalten zu werden, lehnte er ab. Ihm lag sehr daran, dass seine Mutter ihr völlig abgeschiedenes Leben fortsetzte, wie aus seiner Anordnung hervorgeht: *„Die Königin darf diese Stadt nur in der Not verlassen und nicht, solange dort, wenn Gott es will, Gesundheit herrscht; und da es keinen Ortswechsel geben darf, und sei er noch so unbedeutend, weil dies unseren Interessen zuwiderliefe, soll sie für die ganze Zeit an diesem Ort verweilen, solange sie nicht in Gefahr ist, und daher empfehle und befehle ich, dass diese Stadt bewacht werde; wenn jedoch die Notwendigkeit besteht und kein Mittel mehr fruchtet, dann sollt Ihr die Königin, meine Herrin, in das Kloster San Pablo de la Moraleja bringen"*[11].

Johanna nutzte nicht die Gelegenheit, die sich ihr durch den Aufstand der Comuneros von Kastilien 1520 bot, um ihre eigenen Machtansprüche durchzusetzen und ihre Freiheit zurückzuerhalten. Karl V. hielt sich zu diesem Zeitpunkt in Brüssel auf. Die Stadtgemeinden, die sich gegen ihn erhoben, waren mit der Politik des jungen Kaisers unzufrieden, den sie als Fremdling empfanden. Sie forderten, dass er von Spanien aus regiere. Missfallen hatte außerdem erregt, dass zahlreiche Niederländer aus dem Gefolge Karls Schlüsselpositionen in Spanien bekleideten. Die Bereicherung von Karls Günstlingen zu Lasten der vereinigten spanischen Reiche löste ebenfalls Unzufriedenheit aus. Als die Rebellen Ende August 1520 Tordesillas besetzt hatten, empfing Johanna die führenden Offiziere des Heeres der verbündeten Städte. Die Offiziere berichteten darüber an die zivilen Anführer des Aufstandes: *„Wir sind in Tordesillas angekommen, und Ihre Hoheit hat uns sehr aufgeweckt empfangen und ausführlicher mit uns gesprochen, als man es jemals in sieben Jahren bei ihr wahrgenommen hat, nach dem zu urteilen, was ihr Personal uns diesbezüglich erzählt hat. Wir haben viele Angelegenheiten mit Ihrer Hoheit besprochen, und sie hat uns freundlich auf alles geantwortet"*[12]. Johanna lehnte es aber ab, ihr Amt als Königin tatsächlich nach so langer Abkehr vom aktiven Leben wieder anzutreten und den Aufstand wirksam zu unterstützen, wodurch sie die Handlungen und Beschlüsse des Städtebundes legalisiert hätte. Sie scheute eine offene Rebellion. Stets zögerte sie ihre Unterschrift hinaus. Nachdem im Dezember 1520 Regierungstruppen Tordesillas zurückerobert hatten, setzte Johanna ihr Leben als einsame Gefangene fort. Der Aufstand, der sich zu einem Bürgerkrieg ausgeweitet hatte, scheiterte, nachdem die Rebellen am 23. April 1521 in der Schlacht von Villalar besiegt wurden. Hunderte von Anhängern des Städtebundes wurden auf dem Schafott hingerichtet.

Nach dieser kurzen Rückkehr auf die politische Bühne verbrachte Johanna die Wahnsinnige ihre ihr noch verbleibenden fünfunddreißig Lebensjahre in einer Art Dämmerzustand. Von ihrem Personal wurde sie dabei oft mit Geringschätzung behandelt und schikaniert. Manchmal kam es sogar zu Misshandlungen an der hilflosen Frau. Am 12. April 1555, an Karfreitag, wurde die Königin in Tordesillas durch den Tod erlöst. Ihre letzten Worte lauteten: *„Der Gekreuzigte Jesus Christus stehe mir bei"*[13]. Sie wurde neben ihrem über alles geliebten Ehemann Philipp im Dom von Granada beigesetzt. Erst mit ihrem Tod wurde Kaiser Karl V. offiziell alleiniger Herrscher von Kastilien.

Königin Johanna die Wahnsinnige, die den habsburgischen Aufstieg zur Weltmacht ermöglicht hatte, zeigte sicher bereits in jungen Jahren Ansätze zur Schizophrenie, aber erst der gnadenlose Machtkampf in ihrem engsten Umfeld sorgte dafür, dass ihre Krankheit voll zum Ausbruch kam. Durch die unwürdige und rücksichtslose Behandlung Johannas verschlechterte sich ihr Gemütszustand dramatisch. Zweifellos war sie durch ihre Großmutter mütterlicherseits, Isabella von Portugal, die an einer geistigen Störung mit Wahnanfällen litt, erblich belastet. Im Grunde konnte es ihrem Ehemann, ihrem Vater und ihrem Sohn nur recht sein, dass man sie mit dem Hinweis, dass sie verrückt und damit nicht regierungsfähig sei, aus dem Weg räumen konnte. Aus politischem Ehrgeiz sorgten sie dafür, dass Johanna als ernstlicher geisteskrank erschien als sie wohl war. Dass ihr dies durchaus bewusst war, dafür spricht jene Szene bei einem Besuch Karls V. in Tordesillas, die von einem Chronisten überliefert ist: *„Einmal, als dieser das Geschmeide, kostbare Steine und Perlen, aus ihrem Besitz wegen Geldverlegenheit weggenommen und dafür etwas anderes in die Kästchen gelegt hatte, sagte sie ihm, als er zu Besuch gekommen war: ‚Ist es nicht genug, daß ich dich regieren lasse? Mußt du auch noch mein Haus leer stehlen?'"*[14]

ANMERKUNGEN

1 Zit. nach Johan Brouwer, Johanna die Wahnsinnige. Ein tragisches Leben in bewegter Zeit, München 1978, S. 16.
2 Zit. nach Manuel Fernández Álvarez, Johanna die Wahnsinnige. 1479-1555. Königin und Gefangene, München 2008, S. 43.
3 Zit. nach Ebd., S. 43f.
4 Zit. nach Ebd., S. 72.
5 Zit. nach Brouwer, Johanna die Wahnsinnige, S. 33.
6 Zit. nach Fernández Álvarez, Johanna die Wahnsinnige, S. 86.
7 Zit. nach Dorothy Gies McGuigan, Familie Habsburg. 1273-1918, 2. Aufl., Bergisch Gladbach 1989, S. 80.
8 Zit. nach Fernández Álvarez, Johanna die Wahnsinnige, S. 90f.
9 Zit. nach Brouwer, Johanna die Wahnsinnige, S. 101.
10 Zit. nach Ursula Tamussino, Margarete von Österreich. Diplomatin der Renaissance, Graz, Wien, Köln 1995, S. 199.
11 Zit. nach Fernández Álvarez, Johanna die Wahnsinnige, S. 156.
12 Zit. nach Brouwer, Johanna die Wahnsinnige, S. 161.
13 Zit. nach Fernández Álvarez, Johanna die Wahnsinnige, S. 206.
14 Zit. nach Brouwer, Johanna die Wahnsinnige, S. 193.

Anna Boleyn

Am Morgen des 19. Mai 1536 schritt Anna Boleyn in der Begleitung von vier Damen vom Towergebäude zur Hinrichtungsstätte auf dem Towerrasen. Unter einem Hermelinmantel trug sie ein loses Gewand aus dunkelgrauem pelzverbrämten Damast sowie einen karmesinroten Unterrock. Eine Kappe aus weißem Leinen bedeckte ihr Haar unter der Haube. Auf das in beschränkter Zahl zugelassene Publikum machte die zweite Gemahlin von König Heinrich VIII. von England einen gefassten und würdevollen Eindruck. Sie sah laut einem Augenzeugen *„so frohgemut aus, als ginge sie gar nicht in den Tod"*[1]. Für diese Hinrichtung hatte der Monarch eigens für vierundzwanzig Pfund einen Henker aus der Region Calais kommen lassen, der einen hervorragenden Ruf für Enthauptungen mit dem Schwert genoss. Offensichtlich lag Heinrich VIII. immerhin daran, dass seine von ihm auf das Schafott geschickte Ehefrau nicht unnötig leiden musste.

Bevor sich Anna Boleyn zur Hinrichtung niederkniete, durfte sie noch eine kurze Abschiedsrede halten: *„Ihr Herren, ich unterwerfe mich hier demütig dem Gesetz, da das Gesetz mich verurteilt hat, und was meine Verbrechen angeht, beschuldige ich keinen Menschen. Gott kennt sie; ich empfehle sie Gott und flehe Ihn an, Erbarmen mit meiner Seele zu haben."* Danach rief sie noch Gott an, er solle den König schützen, *„den besten, edelsten und mildesten Fürsten, den es gibt"*[2]. Derartige Loyalitätsbekundungen ausgerechnet für den Mann, der sie wegen angeblichen Ehebruchs und Hochverrats zum Tode verurteilen ließ, muten heutzutage höchst sonderbar an, doch kam derartiges Verhalten im 16. Jahrhundert nicht selten vor, da der Herrscher als „Quelle der Ehre" betrachtet wurde. Nach diesen erschütternden Worten kniete sich Anna Boleyn nieder, ließ sich die Augen verbinden und wurde mit einem Streich geköpft.

Anna Boleyn, die zweite der insgesamt sechs Ehefrauen von König Heinrich VIII. von England, ist in die Geschichte nicht nur als die Mutter der englischen Königin Elisabeth I., einer der machtvollsten Herrscherinnen Europas, eingegangen, sondern spielt auch für die Trennung der Anglikanischen Kirche von Rom eine bedeutende Rolle. Ihr Geburtsdatum ist allerdings ebenso wenig bekannt wie ihr Geburtsort. Entweder wurde sie um 1501 oder 1507 wohl in Blickling Hall in Norfolk geboren. Ihr Vater Sir Thomas Boleyn, der als Diplomat Karriere machte, entstammte einer reichen Kaufmannsfamilie, die in den Adel aufgestiegen war. Ihre Mutter Elisabeth Howard gehörte der englischen Hocharistokratie an. Sir Thomas Boleyn sorgte dafür, dass seine begabte und vielversprechende Tochter Anna eine ausgezeichnete Erziehung am Hof der Statthalterin der Niederlande, Margarete von Österreich, erhielt. Danach kam sie als Hofdame an den französischen Königshof, wo sich bereits ihre ältere Schwester Maria aufhielt. Anna konnte hier ihre Kenntnisse in französischer Konversation, Dichtkunst und Musik sowie in höfischem Benehmen vervollkommnen. Sie spielte mehrere Instrumente und galt als hervorragende Tänzerin. In dieser Zeit wurde auch ihre Vorliebe für französische Mode geweckt. Sie war aber keine oberflächliche junge Frau, sondern interessierte sich auch für religiöse Literatur.

Als Anna Boleyn 1521 nach England zurückkehrte, wo sie ihr Vater vorteilhaft zu verehelichen gedachte, war sie bestens auf das höfische Leben vorbereitet. Wie bereits ihre Schwester Maria wurde sie zur Hofdame von Heinrichs Gemahlin Katharina von Aragón ernannt. Ihr Debüt bei Hof fiel glanzvoll aus. Anna Boleyn war zwar keine große Schönheit, scheint aber über eine starke erotische Anziehungskraft auf Männer verfügt zu haben. Sie beeindruckte vor allem durch ihren Witz, ihre Bildung und Schlagfertigkeit, wodurch sie sich sehr von den meist eher still und unterwürfig auftretenden Damen ihrer Zeit unterschied.

Zunächst interessierte sich Heinrich VIII. mehr für ihre leichtfertigere Schwester Maria, mit der ihn eine zweijährige Affäre verband. Seit dem Karneval 1526 wandte der König seine Aufmerksamkeit jedoch der anmutigen Anna Boleyn zu. Aus den Jahren 1527 und 1528 sind siebzehn eigenhändig verfasste Liebesbriefe Heinrichs in französischer und englischer Sprache an sie erhalten geblieben, obwohl er sonst das Schreiben von Briefen hasste. Von ihrer Hand sind keine derartigen Dokumente überliefert. Anna Boleyn reagierte anfangs zurückhaltend auf die Avancen des Königs. Heinrich versprach ihr daraufhin, sich um keine anderen Frauen mehr zu bemühen, wenn sie ihn erhöre: *„Doch wenn Ihr geruht, den Platz einer wahren, treuen Geliebten und Freundin einzunehmen und Euch mit Leib und Seele dem zu schenken, der Euer treuer Diener war und sein will (sofern Ihr es mir nicht streng verbietet), dann verspreche ich Euch, daß Euch nicht nur diese Bezeichnung zusteht, sondern ich Euch als meine einzige Geliebte nehme, alle anderen, die um Euch sind, aus meinen Gedanken und meiner Zuneigung verbanne und nur Euch dienen werde“*[3]. Die Reserviertheit der jungen Hofdame gegenüber ihrem königlichen Verehrer hing nicht nur damit zusammen, dass sie keine flatterhafte Frau war, sondern findet sicherlich auch seinen Grund in den Schicksalen abgelegter oder verstoßener Mätressen von Fürstlichkeiten, die ihr warnend vor Augen standen. Anna Boleyn lehnte deshalb selbstbewusst den Status einer Geliebten für sich ab und bestand auf einer gültigen Ehe. Außerdem war sie als stolze Frau nicht bereit, sich mit einem Platz hinter der Königin zufriedenzugeben und ihre zukünftigen Kinder mit Heinrich von der Thronfolge ausgeschlossen zu sehen. Dadurch dass sie sich dem König verweigerte, steigerte sie nur noch Heinrichs Liebeswerben, der es sonst nicht gewohnt war, dass seine Wünsche nicht umgehend erfüllt wurden.

Der verliebte König entschloss sich im Mai 1527 zu einer zweiten Heirat und damit für die Möglichkeit, endlich einen legitimen Sohn als Erben zu erhalten. Seit längerer Zeit hatte sich Heinrich VIII. bereits mit der ungelösten Frage der Thronfolge und des Fortbestands seiner erst seit 1485 regierenden Dynastie des Hauses Tudor beschäftigt, da er aus seiner Ehe mit Katharina von Aragón nur eine überlebende Tochter besaß. Als Grundlage für eine Annullierung seiner beinahe zwanzig Jahre währenden Ehe führte er an, dass laut Kap. 20, 21 des 3. Buchs Mose die Heirat mit der Witwe des eigenen Bruders eine Sünde sei und mit Kinderlosigkeit gestraft würde. Katharina von Aragón war vor ihrer Ehe mit Heinrich kurze Zeit mit dessen älterem, aber früh verstorbenen Bruder Arthur verheiratet gewesen. Papst Clemens VII., dem der Fall des Königs vorgebracht wurde, befand sich jedoch in einer Zwickmühle. Abgesehen von den juristischen Schwierigkeiten sah sich der Papst auch dem Druck Kaiser Karls V., dem Neffen von Königin Katharina, ausgesetzt, von dem er abhängig war. Der Papst entschied sich daher für eine Hinhaltetaktik in dieser Frage. Das von zwei päpstlichen Legaten in England geleitete Tribunal zur Annullierung der königlichen Ehe lehnte Königin Katharina als nicht zuständig ab, sondern forderte ihr Fall solle vom Papst in Rom verhandelt werden. Sie pochte auf die Rechtmäßigkeit ihrer Ehe mit Heinrich, da sie noch Jungfrau gewesen wäre, als sie diesen heiratete. Ab 1529 beschäftigten sich verschiedene europäische Universitäten mit der Annullierungsfrage der königlichen Ehe, kamen aber zu keinem einheitlichen Ergebnis. Dass Heinrich VIII. wegen Anna Boleyn auf jeden Fall eine Trennung von Katharina wünschte, war dem kaiserlichen Gesandten Eustace Chapuys nur zu klar: *„Des Königs Leidenschaft für die Dame, im Verein mit seinem Starrsinn, war dergestalt, daß keine Möglichkeit blieb, ihn durch Sanftmut oder schöne Worte an sein Pflichtgefühl zu erinnern"*[4].

Hatte Heinrich VIII. anfangs den Schein noch aufrecht erhalten, ging er bald dazu über, Anna Boleyn bei Hofe als seine Ehefrau zu behandeln, obwohl er immer noch mit Katharina von Aragón verheiratet war. Er küsste Anna in aller Öffentlichkeit und beschenkte sie reich. Während er ihren Vater zum Grafen von Wiltshire erhob, machte er sie selbst zum Marquis von Pembroke mit dem Recht diesen Titel zu vererben. Außerdem räumte er ihr den Vortritt vor seinen Schwestern ein. Königin Katharina, die auf der Rechtmäßigkeit ihrer Ehe mit Heinrich beharrte, wurde vom Hof verbannt und lebte seit Juli 1531 mit ihrem Hofstaat in ländlicher Abgeschiedenheit. Als sich Heinrich VIII. mit dem französischen König Franz I. im Oktober 1532 in Calais traf, trat Anna Boleyn an seiner Seite als erste Dame seines Hofes auf. Für diesen Anlass hatte ihr die verbannte Königin auf Befehl

Heinrichs die königlichen Juwelen übergeben müssen, die
Anna Boleyn bei offiziellen Empfängen und auf Festen trug.
Wahrscheinlich gab sie kurz nach ihrer Rückkehr nach Eng-
land Heinrichs Werben endlich nach. Als sie daher im Januar
1533 dem König mitteilte, dass sie schwanger sei, musste der
König nun rasch handeln, um eine legitime Geburt seines
Kindes sicherzustellen. Am 25. Januar 1533 heiratete er Anna
Boleyn heimlich. Da Papst Clemens VII. aber nicht bereit war,
Heinrichs Ehe mit der spanischen Prinzessin zu annullieren,
wandte sich der König von der römisch-katholischen Kirche
ab und gründete die Anglikanische Landeskirche, um so die
Heirat mit Anna Boleyn zu ermöglichen. Im März 1533 erließ
das englische Parlament ein Gesetz, das es verbot, in Zukunft
in kirchenrechtlichen Fragen an den Papst zu appellieren und
unterstellte gleichzeitig die geistliche Gerichtsbarkeit der
königlichen. Nachdem am 23. Mai Heinrichs erste Ehe mit
Katharina von Aragón vom Erzbischof von Canterbury für
nichtig erklärt und die Heirat mit Anna Boleyn rückwirkend
bestätigt worden war, fand am 1. Juni 1533 Anna Boleyns feierliche Krönung zur englischen Königin statt. Die Londoner
brachten der neuen, sichtbar schwangeren Königin jedoch
nur wenig Begeisterung entgegen, da Katharina von Aragón
in der Bevölkerung beliebt war. Für Anna Boleyn sollte die
Krönung trotzdem den glanzvollen Höhepunkt ihres Lebens
bilden. Mit der Scheidung Heinrichs VIII. von seiner ersten Ehefrau und seiner zweiten Heirat begann die englische
Reformation. Der Vatikan reagierte auf die Ereignisse mit
dem Kirchenbann. Daraufhin erklärte sich der König Ende
1534 zum Oberhaupt der englischen Kirche, das alleine über
religiöse Fragen zu entscheiden befugt war. Auf die Supre-
matsakte folgte die Sukzessionsakte, die Heinrichs Tochter

Maria aus erster Ehe für illegitim erklärte und von der Thronfolge ausschloss und im Gegenzug die Kinder aus der zweiten Ehe als rechtmäßige Erben postulierte. Hinzu kam noch
die Hochverratsakte, die jede Äußerung, die die Stellung des
Königs als Oberhaupt der Kirche und das Thronfolgegesetz
in Zweifel zog, mit der Todesstrafe bzw. lebenslänglicher Ge-
fängnisstrafe bedrohte. England spaltete sich damit endgültig
von der römisch-katholischen Kirche ab. Anna Boleyn, die
zum Luthertum hinneigte, begrüßte diese Entwicklung.

Ein erster Schatten fiel bereits auf die Ehe Anna Boleyns
mit Heinrich VIII., als sie am 7. September 1533 in Greenwich
nicht den heiß ersehnten Sohn zur Welt brachte, sondern von
einer Tochter, der späteren Königin Elisabeth I., entbunden
wurde. Der enttäuschte König, der für den erwarteten Sohn
die Namen Heinrich oder Eduard vorgesehen hatte, blieb
demonstrativ der Taufe fern. Ein für die Tauffeierlichkeiten
geplantes Turnier wurde von ihm abgesagt. Trotzdem musste
Heinrichs Tochter Maria den Titel einer Fürstin von Wales
an ihre kleine Halbschwester Elisabeth abgeben, da diese nun
als Thronerbin galt. Später unternommene Annäherungs-
versuche von Anna Boleyn an die zutiefst verbitterte ältere
Tochter ihres Ehemanns schmetterte diese mit dem Hinweis
ab, dass sie *„keine andere Königin"*[5] außer ihr Mutter kenne.
Durch ihr oft herrisches Wesen und ihren zuweilen sarkasti-
schen Humor gewann sich die neue Königin nicht eben viele
Freunde bei Hof. Für die brutale Unterdrückung der kleri-
kalen Opposition durch Heinrich VIII. wurde Anna Boleyn
von der Bevölkerung verantwortlich gemacht. Im Gegensatz
zu ihrer Vorgängerin Katharina blieb sie unpopulär.

Trotz der Enttäuschung über die Geburt von Elisabeth
führte Anna Boleyn zunächst noch eine harmonische Ehe

mit dem König. Als im Juli 1534 eine erneute Schwangerschaft der Königin mit einer Totgeburt endete, begann jedoch Heinrichs Liebe zu ihr langsam abzukühlen, da sie seine
Hoffnungen wieder enttäuscht hatte. Offenbar ließ auch ihre
sexuelle Anziehungskraft auf ihren Mann nach. Ihre Launenhaftigkeit erregte zunehmend sein Missfallen. Hatte er ihre
scharfe Zunge und ihren Witz früher als aufregend empfunden, schätzte es der König jetzt immer weniger, wenn er von
seiner Ehefrau in der Öffentlichkeit in Dispute verwickelt
wurde. Im Unterschied zu Heinrichs erster Gattin tolerierte
Anna Boleyn auch nicht seine Seitensprünge, sondern über-
schüttete ihn stattdessen mit Vorwürfen. Nachdem Katharina von Aragón am 7. Januar 1536 an Krebs gestorben war,
verschlechterte sich die Lage für Königin Anna dramatisch.
Solange die erste Ehefrau noch am Leben war, konnte sich
der König nicht gut innerhalb nur weniger Jahre wieder von
der zweiten Gattin trennen. Heinrich VIII. befürchtete wohl
auch, dass die Ehe mit Katharina automatisch wieder gültig
würde, wenn er seine zweite Ehe für ungültig erklären würde.
Als Anna Boleyn am Tag von Katharinas Beisetzung, am 29.
Januar 1536, eine zweite Fehlgeburt erlitt, war ihr Schicksal
so gut wie besiegelt. Dass sie dies ahnte, beweist ihr Nerven-
zusammenbruch nach dieser zweiten Totgeburt.

Wie einst Königin Katharina zog sich auch Anna Boleyn
Heinrichs Ungnade durch ihr Unvermögen zu, ihm die gewünschten männlichen Thronerben zu schenken. Heinrich
VIII., der sich Ende 1535 in Annas Hofdame Jane Seymour
verliebt hatte, war im Frühjahr 1536 nicht länger an einer Fortsetzung seiner zweiten Ehe interessiert. Eine erneute Ehe-
annullierung kam jedoch nicht in Frage, da dies Heinrichs
Ruf gefährdet hätte. Um sich seiner ungeliebten Ehefrau aber

endgültig entledigen zu können, musste diese deshalb mittels eines Todesurteils „legal" aus dem Weg geräumt werden. Anna Boleyns Gegnern am Hof war diese Entwicklung nicht entgangen. Sie bestärkten Heinrich daher in seinen Absichten. Die genauen Gründe für diese vom Hof ausgehende Intrige gegen Anna Boleyn lassen sich nicht mehr feststellen. Bei dem Komplott spielten politische, religiöse und private Gründe eine Rolle. Vermutlich haben die ehrgeizigen Brüder von Jane Seymour zusammen mit dem Lordkanzler Thomas Cromwell die Aktion gegen die Königin geplant und gezielt Gerüchte und Verdächtigungen gegen Anna Boleyn gestreut. Zu dieser mächtigen Clique gehörten auch Oberstallmeister Nicholas Carewe, der Marquis von Exeter sowie Lord Henry Montague. Für Cromwell, der sozusagen die Führung des Komplotts übernahm, stand Königin Anna vor allem der außenpolitischen Wiederannäherung an Kaiser Karl V. im Weg.

König Heinrich VIII. fing an, seine Gemahlin zu beschuldigen, ihn durch Hexenkünste in die Ehe mit ihr getrieben zu haben. Der König steigerte sich regelrecht, wozu er offensichtlich gerne neigte, in pathologisches Selbstmitleid hinein. Seit April 1536 ließ Heinrich daher Informationen gegen Anna Boleyn sammeln, die eine Hochverratsklage unterstützen würden. Er installierte dafür eine Untersuchungskommission unter dem Vorsitz von Annas Onkel Thomas Howard, dem Herzog von Norfolk. Am 1. Mai 1536 traten Anna Boleyn und Heinrich VIII. bei dem Besuch eines Turniers in Greenwich zum letzten Mal gemeinsam in der Öffentlichkeit auf. Der König verließ die Veranstaltung allerdings vorzeitig. Anna Boleyn sollte ihn nie wiedersehen. Einen Tag später wurde sie in Greenwich verhaftet, mit den gegen sie erhobenen Anklagepunkten konfrontiert und danach in den Tower nach London gebracht. Die völlig verängstigte Königin verbrachte die nächsten Tage in einem Zustand nahe dem Wahnsinn, der zwischen verschiedenen hysterischen Gefühlsaufwallungen schwankte. Am 6. Mai schrieb sie einen flehentlichen Brief an Heinrich VIII., wohlwissend dass ihr weiteres Schicksal völlig von der Gnade oder Ungnade ihres Ehemannes abhing: *„Kein Fürst hat je eine treuere Gattin in aller Pflicht und aller wahrhaften Zuneigung gehabt, als Ihr in Anne Boleyn gefunden habt. (...) Lasst mich verhören, guter König, aber gebt mir ein gerechtes Gerichtsverfahren, und lasst nicht meine geschworenen Feinde als meine Ankläger und Richter über mich zu Gericht sitzen. Ja, gebt mir ein öffentliches Gerichtsverfahren, denn meine Wahrheit wird keine öffentliche Schande zu fürchten haben. Dann werdet Ihr entweder meine Unschuld gereinigt, Euren Argwohn und Euer Gewissen zufrieden gestellt, die Bosheit und Verleumdung der Welt zum Schweigen gebracht oder meine Schuld öffentlich erklärt sehen, sodass, was auch immer Gott und Ihr über mich beschließen mögen, Euer Gnaden von einer öffentlichen Kritik befreit sein werden, und wenn meine Schuld dann gesetzlich erwiesen ist, wird es Euer Gnaden sowohl vor Gott wie vor den Menschen freistehen, nicht allein gesetzliche Strafe an mir als einer ungetreuen Gattin zu vollziehen, sondern auch Eurer Neigung, die bereits feststeht, zu folgen, um derentwillen ich da bin, wo ich jetzt bin (...) Meine letzte und einzige Bitte sei, dass ich allein das Gewicht von Euer Gnaden Missfallen zu tragen habe und dass es nicht die unschuldigen Seelen der armen Edelleute treffen möge, die, wie ich höre, ebenfalls in strengem Gewahrsam sind um meinetwillen“*[6].

Königin Anna wurde des Ehebruchs in fünf Fällen angeklagt sowie des Inzests mit ihrem Bruder Georg Boleyn,

Graf von Rochford. Außerdem warf man ihr die Beteiligung
an einer mörderischen Verschwörung gegen den König vor.
Letzteres erscheint völlig aus der Luft gegriffen, da ihre Position gänzlich von der Person des Königs abhängig war. Weder ihr Onkel Thomas Howard, der den Vorsitz innehatte,
noch Thomas Boleyn, der Vater von Anna und Georg, versuchten den beiden Geschwistern bei diesem Schauprozess
zu helfen. Das ganze Gerichtsverfahren war eine reine Farce,
da die erhobenen Anschuldigungen nicht wirklich bewiesen
werden konnten. So stellte etwa Annas Schwägerin, Gräfin
Jane Rochford, die ihr feindlich gesonnen war, die Behauptung auf, dass eine *„ungehörige Vertraulichkeit"*[7] zwischen den
Geschwistern vorgefallen sei. Als die Gräfin 1542 selbst hingerichtet werden sollte, bekannte sie, dass sie damals zu Unrecht ihren Mann beschuldigt hatte. Während der Verhandlung trat Anna Boleyn ruhig und gefasst auf und beteuerte
ihre Unschuld. Wie vom König gewünscht wurde sie am 15.
Mai vor etwa 2000 Zuschauern zum Tode verurteilt. Auch
ihre angeblichen Liebhaber, zu denen außer ihrem Bruder
noch der Schatzmeister der königlichen Privatschatulle, Sir
Henry Norris, die Kammerherren Sir Francis Weston und
William Brereton sowie der Hofmusiker Marc Smeaton gehörten, wurden zum Tode verurteilt. Es mutet makaber an,
dass sich Heinrich VIII. persönlich um die Vorbereitung der
Hinrichtungen kümmerte. Da ihr die erbetene Gnade nicht
gewährt wurde, wurde Anna Boleyn am 19. Mai 1536 hingerichtet. Noch vor der Vollstreckung des Urteils wurde ihre
Ehe mit Heinrich VIII. durch den Erzbischof von Canterbury mit der Begründung annulliert, dass der König vorher
eine Beziehung mit Annas Schwester unterhalten hatte, wodurch angeblich eine verwandtschaftliche Beziehung ent-

standen sei. Eine neue Sukzessionsakte erklärte außerdem die gemeinsame Tochter von Anna Boleyn und Heinrich VIII., Prinzessin Elisabeth, für illegitim. Am 30. Mai schloss König Heinrich VIII. seine dritte Ehe mit Jane Seymour, mit der er sich geschmackloser Weise bereits am Tag nach Annas Hinrichtung verlobt hatte.

ANMERKUNGEN

1 Zit. nach Antonia Fraser, Die sechs Frauen Heinrichs VIII., 2. Aufl., Hildesheim 1995, S. 286.
2 Zit. nach Ebd., S. 286.
3 Theo Stemmler (Hrsg.), Die Liebesbriefe Heinrichs VIII. an Anna Boleyn, Zürich 1988, S. 95.
4 Zit. nach Fraser, Frauen Heinrichs VIII., S. 186.
5 Zit. nach Ebd., S. 270.
6 Zit. nach Helga Thoma, Ungeliebte Königin. Ehetragödien an Europas Fürstenhöfen, 9. Aufl., München 2010, S. 32.
7 Zit. nach Fraser, Frauen Heinrichs VIII., S. 281.

JANE GREY

Die ganze Tragik der als „Neun-Tage-Königin" in die englische Geschichte eingegangenen und nur sechzehn Jahre alt gewordenen Lady Jane Grey spiegelt sich in ihrer berührenden Abschiedsrede am 12. Februar 1554 kurz vor ihrer Hinrichtung auf dem Schafott im Tower von London: *„Ihr guten Leute, ich stehe hier, um zu sterben, und nach dem Gesetz bin ich auch dazu verurteilt. Mein Vergehen gegen Ihre Königliche Hoheit, welches nun als Hochverrat erachtet wird, geschah ausschließlich auf Anordnung anderer; aber es war niemals mein eigenes Bestreben, sondern herbeigeführt durch den Rat derjenigen, von denen man ein größeres Verständnis der Angelegenheit hätte erwarten dürfen, als ich es habe, die ich wenig vom Gesetz weiß, und noch weniger von den Ansprüchen auf die Krone. (...) Daher wasche ich heute meine Hände in Unschuld vor Gott und auch vor euch guten Christenmenschen"*[1]. Das Schicksal der jungen Frau aus der Zeit der englischen Renaissance, die nach ihren eigenen Worten den politischen Intrigen und religiösen Konflikten ihrer Epoche unschuldig zum Opfer fiel, faszinierte den bedeutenden französischen Historienmaler Paul Delaroche so sehr, dass es ihn 1833 zu seinem berühmtesten Monumentalwerk anregte. Das Gemälde „Die Hinrichtung der Lady Jane Grey", das sich heute in der National Gallery in London befindet, zeigt die in jungfräuliches Weiß gekleidete, mädchenhafte Königin als tragische Märtyrerin wenige Augenblicke vor ihrem Tod durch das Beil. Gestützt auf die geschichtlichen Quellen und bemüht um historische Genauigkeit schildert Delaroche detailliert diese emotionalen Geschehnisse.

Seit sich im Herbst 1552 abzuzeichnen begann, dass sich die Gesundheit des schwächlichen, minderjährigen Königs Eduard VI. von England gravierend verschlechterte und mit seinem Tod zu rechnen war, begann in seiner Umgebung ein erbarmungsloser Kampf um den Thron. Da der jugendliche Monarch kinderlos geblieben war, würde nach den von König Heinrich VIII. getroffenen Thronfolgeregelungen von 1544 die Krone an Eduards Halbschwester, Prinzessin Maria, der einzigen Tochter aus König Heinrichs erster Ehe mit Katharina von Aragón, fallen. Der eigentliche Regent des Königreichs, John Dudley, Herzog von Northumberland, sah darin eine Gefahr für die Zukunft des Protestantismus und vor allem für sich selbst. Um die rechtmäßige Thronerbin, die katholische Maria Tudor, zu verhindern, setzte der protestantische Herzog daher auf Lady Jane Grey zur Wahrung der Interessen des protestantischen Adels und all jener, die sich Sorgen vor ökonomischen Verlusten machen mussten, weil sie im Zuge der Reformation günstig Kirchenbesitz erworben hatten. Zeitweise hatte Northumberland erwogen, Eduards andere Halbschwester, Prinzessin Elisabeth, für seine Zwecke zu instrumentalisieren. Er hatte jedoch rasch davon Abstand genommen, da ihm die Prinzessin zu gescheit und eigenwillig war. Elisabeth Tudor, die Tochter aus König Heinrichs zweiter Ehe mit Anna Boleyn, war außerdem zu sehr vor Fallstricken auf der Hut. Der Herzog von Northumberland verabredete daher mit der machtversessenen Familie Grey ein eheliches Bündnis zwischen seinem Sohn Guilford Dudley und Lady Jane. Er beabsichtigte auf diese Weise die Erbfolge der Tudors auf sein eigenes Haus zu übertragen.

Obwohl sich die junge Lady heftig gegen diese Heirat mit dem nur wenig älteren Guilford wehrte, wurde sie von ihrem Vater rücksichtslos in diese Ehe gedrängt, von der sich ihre Familie Einfluss und Glanz versprach. Am 21. Mai 1553 wurde in Durham House, der Londoner Residenz des Herzogs von Northumberland, prachtvoll Hochzeit gefeiert.

Jane Grey, die unglückselige Schachfigur in diesen politischen Winkelzügen, wurde im Oktober 1537 auf dem väterlichen Landsitz Bradgate in Leicestershire als älteste Tochter von Henry Grey, dem späteren Herzog von Suffolk, und dessen Ehefrau Frances Brandon, einer Nichte König Heinrichs VIII., geboren. Das kleine Mädchen verlebte keine schöne Kindheit, da sie vor allem in ständiger Furcht vor ihrer ehrgeizigen Mutter lebte, deren Ansprüchen sie nie genügen konnte. Von ihren Eltern drangsaliert, wurde für sie Bildung und der Erwerb von Wissen daher zu einer Art Schutzwall, hinter den sie sich vor der unerfreulichen Realität ihrer Umgebung zurückziehen konnte. Neben der griechischen Sprache, die sie fließend beherrschte, verfügte sie auch in Französisch, Italienisch sowie in Latein und Hebräisch über ausgezeichnete Kenntnisse. Ihr Lehrer John Aylmer, der spätere Bischof von London, förderte unter dem Aspekt, dass Lernen Spaß machen muss, um effizient zu sein, verständnisvoll ihre Interessen und ihren Lerneifer. Daneben entwickelte sie sich auch zu einer begeisterten Protestantin. Erfreulichere Zeiten brachen für Jane Grey an, als sie 1547 in den Haushalt von Katharina Parr kam, der Witwe von König Heinrich VIII. von England. Jane Greys für eine Frau in dieser Zeit ungewöhnlich anspruchsvolle Erziehung wurde auch nach ihrer Rückkehr zu ihrer Familie fortgesetzt. Das als Wunderkind geltende Mädchen beeindruckte 1550 den Humanisten und Pädagogen Roger Ascham tief, als er sie bei einem Besuch Plato im griechischen Original lesen sah, *„mit soviel Begeisterung, wie wenn es sich um eine lustige Erzählung Boccaccios gehandelt hätte"*[2]. Zum Erstaunen Aschams trug sicher bei, dass sich die junge Aristokratin lieber dieser Beschäftigung widmete, während ihre Familie der Jagd frönte, jenem im Adel seit jeher besonders geschätzten Vergnügen. Im Alter von fünfzehn Jahren korrespondierte Jane Grey mit dem Schweizer Reformator Heinrich Bullinger in Zürich, einem der führenden Theologen des Protestantismus. Ihre Eltern waren von ihrem großen Lerneifer weniger entzückt und bemängelten, dass ihre Kenntnisse im Sticken zu wünschen übrig ließen, was für eine junge Lady immer noch als wesentlich angemessenere Beschäftigung denn das Lesen von philosophischen Schriften betrachtet wurde.

Die hochgebildete und vor allem ganz protestantisch eingestellte Jane Grey war in bestimmten Kreisen als Gattin für den gleichaltrigen König Eduard VI., der ihr in Intellekt und religiöser Interessenlage glich, im Gespräch gewesen. Unter dem Einfluss seiner Ratgeber entschied sich der todkranke Eduard 1553 auf seinem Sterbelager dafür, Jane Grey zu seiner Nachfolgerin auf dem englischen Thron zu machen. Auf diese Weise wurden die Festlegungen seines Vaters, König Heinrichs VIII., hinsichtlich der Thronfolge umgangen. Heinrich VIII. hatte bestimmt, dass für den Fall, dass sein Sohn und Erbe Eduard keine legitimen Nachkommen hinterlassen sollte, die nächsten Thronanwärterinnen seine beiden Töchter Maria und Elisabeth sein würden. Erst danach sah er seine Großnichte Jane als Erbin vor. Indem Eduard die Nachfolge seiner ältesten Halbschwester Maria, einer überzeugten Katholikin, verhinderte, wollte er die Reformation in England

erhalten. Am 21. Juni unterzeichnete er eine diesbezügliche
Urkunde, die von sechsundzwanzig Peers beglaubigt wurde.

Als König Eduard VI. im Alter von noch nicht sechzehn
Jahren am 6. Juli 1553 starb, übernahm John Dudley als Lord-
protektor die Regierungsgeschäfte. Um die Machtübernah-
me in seinem Sinne regeln zu können, hielt er den Tod des
jungen Königs zunächst für zwei Tage geheim. Sein Versuch,
die rechtmäßige Thronerbin Maria Tudor zu verhaften, scheiterte allerdings, da diese rechtzeitig von Anhängern gewarnt
worden war und zu den katholischen Howards nach Norfolk
flüchten konnte.

Am 9. Juli 1553 wurde die von einer Krankheit noch nicht
völlig wiederhergestellte Jane Grey nach London ins Stadtpalais ihrer Eltern gebracht. In Gegenwart ihrer Familie,
ihres Mannes und der Mitglieder des Kronrates verkünde-
te der Herzog von Northumberland offiziell den Tod König
Eduards VI. und informierte die Anwesenden darüber, dass
der verstorbene König, um sein Königreich vor den Katholiken zu bewahren, Lady Jane Grey zu seiner Nachfolgerin
bestimmt habe. Diese Anordnung des Königs sei von sechsundzwanzig Peers unterschrieben und damit anerkannt worden. Als daraufhin alle Anwesenden niederknieten und der
zierlichen jungen Frau als neuer Königin huldigten, fiel die
zutiefst erschrockene Jane Grey in eine kurze Ohnmacht. Als
sie wieder zu sich kam, begann sie erst zu weinen, bevor sie
erklärte: *„Die Krone gehört rechtmäßig nicht mir und behagt mir
daher nicht. Lady Maria ist die legitime Erbin"*[3]. Ihre Überzeugung wurde von ihrer Familie selbstverständlich nicht geteilt.
Vielmehr wurde sie solange von allen Seiten bedrängt, bis sie
ihre Bedenken schließlich beiseite schob und die Krone mit
der folgenden Stellungnahme akzeptierte: *„Wenn mir diese*

Gabe nach dem Gesetz gehören soll, dann möge mir die Göttliche Majestät den Verstand und die Gnade gewähren, damit ich zu Seinem Ruhm und Gefallen sowie zum Vorteil des Königreiches regiere"[4]. Danach leisteten ihr alle den Treueid.

Am Tag darauf, am 10. Juli 1553, wurde Jane Grey auf der Staatsbarke in den Londoner Tower gebracht und dort ohne jedes größere Zeremoniell zur Königin proklamiert. Zwei Tage später wurden ihr die Kronjuwelen übergeben. Sie probierte die Krone auf, damit diese für ihre Krönung angepasst werden konnte. Auf die Forderung ihres Ehemanns Guilford Dudley, ihm den Königstitel zu verleihen, ging Jane nicht ein. Sie vertröstete ihren ungehaltenen Ehemann damit, dass sie dies später durch das Parlament prüfen lassen wolle. In der Bevölkerung löste ihre Thronbesteigung keinerlei Begeisterung aus, da viele Engländer in Maria Tudor, der Tochter aus König Heinrichs VIII. erster Ehe, die eigentliche Thronerbin sahen. Erschwerend kam für die neue Königin Jane hinzu, dass sie vielen unbekannt war. Sie galt lediglich als eine Marionette in der Hand des verhassten Herzogs von Northumberland. Wie sehr dieser machtbewusste Adelige abgelehnt wurde, belegt beispielsweise ein zeitgenössisches Pamphlet, in dem er als Tyrann gebrandmarkt wurde: *„Halte fest, was Du besitzt: die Welt ist gefährlich. Der große Teufel Dudley herrscht: (ich hätte Herzog sagen sollen); nun, laß es vorübergehen und warte, bis es vorbei ist, denn ich glaube, er wird nicht lange [regieren]"*[5].

Die Rechnung von Northumberland ging tatsächlich nicht auf. Er hatte darauf gehofft, dass die englische Elite eher eine protestantische Königin mit zweifelhaftem Anspruch denn die Gefahr einer religionspolitischen Wende unter einer katholischen Herrscherin akzeptieren würde. Der Hinweis auf

Prinzessin Marias „Papismus" zählte offensichtlich nicht so viel wie der Gedanke der Legitimität. Maria Tudor wurde am 10. Juli 1553 in Norfolk von ihrer Anhängerschaft zur Königin ausgerufen. Als der Herzog von Northumberland mit seinem Heer nach Norfolk zog, desertierten viele seiner Soldaten und liefen zu Marias Streitmacht über. Der Herzog unterlag Marias Truppen. Der Regentschaftsrat nutzte die Abwesenheit John Dudleys zu dessen Sturz und schwenkte rasch auf die Seite der Siegerin um, obwohl in dem Rat Northumberlands Günstlinge dominierten. Seine skrupellose Machtpolitik und vor allem seine rücksichtslose persönliche Bereicherung hatten ihn weithin unbeliebt gemacht. Am 18. Juli wurde der Herzog in Cambridge verhaftet, sein Staatsstreich war damit endgültig gescheitert. Während der Regentschaftsrat mit Maria Tudor über die Machtübergabe zu verhandeln begann, flüchtete Henry Grey, der Herzog von Suffolk, aus London und überließ seine älteste Tochter Jane samt ihrem Ehemann ihrem Schicksal. Das junge Paar wurde im Tower festgesetzt. Jane Grey protestierte nicht gegen ihre Entmachtung. Offenbar scheint sich weder die Familie Grey noch die Dudleys für die von ihnen auf den Schild gehobene Königin Jane eingesetzt zu haben.

Maria Tudor gewährte Henry Grey ihre Verzeihung und ließ ihn wieder frei. Jane Grey verblieb dagegen weiterhin in Haft. Königin Maria I., die Katholische, war sich noch im Unklaren darüber, wie sie mit Jane, die sie gut kannte, verfahren sollte. Im Grunde sah sie in ihr wohl nur ein Werkzeug anderer machthungriger Personen. Am 18. August 1553 fand die Verhandlung gegen den Herzog von Northumberland und seine Mitverschwörer statt. Von den elf zum Tode Verurteilten wurden am 22. August allerdings nur drei hingerichtet, darunter John Dudley, Herzog von Northumberland. Der kaiserliche Gesandte riet der neuen Königin dringend, auch Lady Jane Grey hinrichten zu lassen, da diese, solange sie lebte, als Mittelpunkt etwaiger Verschwörungen dienen könnte und so eine ständige Bedrohung für Marias Regierung darstellen würde. Am 14. November 1553 wurden Jane und ihr Ehemann wegen Hochverrats zum Tode verurteilt, das Urteil wurde aber zunächst nicht vollstreckt.

Erst die protestantische Rebellion von Sir Thomas Wyatt im Januar 1554 brachte der gestürzten Königin Jane den Tod, obwohl sie überhaupt nicht daran beteiligt war. Der Aufstand richtete sich gegen die Heirat von Königin Maria mit dem katholischen Habsburger Philipp von Spanien. Zu Janes Unglück hatte sich ihr unbelehrbarer Vater Henry Grey der Rebellion angeschlossen und die Wiedereinsetzung seiner Tochter als Königin gefordert. In dem Augenblick, in dem Jane Grey zu einem realen machtpolitischen Risiko für Königin Maria I. wurde, hatte sie ihr Leben verwirkt. Unter dem Druck der Ereignisse stimmte Maria jetzt der Exekution ihrer Verwandten zu. Janes Enthauptung so wie jene von Guildford Dudley wurden für den 12. Februar 1554 festgesetzt. Als Jane Grey darüber informiert wurde, erklärte sie demütig: *„Ich bin bereit und froh, meine elenden Tage zu beenden"*[6].

Vor ihrem Tod verfasste sie noch Briefe an ihre Schwester Katherine sowie an ihren Vater, dem sie seine Schuld an ihrem Tod verzieh. Außerdem schenkte sie dem obersten Offizier des Towers ein in Samt gebundenes Gebetbuch. Die von Guildford Dudley gewünschte letzte Zusammenkunft mit seiner Ehefrau verweigerte diese ihm jedoch, da sie sich ungestört auf ihren eigenen bevorstehenden Tod vorbereiten wollte. Jane Grey stand allerdings am Fenster, als ihr Ehemann, den sie nie geliebt hatte und der nun seiner Ehefrau im Tod vorausgehen sollte, seinen letzten Gang zum Schafott antrat. Laut den Augenzeugenberichten trat Jane Grey selbst scheinbar sehr gelassen, mit ihrem Gebetbuch in der Hand, ihren Weg zum Schafott an, obwohl sie vorher noch den Karren mit der Leiche ihres Mannes vom Richtplatz zurück-kehren sah, worüber sie in Tränen ausgebrochen war. In ihrer Begleitung befand sich John de Feckenham. Im Vorfeld der Hinrichtung hatte Königin Maria die Katholische ihren Kap-lan Feckenham noch zu Jane Grey geschickt, um sie zur Kon-version zum katholischen Glauben zu bewegen. Jane Grey erwies sich aber als standhafte Protestantin. Vielleicht stärkte sie ja auch der Gedanke, als Märtyrerin des Protestantismus in die Geschichte einzugehen. Die zahlreichen Zuschauer bei ihrer Hinrichtung waren auf jeden Fall von ihrer gefassten Haltung sehr beeindruckt. Nach ihrer Ansprache auf dem Schafott kniete sie sich nieder und betete alle neunzehn Verse des 51. Psalms. Dem erschütterten Kaplan Feckenham reichte sie daraufhin für einen Moment die Hand und küsste ihn. Die beiden Frauen, die sie zum Richtplatz begleitet hatten, öffneten nun Jane Greys Kleidung am Hals. Die junge Lady verband sich selbst die Augen und tastete danach mit den Händen nach dem Richtblock. Da sie zu weit von diesem entfernt stand, rief sie zur Bestürzung aller Anwesenden: *„Wo ist er? Ich kann ihn nicht finden!"* Diesen höchst dramatischen und zugleich zutiefst berührenden geschichtlichen Moment hat der Maler Paul Delaroche in seinem eingangs erwähnten Gemälde „Die Hinrichtung der Lady Jane Grey" festgehal-ten. Erst nach einigen Augenblicken wurde Jane Grey zum Richtblock geführt, vor dem sie sich niederkniete und ihr letztes Gebet sprach: *„Herr, in deine Hände befehle ich meinen*

Geist"[7]. Danach gab sie dem wartenden Henker mit ausgestreckter Hand das Zeichen zu ihrer Enthauptung. Ihr Vater Henry Grey, Herzog von Suffolk, folgte ihr nur wenige Tage später wegen seiner Teilnahme an der Wyatt-Rebellion in den Tod, am 23. Februar 1554 wurde auch er exekutiert.

Anmerkungen

1 Zit. nach Marita Panzer, Englands Königinnen. Von den Tudors zu den Windsors, 5. Aufl., München 2009, S. 71.
2 Zit. nach Alasdair Hawkyard, Die Tudor, in: Helmut Gajić (Red.), Die großen Dynastien, München 1978, S. 139 – 151, hier S. 146.
3 Zit. nach Panzer, Englands Königinnen, S. 68.
4 Zit. nach ebd., S. 68.
5 Zit. nach Bärbel Brodt, Eduard VI. 1547-1553, in: Peter Wende (Hrsg.), Englische Könige und Königinnen der Neuzeit. Von Heinrich VII. bis Elisabeth II., München 2008, S. 47 – 59, hier S. 56f.
6 Zit. nach Panzer, Englands Königinnen, S. 70.
7 Zit. nach Sylvia Jurewitz-Freischmidt, Krone und Schafott. Maria Stuart und Elisabeth I. – eine Doppelbiographie, Gernsbach 2008, S. 152f.

MARIA STUART

Maria Stuart, die berühmteste und populärste schottische Monarchin, besitzt dank ihres schillernden, von Tragik und zahlreichen Intrigen überschatteten Lebens ein reges künstlerisches und literarisches Nachleben. Obwohl es in der historischen Wirklichkeit nie zu der von ihr gewünschten persönlichen Begegnung mit ihrer großen Gegenspielerin, der englischen Königin Elisabeth I., kam, regte der Marias zweite Lebenshälfte beherrschende Konflikt um den englischen Thron immer wieder die Fantasie an. So konnte auch Friedrich Schiller in seinem klassischen Trauerspiel „Maria Stuart" von 1800 nicht darauf verzichten, dass sich die beiden Monarchinnen auf dem Wendepunkt des Dramas in Schloss Fotheringhay publikumswirksam begegnen. Aus dieser von Erotik, Politik und Religion durchdrungenen Konfrontation geht bei Schiller die schöne Schottin als moralische Siegerin hervor.

Maria Stuart kam am 7. oder 8. Dezember 1542 im Schloss von Linlithgow zur Welt. Ihr Vater König Jakob V. von Schottland, ein Neffe des englischen Königs Heinrich VIII., war gerade von den Engländern in der Schlacht von Solway Moss am 24. November vernichtend geschlagen worden. Als der innerlich gebrochene König die Nachricht von der Geburt seiner Tochter erhielt, zeigte er sich nicht sonderlich erfreut, da er keine legitimen männlichen Thronerben mehr besaß und sich um den Fortbestand seiner Dynastie sorgte. Als er wenige Tage später, am 14. Dezember, starb, folgte ihm seine neugeborene Tochter Maria auf den Thron nach. Für ein Land wie Schottland, das sich zu dieser Zeit in einer schweren politischen und religiösen Krise befand, stellte eine Kindkönigin eine ungeheure Bürde dar. Am 9. September 1543 fand die Krönung des erst neun Monate alten Kleinkinds in Schloss Stirling Castle statt. Der englische Abgesandte, Sir Ralph Sadler, berichtete, die kleine Königin sei *„ohne jede Prachtentfaltung mit der in diesem Land üblichen ernsten Feierlichkeit"*[1] gekrönt worden. Die Regentschaft für Maria übernahm zunächst ihr Verwandter James Hamilton, Graf von Arran, ab 1554 ihre Mutter, Marie von Guise.

Wenige Monate nach der Geburt von Maria Stuart, im Juli 1543, wurde vertraglich vereinbart, dass sie den zukünftigen englischen König Eduard VI. heiraten sollte. Die beiden Königreiche sollten auf diese Weise in einer Personalunion vereinigt werden. Dieser Vertrag mit England wurde Ende des Jahres wieder durch das schottische Parlament aufgelöst, weil es nicht bereit war, der von König Heinrich VIII. geforderten Auflösung der traditionellen Allianz mit Frankreich nachzukommen. Als daraufhin englische Truppen in den kommenden Jahren immer wieder Schottland bedrohten und eine Politik der verbrannten Erde praktizierten, entzog Marie von Guise ihre kleine Tochter dem drohenden englischen Zugriff, indem sie sie in die Obhut des französischen Königshofes gab. Der französische König Heinrich II. hatte den Vorschlag unterbreitet, dass Maria Stuart seinen ältesten Sohn Franz heiraten solle, um Schottland mit Frankreich zu vereinigen.

Im Juli 1548 wurde die Heiratsvereinbarung unterzeichnet, und wenige Wochen später holte die französische Flotte die fünfjährige Königin mit ihrem Hofstaat nach Frankreich ab.

Auf König Heinrich II. von Frankreich machte das kleine Mädchen einen hervorragenden Eindruck. Er bezeichnete sie als *„das vollkommenste Kind, das ich je gesehen habe"*[2]. Sie wurde gemeinsam mit ihrem zukünftigen Ehemann Franz und dessen Geschwistern erzogen. Außer ihrem heimischen Schottisch lernte sie als weitere Sprachen noch Latein, Spanisch, Italienisch und wohl auch etwas Griechisch. Dank ihrer weitgehend in Frankreich verbrachten Jugend wurde Französisch zu ihrer Muttersprache. Daneben erhielt sie die für eine junge Hocharistokratin ihrer Zeit übliche Ausbildung: Sie spielte zwei Musikinstrumente, erlernte Reiten, widmete sich dem Zeichnen und Tanzen, ging der Falknerei nach und beschäftigte sich mit Nadelarbeiten. Zu ihrem Lernstoff gehörten auch noch Religion und die Unterweisung in europäischer Geschichte, bevor später Einführungen in Philosophie und Ethik folgten. Am 24. April 1558 fand, mit der diesem Anlass angemessenen Prachtentfaltung, die vertraglich vereinbarte Hochzeit von Maria Stuart mit dem ein Jahr jüngeren, kränklichen französischen Thronfolger in Paris statt. Als im November 1558 die englische Königin Maria Tudor kinderlos verstarb und deren Halbschwester Elisabeth ihr als Herrscherin nachfolgte, ließ König Heinrich II. von Frankreich sofort seine Schwiegertochter Maria Stuart offiziell zur Königin von England, Irland und Schottland erklären, da Elisabeths Thronansprüche keineswegs unumstritten waren. Die protestantische Elisabeth I. von England, die im Gegensatz zu ihrer Verwandten Maria Stuart keine behütete und sorglose Kindheit und Jugend verbracht hatte, war die einzige Tochter König Heinrichs VIII. aus seiner zweiten Ehe mit Anna Boleyn. Da die katholische Kirche die Scheidung Heinrichs VIII. von seiner ersten Ehefrau nicht akzeptiert und seine zweite Ehe daher als ungültig betrachtet hatte, galt Königin Elisabeth nach den strengen katholischen Maßstäben als unehelich geboren und folglich nicht thronberechtigt. Von diesem Standpunkt aus gesehen wäre Maria Stuart nach dem Tod Maria Tudors die rechtmäßige Thronerbin gewesen.

Als 1560 Maria Stuarts Schwiegervater Heinrich II. verstarb, wurde ihr Ehemann als Franz II. König von Frankreich. Seine Regierungszeit währte jedoch nicht lange. Mit noch nicht ganz achtzehn Jahren wurde Maria Stuart Witwe. Angesichts ihres nunmehr völlig veränderten Status einer Königinwitwe in Frankreich, der wenig vielversprechend war, entschied sie sich 1561 dafür, in die ihr weitgehend unbekannte schottische Heimat zurückzukehren. Sie kam in einer schwierigen Phase nach Schottland. Nur kurze Zeit nach dem Tod ihrer Mutter war im Vertrag von Edinburgh vom 6. Juli 1560 bestimmt worden, dass sowohl die französischen wie die englischen Truppen aus Schottland abzogen werden sollten, womit die alte Allianz zwischen Schottland und Frankreich beendet wurde. Außerdem wurde in diesem Vertrag die Herrschaft von Königin Elisabeth I. über England anerkannt. Maria Stuart, die zu diesem Zeitpunkt noch in Frankreich lebte, hatte sich allerdings vorsorglich geweigert, den Vertrag zu unterschreiben.

Am 19. August 1561 betrat sie in Leith nach dreizehn Jahren Abwesenheit erstmals wieder schottischen Boden. Die Mehrzahl der Schotten gehörte zu dieser Zeit dem reformierten Glauben an, auch in der Regierung dominierten die calvinistischen Kräfte. Um den Frieden zu wahren, erklärte sich Maria Stuart daher bereit, alles so zu belassen, wie sie es vorgefunden hatte. Für sich selbst bestand sie jedoch auf der Ausübung ihrer katholischen Religion. Trotz ihrer für das 16.

Jahrhundert eher ungewöhnlich toleranten Haltung gelang
es der jungen Königin nicht, sich auf Dauer in dem immer
noch vom Clandenken geprägten, im Vergleich zu England
oder Frankreich eher rückständigen Land erfolgreich durchzusetzen und die unter einander verfeindeten schottischen
Adelsfamilien zu befrieden.

Da Maria Stuart mit ihrem Anspruch auf den englischen
Thron eine ständige Bedrohung für Königin Elisabeth I. darstellte, versuchte die englische Königin diese Gefahr dadurch
zu neutralisieren, dass sie ihrer schottischen Cousine 1563 eine
Heirat mit Lord Robert Dudley, dem Grafen von Leicester,
vorschlug, wofür sie ihr die Anerkennung ihres Erbanspruchs
auf die englische Krone in Aussicht stellte. Dudley war Elisabeths enger Vertrauter und Favorit. Doch statt eine Ehe mit
diesem ihr nicht ebenbürtigen protestantischen Engländer
oder einem der anderen zur Diskussion stehenden fürstlichen Heiratskandidaten einzugehen, zog es Maria Stuart im
Juli 1565 vor, den neunzehnjährigen Katholiken Lord Henry
Darnley zu heiraten, in den sie sich leidenschaftlich verliebt
hatte. Der gut aussehende, aber charakterschwache Darnley
war ein Vetter ersten Grades von ihr und besaß zudem auch
noch Anrechte auf den englischen Thron. Ein Kind aus dieser
Verbindung verfügte daher über berechtigte Ansprüche sowohl auf den schottischen als auch den englischen Thron, was
auf Elisabeth I. Besorgnis erregend wirken musste. Eine Rebellion protestantischer Adeliger gegen diese Heirat konnte
Maria Stuart zwar rasch niederschlagen, aber schon wenige
Monate nach der Hochzeit zeichneten sich erhebliche Diffe-
renzen zwischen dem schottischen Herrscherpaar ab. Maria
Stuart war nicht willens, ihrem zweiten Ehemann wirkliche
Macht und die Mitkönigskrone einzuräumen.

Die Vertrautheit der Königin mit ihrem italienischen Privatsekretär und Berater David Riccio erregte die Eifersucht Darnleys, der sich mit oppositionellen Adeligen gegen seine eigene, im sechsten Monat schwangere Frau verbündete. Am Abend des 9. März 1566 verschafften sich die Verschwörer unter der Führung Darnleys Zutritt zu den privaten Gemächern Maria Stuarts und erstachen Riccio in Gegenwart der Königin und ihrer kleinen Hofgesellschaft. Der von den Verschwörern unter Hausarrest gestellten Königin gelang es mit Hilfe des törichten Darnleys, dem sie zugesichert hatte seine Forderungen zu erfüllen, zu entkommen und ein Heer zu sammeln, was die Rebellen dazu bewog ins Ausland zu fliehen. An Elisabeth I. schrieb die schottische Königin nach ihrer geglückten Flucht voll Empörung: *„Einige unserer Untertanen und Ratsmitglieder haben durch ihr Vorgehen deutlich bewiesen, was für Menschen sie sind (...) sie haben unseren treuesten Diener in unserer Gegenwart niedergemacht und danach unsere eigene Person verräterisch gefangengehalten"*[3]. Am 19. Juni 1566 brachte Maria Stuart im Schloss von Edinburgh ihren einzigen Sohn, den zukünftigen schottischen König Jakob VI., zur Welt. Angeblich hat die unverheiratete und kinderlose englische Königin Elisabeth auf diese Nachricht hin geklagt: *„Die Königin von Schottland hat einen schönen Sohn, und ich bin ein dürrer Strunk!"*[4] Diese Gefühlsaufwallung hinderte Elisabeth aber nicht, eine der fürstlichen Paten des kleinen Jakob zu werden.

Darnley, der sich als Verräter der Verräter den Hass der schottischen Lords zugezogen hatte, fiel am 10. Februar 1567 in Edinburgh einem Mordanschlag adeliger Verschwörer zum Opfer. An dieser Gewalttat trug Maria Stuart wohl eine Mitschuld. Für ihr Ansehen wirkte es sich vor allem sehr nachteilig aus, dass sie keine größeren Anstrengungen zur

Aufklärung des Verbrechens an ihrem Ehemann unternahm. An dem Mordkomplott gegen Darnley war unter anderen auch James Hepburn, Graf von Bothwell, beteiligt, der in einem fragwürdigen Gerichtsverfahren freigesprochen wurde. Die nachfolgenden Ereignisse lassen sich wahrscheinlich am besten mit dem politischen Überlebenswillen und der offensichtlichen Überforderung der von depressiven Stimmungen geplagten schottischen Königin erklären. Als ein großer Fehler erwies es sich nämlich für sie, dass sie den Grafen Bothwell, der allgemein als Hauptträdelsführer des tödlichen Anschlags galt, erst zum Herzog von Orkney erhob und nur etwa drei Monate nach der Ermordung ihres zweiten Ehemannes heiratete. Angesichts der chaotischen Geschehnisse in ihrem Umfeld sah Maria Stuart in ihm scheinbar einen verlässlichen Ratgeber und eine Stütze. Lord Herries bezeichnete Bothwell dagegen in seinen Erinnerungen als *„sehr von sich eingenommen, stolz, gewalttätig und aufgeblasen – ein Mann, der vor nichts zurückschrecken würde, um seinen Ehrgeiz zu befriedigen"*[5]. Diese von vielen Zeitgenossen als Skandal betrachtete Heirat und Bothwells Versuch, an der Seite der Königin die Macht an sich zu reißen, lösten einen Aufstand unter den Maria Stuart zuvor treu ergebenen Adeligen aus. Nachdem sich ihr eigenes Heer geweigert hatte, für sie zu kämpfen, musste sie sich ergeben. Während Bothwell zunächst die Flucht gelang, bevor er bis zu seinem Lebensende in Dänemark in Haft kam, musste Maria Stuart am 24. Juli 1567 zugunsten ihres Sohnes Jakob abdanken. Der etwas über ein Jahr alte Prinz wurde nur fünf Tage später zum König der Schotten gekrönt. Für den noch regierungsunfähigen König übernahm Maria Stuarts Halbbruder James Stewart, Graf von Moray, die Regentschaft.

Agnes Bernauer

Holzstich, um 1880
akg-images GmbH, Berlin

Johanna I. von Kastilien

Gemälde, um 1495/96, Sevilla
akg-images GmbH, Berlin/Album/Oronoz

Anna Boleyn

Gemälde, 16. Jahrhundert
akg-images GmbH, Berlin/Album/Oronoz

Jane Grey

Gemälde von Ernst Hader nach zeitgenössischen Bildnissen, 1880
akg-images GmbH, Berlin

Maria Stuart

Zeichnung von François Clouet, 1559, Bibliothèque National, Paris
akg–images GmbH, Berlin/Erich Lessing

Margarethe von Valois

Gemälde von François Clouet
akg–images GmbH, Berlin/Album/Oronoz

Katharina von Braganza

Olympia Mancini

Gemälde, Mignard-Schule, 1663, Nationalmuseum Stockholm
akg–images GmbH, Berlin

Der im Schloss Lochleven gefangen gehaltenen Maria
Stuart gelang am 2. Mai 1568 mit Hilfe des in sie verliebten
Lords George Douglas und dessen Vetters Willy Douglas die
Flucht. Nachdem ihre Armee von Anhängern, die sich um
sie gesammelt hatten, am 13. Mai bei Langside nahe Glasgow
vernichtend geschlagen worden war, floh Maria Stuart nach
Süden. Ihrem Onkel Karl von Guise, Kardinal von Lothrin-
gen, schilderte sie diese traumatische Flucht in einem Brief:
*„Ich habe Beschimpfungen, Verleumdungen, Gefangenschaft,
Hunger, Kälte und Hitze erlitten; ich bin geflohen, ohne zu
wissen, wohin, zweiundneunzig Meilen durch das Land, ohne
haltzumachen oder abzusitzen, und dann mußte ich auf der
nackten Erde schlafen, saure Milch trinken und Hafergrütze ohne
Brot essen. Drei Nächte habe ich wie eine Eule gelebt"*[6]. Entgegen dem Rat ihrer Anhänger entschied sie sich dafür, nach
England zu gehen, um bei ihrer Verwandten Königin Elisabeth I. Hilfe gegen ihre rebellischen Untertanen zu suchen.
Sie begab sich damit in eine für sie verhängnisvolle Abhän-
gigkeit von der englischen Königin. Am 16. Mai landete sie
mit einer kleinen Schar Getreuer in der Nähe von Carlisle.

Die englische Regierung befand sich durch diese un-
erwartete Entscheidung von Maria Stuart in einer schwierigen Situation, da internationale Verwicklungen drohten.
Der spanische Gesandte fasste die komplizierte Situation
treffend zusammen: *„Wenn die Königin ihren Willen jetzt
durchsetzt, müssen sie die Königin von Schottland als souveräne
Herrscherin behandeln, was alle vor den Kopf stoßen wird,
die sie zur Abdankung gezwungen haben (...) Wenn sie sie in
Gefangenschaft halten, wird das vermutlich alle benachbarten
Fürsten empören, und wenn sie frei bleibt und sich mit ihren
Freunden in Verbindung setzen kann, wird nach allen Seiten*

Verdacht aufkommen. Auf alle Fälle steht fest, daß zwei Frauen nicht lange gut miteinander auskommen" [7]. Im Prinzip war Elisabeth I. bereit, ihrer Verwandten wieder auf den schottischen Thron zu helfen. Maria Stuart zeigte dagegen keinerlei Bereitschaft, den aus dem Jahr 1560 stammenden Vertrag von Edinburgh zu unterschreiben und damit formell auf ihren englischen Thronanspruch zu verzichten. Elisabeth befolgte vorsorglich den Rat ihres Staatskanzlers Sir William Cecil und weigerte sich, Maria Stuart persönlich zu empfangen. Stattdessen ließ sie die schottische Königin in Schloss Bolton in Yorkshire festsetzen. Um Marias Gefangenschaft vor den anderen europäischen Fürsten rechtfertigen zu können, ließ Elisabeth I. zunächst eine Untersuchung durchführen, um zu klären, ob Maria Stuart eine Mitschuld an der Ermordung ihres Ehemannes Lord Darnley traf. Um die frühere Königin zu belasten, spielten ihre schottischen Gegner der mit der Untersuchung der Angelegenheit beauftragten englischen Kommission die so genannten Kassettenbriefe zu. Es handelte sich dabei vornehmlich um acht Briefe, die Maria Stuart angeblich an den Grafen Bothwell geschrieben haben soll. Die zwischen Oktober 1568 und Januar 1569 tagende Kommission kam nach der Prüfung der Briefe zu dem Schluss, dass damit der Mord an Lord Darnley nicht hinreichend bewiesen werden konnte, was ganz den damaligen Wünschen der englischen Königin entsprach.

Maria Stuart wurde nach dem Ende der Untersuchung jedoch nicht auf freien Fuß gesetzt. Insgesamt sollte die frühere Königin fast zwanzig Jahre in verschiedenen englischen Schlössern in Gefangenschaft verbringen. Sie bemühte sich in dieser Zeit vergeblich um die Wiedereinsetzung in ihre Rechte als schottische Königin oder als Nachfolgerin von

Elisabeth I. Diese Jahre waren ausgefüllt mit Verhandlungen, Bittgesuchen und immer neuen Komplotten gegen Königin Elisabeth I., die aber alle durch Sir Francis Walsingham, den Begründer des englischen Geheimdienstes, und seine Spione rechtzeitig aufgedeckt wurden. In alle diese Verschwörungen war Maria Stuart mehr oder weniger verwickelt. Voll Bitterkeit musste die frühere Königin erleben, dass sich ihr in ihrer Abwesenheit protestantisch erzogener Sohn Jakob, den keinerlei persönliche Erinnerungen mit seiner Mutter verbanden, zur Wahrung seiner eigenen Interessen nie wirklich für ihre Befreiung einsetzte. Zunehmend zermürbt von ihrer langen Haft wurde Intrigieren und Pläneschmieden zu ihrem Lebenselixier. Dies bestärkte die englische Königin in ihrer Überzeugung, dass Maria Stuart nicht zu trauen sei. Solange die frühere schottische Monarchin auf englischem Boden blieb, würde sie immer einen Dreh- und Angelpunkt für die oppositionellen Kräfte gegen Elisabeth I. bilden.

Um die Schottenkönigin endgültig als potenzielle Gefahr für die Herrschaft Elisabeths I. beseitigen zu können, plante Sir Walsingham, sie in eine von ihm aus dem Hintergrund gelenkte Verschwörung zu verstricken. Er gedachte sich dabei des Gesetzes zur Sicherheit der Königin von 1585 zu bedienen, das vorsah, dass sich nicht nur Personen strafbar machten, die der englischen Königin Elisabeth nach dem Leben trachteten, sondern auch jene, zu deren Nutzen dies geschah. Königin Elisabeth war offensichtlich nicht in sein Vorhaben eingeweiht. Mitte der achtziger Jahre plante der junge Katholik Sir Anthony Babington, angeregt durch englische Agents provocateurs, die Walsingham auf ihn angesetzt hatte, einen Anschlag auf Elisabeth. Auf das Attentat sollten eine Invasion französisch-spanischer Truppen und die Investitur Maria Stuarts erfolgen. Sanktioniert waren derartige Mordanschläge durch eine Exkommunikationsbulle von Papst Pius V. aus dem Jahr 1570. Durch diese Bulle wurden Elisabeths katholische Untertanen von ihrer Treuepflicht gegenüber ihrer exkommunizierten, ketzerischen Königin entbunden. Unvorsichtigerweise beantwortete Maria Stuart am 17. Juli 1586 ein zu ihr geschmuggeltes Schreiben Babingtons, in dem dieser die Einzelheiten seines Vorhabens darlegte und ihre Zustimmung erbat. Unmissverständlich erklärte Maria ihr Einverständnis zu dem geplanten Anschlag, wodurch sie nichts ahnend in die Falle von Walsingham gegangen war, der ihre Post insgeheim sorgfältig überwachen ließ. Kurz vor dem Zuschlagen der Verschwörer ließ Walsingham deren Anführer verhaften, verhören und auf brutale Art und Weise hinrichten.

Am 15. Oktober 1586 begann in Schloss Fotheringhay in Northamptonshire der Hochverratsprozess gegen die frühere Königin Maria Stuart vor einem aus englischen Adeligen bestehenden Gericht. Da man Anthony Babington und die anderen Mitverschworenen bereits hingerichtet hatte, lagen nur die Protokolle ihrer durch Folter erpressten Aussagen vor. Maria Stuart wurde weder ein Rechtsbeistand gewährt, noch wurden ihr Zeugen zu ihrer Verteidigung bewilligt. Sie pochte standhaft auf die Unantastbarkeit des gesalbten Monarchen und lehnte die Zuständigkeit des Gerichts ab. Im Vorfeld der Verhandlung hatte sie dies deutlich dargelegt: *„Ich bin selber als Königin geboren, bin die Tochter eines Königs und eine leibliche Verwandte der Königin von England. Ich bin in dieses Land gekommen im Vertrauen auf die Versprechungen meiner Kusine, mich gegen meine Feinde und aufständischen Untertanen zu unterstützen, und ich wurde sofort* *gefangengenommen. (...) Als absolute Herrscherin kann ich mich keinen Befehlen fügen und auch nicht den Gesetzen des Landes unterwerfen, ohne mich selber, meinen Sohn, den König, und alle anderen souveränen Fürsten herabzuwürdigen (...) Was mich selbst betrifft, ich erkenne die Gesetze Englands nicht an, sie sind mir fremd, und ich verstehe sie nicht. Ich bin allein, habe weder einen Rechtsbeistand noch irgend jemanden, der für mich spricht. Man hat mir meine Papiere und Aufzeichnungen fortgenommen, so daß ich völlig hilflos bin*[8]. Nachdem die Königin zunächst alle gegen sie erhobenen Anschuldigungen leugnete, musste sie dann wegen der erdrückenden Beweislast Einzelheiten zugeben, was ihre moralische Position verschlechterte. Sie bekannte offen, ihre eigene Befreiung und die Unterstützung der katholischen Sache in England verfolgt zu haben. Wie es bei Staatsprozessen dieser Art üblich war, wurde Maria Stuart am 25. Oktober 1586 des Hochverrats für schuldig befunden, der mit dem Tod bestraft wurde. Der politischen Notwendigkeit war damit der Anstrich von Legalität verliehen. Ausdrücklich wurde erwähnt, dass Marias Schuld in keiner Weise die Ansprüche ihres Sohnes, des schottischen Königs Jakob VI., auf den englischen Thron beeinträchtige. Lediglich Lord Zouche brachte den Mut auf, zu erklären, dass er nicht völlig davon überzeugt sei, dass Maria Stuart der englischen Königin nach dem Leben getrachtet habe.

Königin Elisabeth I. konnte sich erst am 1. Februar 1587 dazu durchringen, die längst ausgefertigte Hinrichtungsurkunde zu unterzeichnen. Ihr wäre es sympathischer gewesen, wenn Sir Amyas Paulet, Maria Stuarts letzter Gefängniswärter, die schottische Königin ermordet hätte, was der strenge Puritaner jedoch entrüstet von sich wies. Elisabeth fürchtete sich vor dem Urteil der Geschichte und wollte nicht die Verantwortung für Marias Tod, einer gesalbten Königin, übernehmen. Am 8. Februar 1587 wurde die vierundvierzig Jahre alte, seit längerem kränkliche Maria Stuart in Schloss Fotheringhay gegen zehn Uhr morgens hingerichtet. Sie war erst am Tag zuvor über den Termin informiert worden. Ein katholischer Priester als Beistand wurde ihr ebenso verweigert wie die Letzte Ölung. Sie ging trotzdem gefasst und würdevoll in den Tod. Zu ihrer Hinrichtung trug sie ein schwarzes Satinkleid, an dessen Gürtel zwei Rosenkränze hingen. Ein weißer Schleier bedeckte ihr Haar. In der Hand hielt sie ein Kruzifix und ein Gebetbuch. Nachdem sie beim Schafott den Schleier und die dunkle Überbekleidung abgelegt hatte, trug sie zu einem dunkelroten Satinmieder einen dunkelroten Samtunterrock. Die rote Farbe dürfte von ihr bewusst ausgewählt worden sein, da Rot sowohl für Märtyrertum als auch für königliches Blut stand. Genauso bedacht wählte sie ihre letzten Worte und den lateinischen Psalm, den sie sprach, als sie ihr Haupt auf das Schafott legte. Sie spielte ihre letzte Rolle als Märtyrerin für ihren katholischen Glauben dermaßen überzeugend, dass sich dieses Bild von ihr der Nachwelt nachhaltig einprägte. Bereits im September 1586 hatte sie an ihren Vetter, den Herzog Heinrich von Guise, in Frankreich geschrieben: *„Was mich betrifft, ich bin entschlossen, für meine Religion in den Tod zu gehen (....) Mit Gottes Hilfe werde ich im katholischen Glauben sterben"*[9]. Der unerfahrene Scharfrichter benötigte zwei Schläge mit der Axt, bevor er Maria Stuart in Gegenwart von etwa dreihundert Aristokraten mit dem Beil enthauptet hatte.

Obwohl Königin Elisabeth I. das Todesurteil unterzeichnet hatte, versuchte sie nach der Hinrichtung Marias den Eindruck zu erwecken, als ob die Enthauptung durch übereifrige Untergebene eigenmächtig durchgeführt worden sei. Als Marias Sohn als Jakob I. nach dem Tod von Königin Elisabeth I. am 24. März 1603 in Personalunion über England und Schottland herrschte, wurden Marias Gebeine in der Westminster Abbey zwischen den englischen Königen und Königinnen feierlich beigesetzt. Letztendlich hatte sie damit ihr angestrebtes Ziel erreicht. Mit König Jakob I. entstand das Vereinigte Königreich.

ANMERKUNGEN

1 Zit. nach Antonia Fraser, Maria Stuart. Königin der Schotten. Eine Biographie, Herrsching 1989, S. 33.
2 Zit. nach Ebd., S. 46.
3 Zit. nach Ebd., S. 201.
4 Zit. nach Sylvia Jurewitz-Freischmidt, Krone und Schafott. Maria Stuart und Elisabeth I. – eine Doppelbiographie, Gernsbach 2008, S. 308.
5 Zit. nach Fraser, Maria Stuart, S. 216.
6 Zit. nach Ebd., S. 296.
7 Zit. nach Neville Williams, Elisabeth I. von England. Beherrscherin eines Weltreichs, München 1976, S. 136.
8 Zit. nach Fraser, Maria Stuart, S. 401.
9 Zit. nach Ebd., S. 396.

Margarethe von Valois

Margarethe von Valois, auch Königin Margot genannt, führte in einer zu gewalttätigen Exzessen neigenden Epoche ein von Skandalen, Verschwörungen und Tragödien überschattetes Leben. In den blutigen französischen Hugenottenkriegen wurde die häufig als *„schönste und vollkommenste Fürstin"*[1] Bezeichnete zu einem Spielball der Religionsparteien. Eng ist ihr Name mit der Bartholomäusnacht, der so genannten Pariser Bluthochzeit, verbunden. Die letzte Vertreterin des Hauses Valois, das seit 1328 das Königreich Frankreich regierte, lehnte sich jedoch dagegen auf, zum reinen Objekt in den Machtkämpfen ihrer Zeit degradiert zu werden. Ihr unkonventioneller Lebensstil, der darauf gründete, dass sie sich lediglich die gleichen Freiheiten nahm wie die männlichen Mitglieder der Hocharistokratie, verschaffte ihr einen legendären Ruf. Diese schillernde Persönlichkeit der französischen Geschichte hinterließ als eine der ersten Frauen überhaupt ihre Lebensgeschichte in Form von Memoiren, die erstmals dreizehn Jahre nach ihrem Tod in gedruckter Form erschienen und zu einem Bestseller wurden. Ihre kulturgeschichtlich bedeutsamen Aufzeichnungen bieten, obwohl nicht immer ganz der Realität verpflichtet, einen faszinierenden Einblick in die Geschichte Frankreichs in den Jahren von 1565 bis 1582.

Margarethe von Valois wurde am 14. Mai 1553 im Schloss Saint-Germain-en-Laye als siebtes Kind und jüngste überlebende Tochter von König Heinrich II. von Frankreich und dessen Gemahlin Katharina von Medici geboren. Bereits im Alter von sechs Jahren verlor sie ihren Vater, als dieser an den Folgen einer bei einem Turnier erlittenen Verwundung starb. Die Beziehung zu ihrer Mutter, der prägenden Figur in Margarethes Leben, gestaltete sich zeitlebens kompliziert. Ihre Gefühle schwankten zwischen Bewunderung und Furcht. Fast bis zum Tod von Katharina von Medici bemühte sich die Tochter darum, deren Wohlwollen zu erlangen. In ihren Erinnerungen bekannte Margarethe im Hinblick auf die strenge Erziehung durch die Königinmutter, *„daß ich nicht allein mir nie getraute, sie anzureden, sondern wenn sie mich nur anblickte, so bebte ich aus Furcht, ihr durch irgend etwas mißfallen zu haben"*[2]. Da ihre beiden älteren Schwestern früh verheiratet wurden, wuchs sie vor allem zusammen mit ihren Brüdern auf, die sich gegenseitig nicht ausstehen konnten. Eine innige Liebe verband Margarethe mit ihrem jüngsten Bruder Franz, dem Herzog von Alençon, während das Verhältnis zu den älteren Brüdern Karl und Heinrich weniger herzlich war. Karl verdankte sie ihren Spitznamen Margot. Die Prinzessin erhielt nicht so eine gute Erziehung wie ihre Brüder, aber sie lernte Latein, Griechisch, Italienisch und Spanisch zu sprechen. Außerdem spielte sie Laute, verfügte über eine schöne Singstimme und interessierte sich für Naturwissenschaften. Selbstverständlich wurde sie in allen wichtigen Fragen des höfischen Zeremoniells geschult. Mit ihrer Mutter teilte sie den Hang zur Prunkentfaltung und Selbstdarstellung. Mit ihrem Sinn für Eleganz und ihrer Vorliebe für kostbare Roben wurde sie am französischen Hof tonangebend in Modefragen. Da sie überdies eine hervorragende Tänzerin war, bildete sie auf Festen häufig den Mittelpunkt.

Als Angehörige eines der bedeutendsten Herrscherhäuser in Europa wurde sie schon als Kind zu einer Schachfigur auf dem fürstlichen Heiratsmarkt. Nachdem sich verschiedene Heiratspläne zerschlagen hatten, verliebte sich die sechzehnjährige Margarethe in Heinrich I. von Lothringen, den Herzog von Guise. Schmerzhaft und desillusioniert musste jedoch die Prinzessin erleben, dass eine Heirat zwischen dem Herzog und ihr nicht im Interesse des Königshauses lag, da die Familie des Lothringers zu den bestimmenden Kräften der Katholischen Liga gehörte, die die Hugenotten bekämpfte. Der königlichen Familie war zu diesem Zeitpunkt an einem politischen Gleichgewicht zwischen den französischen Protestanten und den Katholiken gelegen, um die Staatseinheit zu sichern. Durch Margarethes Einheirat in das lothringische Herrscherhaus wäre das katholische Lager zu sehr gestärkt worden. Auf Grund politischer Überlegungen entschieden König Karl IX. und seine Mutter Katharina daher, Margarethe mit dem etwa gleichaltrigen König Heinrich von Navarra aus dem Hause Bourbon, einem Führer des protestantischen Lagers, zu verheiraten. Auf diese Weise sollte eine Aussöhnung zwischen den Hugenotten und Katholiken herbeigeführt werden, die sich gerade im dritten Religionskrieg unversöhnlich gegenübergestanden hatten. Eine Ehe zwischen Angehörigen verschiedener Religionen war im 16. Jahrhundert eher ungewöhnlich und entsprach nicht der üblichen Heiratspolitik der europäischen Herrscherhäuser. Margarethes künftige Schwiegermutter Johanna von Albret, die, obwohl bereits todkrank, an den Hof der Valois kam, um die Heiratsbedingungen auszuhandeln, schrieb ihrem Sohn über die Prinzessin: *„Was Madames Schönheit betrifft, so muß ich zugeben, daß sie von schönem Wuchs ist, obwohl sie* *sich stark schnürt. Für das Gesicht wiederum verwendet sie so viele Hilfsmittel, daß es mir mißfällt, denn sie wird es ruinieren; aber an diesem Hof ist Schminke beinahe so verbreitet wie am spanischen"*[3]. Nach langen Heiratsverhandlungen einigten sich beide Dynastien in einem Vorvertrag im April 1572 darauf, dass keiner der beiden Ehepartner konvertieren musste. Margarethes Einwände gegen ihren Bräutigam spielten keinerlei Rolle. Gegen Heinrich sprach in den Augen der überzeugten Katholikin nicht nur sein protestantischer Glaube, vielmehr lehnte sie ihn auch aus sehr persönlichen Gründen ab. Sie fand ihn ungeschliffen und hässlich. Am meisten störte die Königstochter sein ungepflegtes Aussehen. Am 17. August 1572 wurde der endgültige Ehevertrag in Paris unterzeichnet und damit zwei Menschen mit einem völlig verschiedenen Hintergrund und unterschiedlichen Interessen zusammengespannt.

Die Vermählung fand einen Tag später statt, obwohl der dafür nötige Dispens des Papstes noch nicht vorlag. Im Gefolge Heinrichs von Navarra waren zahlreiche Hugenotten nach Paris gekommen, um an den prunkvollen Feierlichkeiten zur Hochzeit teilzunehmen. Da sich der protestantische Bräutigam weigerte, einer katholischen Messe im Kirchengebäude beizuwohnen, wurde die Trauungszeremonie teils auf dem Vorplatz, teils im Inneren der Kathedrale Notre-Dame zelebriert. In ihren Erinnerungen hielt Margarethe von Valois fest, wie sie dafür gekleidet war: *„Ich trug die königliche Krone, den großen blauen Mantel, dessen Schleppe drei Prinzessinnen nachtrugen, und den kleinen Hermelin-Mantel. Der ganze Kronschmuck umstrahlte mich"*[4]. Die für eine königliche Hochzeit üblichen mehrtägigen Festlichkeiten waren jedoch kaum beendet, als am 22. August ein Attentat auf den calvinisti-

schen Führer Admiral Gaspard von Coligny verübt wurde,
das aber missglückte. Dieser wohl von Katharina von Medici
angezettelte Anschlag löste die schrecklichen Ereignisse der
Bartholomäusnacht aus. Um der befürchteten Rache der Hugenotten für das fehlgeschlagene Attentat zuvorzukommen,
wurden in der Nacht vom 23. auf den 24. August allein in
Paris etwa 3000 Hugenotten, egal ob Männer, Frauen oder
Kinder, auf grausame Weise niedergemetzelt. Das Morden in
Paris fand seine Fortsetzung in der Provinz, wo noch weitere
10 000 bis 20 000 Protestanten umgebracht wurden. Erschüttert schrieb der französische Diplomat Arnauld du Ferrier an
die Königinmutter Katharina: *„Es ist eine nicht zu leugnende
Wahrheit, daß die Metzeleien in ganz Frankreich nicht nur den
Admiral und die anderen Führer der Neuen Religion getroffen
haben, sondern auch viele arme unschuldige Leute, und das hat
diejenigen, die früher Ihrer Krone treu ergeben waren, sehr stark
berührt und ihre Gefühle sogar geändert"*[5]. Der vierte Bürgerkrieg nahm damit seinen Anfang.

Aus dem Jahrzehnte später verfassten Bericht von Margarethe von Valois über die Ereignisse im Pariser Louvre in
jener Nacht spürt man immer noch die tiefe Erschütterung,
die diese Geschehnisse bei ihr hinterlassen hatten. Die der
Prinzessin aufgezwungene Ehe mit einem ungeliebten Mann
hatte nicht zu der erhofften Annäherung zwischen den Katholiken und Protestanten in Frankreich geführt, sondern
endete in einem Blutbad. Margarethe konnte drei Edelleu-
ten aus dem Gefolge ihres Ehemannes, die bei ihr Schutz
suchten, durch ihre Fürsprache das Leben retten: *„Nach einer
Stunde, nachdem ich fest eingeschlafen war, pochte jemand mit
Händen und Füßen an die Tür und rief: ‚Navarra, Navarra!'
Meine Amme meinte, es sei der König, mein Gemahl, und lief*

*schnell hinzu, ihm die Türe zu öffnen. Es war ein Edelmann,
namens Léran, der von einem Degenstoß über den Ellbogen und
von einer Hellebarde in den Arm verwundet war; er drängte sich
mit vier Häschern, die ihn verfolgten, in mein Zimmer und warf
sich auf mein Bett, um sich zu retten. Da ich alle diese Menschen
sah, die sich über mich herwarfen, flüchtete ich in den Gang
hinter meinem Bette, er aber mir nach, indem er sich fest an mich
klammerte. Ich kannte den Mann gar nicht und wußte nicht, ob
er in der Absicht gekommen war, mir Leides zu tun, oder ob die
Häscher ihm oder mir etwas tun wollten. Wir schrieen beide und
waren einer so erschrocken als der andre. Gott gab es, daß Herr
von Nançai, Hauptmann von der Garde, dazu kommen mußte;
er konnte sich des Lachens nicht erwehren, als er mich in diesem
Zustand erblickte, obgleich er mich bedauern mußte; er schimpfte
auf die Häscher wegen ihrer Unschicklichkeit, jagte sie hinaus und
überließ mir das Leben des armen Menschen, der mich immer noch
festhielt. Ich ließ ihn in mein Kabinett bringen und seine Wunden
verbinden; hier blieb er bis zu seiner völligen Heilung. Während
ich ein anderes Hemd anzog, weil er mich ganz blutig gemacht
hatte, erzählte mir Herr von Nançai, was eben vorging, und
versicherte mir, der König, mein Gemahl, wäre in dem Zimmer
des Königs, wo ihm nichts Leides geschähe. Darauf ließ er mich
einen Schlafrock überwerfen und führte mich in das Zimmer
meiner Schwester, der Herzogin von Lothringen. Mehr tot als
lebend kam ich dorthin; (...). Kaum war ich da, als Miossans,
der erste Edelmann des Königs, meines Gemahls, und Armagnac,
sein erster Kammerdiener, mich daselbst aufsuchten, um mich zu
bitten, daß ich ihnen das Leben retten möchte. Ich ging sogleich
hin und warf mich zu den Füßen des Königs und der Königin
Mutter, sie darum zu bitten; sie gestanden es mir auch zu*"[6]. Ihre
Schilderung der Bartholomäusnacht gehört nicht nur zu den

wenigen zeitgenössischen Überlieferungen des Geschehens, sondern ist auch der einzige Augenzeugenbericht von einem Mitglied der französischen Königsfamilie. Sie verschweigt dabei weder ihre völlig isolierte Stellung bei diesem Mord-komplott gegen die Protestantenführer, von dem sie nichts wusste, noch ihre Furcht: *„Die Hugenotten hielten mich als eine Katholikin für verdächtig, und die Katholiken, weil ich einen Hugenotten geheiratet hatte, so daß keiner mir etwas sagte"*[7]. Margarethe von Valois verzieh es ihrer Mutter nie, dass diese sie quasi als ahnungslosen Lockvogel missbraucht und dafür sogar das Leben der eigenen Tochter aufs Spiel gesetzt hat-te, als sie Margarethe an jenem Abend zu ihrem Ehemann schickte. Voll Bitterkeit schrieb sie in ihren Memoiren über die unmittelbar den furchtbaren Ereignissen vorausgegan-genen Vorkommnisse: *„Meine Schwester stellte ihr vor: man möchte mich doch nicht so als Opfer hinschicken; sie würden sich, wenn sie etwas entdecken sollten, gewiß an mir rächen. Darauf antwortete ihr die Königin Mutter: ,Wenn es Gottes Wille ist, wird ihr nichts Übels geschehen.' Wie es aber auch sei, müßte ich doch gehen, um ihnen keinen Verdacht zu geben"*[8]. Der neuen Königin von Navarra wurde im Zuge dieser Begebenheit schmerzlich bewusst, dass sie niemandem aus ihrem engsten persönlichen Umfeld trauen konnte und auch selbst ein Op-fer dieser hinterhältigen Verschwörung hätte werden können. Heinrich von Navarra überlebte die Pariser Bluthochzeit, wurde aber gefangen genommen und zur Konversion zum katholischen Glauben gezwungen. Auf das einige Tage nach der Tragödie der Bartholomäusnacht erfolgte Angebot ihrer Mutter, die Ehe mit Heinrich auf Grund des blutigen Mas-sakers annullieren zu lassen, ging Margarethe nicht ein und hielt loyal zu ihrem Ehemann: *„Ich argwohnte es gleich, daß* *man mich nur deshalb von ihm scheiden wollte, um ihm einen bösen Streich zu spielen"*[9].

Sie unterstützte auch weiterhin Heinrich von Navarra. Innerhalb des französischen Adels hatte sich inzwischen eine Gruppierung gemäßigter Protestanten und Katholiken, Les Malcontents (= Die Unzufriedenen), gebildet, die sich für eine Aussöhnung der Religionen einsetzte. Außer dem König von Navarra gehörten auch Margarethe von Valois und ihr jüngster Bruder Franz, ein ewiger Unruhestifter, diesem Bündnis an. Die Malcontents standen hinter einer Verschwörung, die plante, dass Franz nach dem Tod des bereits schwer von der Schwindsucht gezeichneten Karls IX. den französischen Thron besteigen sollte. Die Konspiration wurde jedoch aufgedeckt, und eine Untersuchungskommission gebildet. Im April 1574 verfasste Margarethe für ihren Ehemann, den man der Teilnahme an der Verschwörung beschuldigte, die Verteidigungsschrift Mémoire justificatif: *„Mit Gottes Hilfe brachte ich diese Schrift auch so gut zu Stande, daß er völlig damit zufrieden und die Herren von der Kommission sehr verwundert waren, ihn in so guter Fassung zu sehen"*[10]. Mehr als für ihren Ehemann engagierte sie sich allerdings in den kommenden Jahren immer wieder für ihren Bruder Franz von Alençon, wodurch sie sich mit ihrem Bruder Heinrich III. überwarf, der nach dem frühen Tod Karls IX. 1574 den französischen Königsthron bestiegen hatte. Nach der Flucht von ihrem Bruder Franz und von ihrem Ehemann vom französischen Hof blieb Margarethe für über zwei Jahre als Gefangene im Louvre zurück. In den Jahren zwischen 1575 und 1585 versuchte sie mehrmals zwischen den zerstrittenen Religionsparteien zu vermitteln. Durch ihr Verhandlungsgeschick war sie am Frieden von Beaulieu

1576 und am Frieden von Fleix 1580 beteiligt. In erster Linie versuchte sie dabei die Interessen ihres Bruders Franz zu vertreten, den sie gerne auf dem französischen Königsthron gesehen hätte.

Im August 1578 gestattete Heinrich III. seiner Schwester, an den Hof ihres Mannes in der Gascogne zu reisen. Sie lebte jedoch nur wenige Jahre mit Heinrich von Navarra an dessen Hof in Nérac zusammen. Auf das erste Wiedersehen mit ihrem Ehemann im Herbst 1578 bereitete sich Margarethe nach der langen Trennung sorgfältig vor, wie eine Hofdame schrieb: *„Seit drei Tagen hat sie sich in ihrem Gemach eingeschlossen, allein mit drei Kammerjungfern, eine bewaffnet mit dem Rasiermesser, die andere mit Cremes, die dritte mit der Brennschere. Sie sitzt fortwährend im Wasser, weiß wie eine Lilie, am ganzen Körper parfümiert, wieder und wieder reibt sie sich ab, eingehüllt in eine duftende Wolke wie eine verführerische Zauberin im Rauch ihrer Brennkolben, und nach dem, was sie ihren Kammerjungfern anvertraut, tut sie das alles nur, um sich selbst zu gefallen"*[11]. Die gemeinsam mit Heinrich von Navarra verbrachte Zeit von 1578 bis 1582 verlief, wie sie später festhielt, weitgehend harmonisch. Sie konnte prachtvoll Hof halten und machte aus Nérac ein wichtiges kulturelles Zentrum, das Literaten, Gelehrte, Künstler und Musiker anzog. *„Unser Hof war so schön und angenehm,"* erinnerte sie sich in ihrem Lebensbericht, *„daß wir den französischen nicht beneiden durften"*[12]. Meistens gingen die beiden Gatten allerdings getrennte Wege und hatten Liebesaffären mit anderen Partnern, wodurch sie sich immer mehr von einander entfremdeten. In dieser Zeit begann auch Margarethes Beziehung mit dem ungefähr gleichaltrigen Jacques de Harlay, Seigneur von Champvallon, der großen Liebe ihres Lebens.

Nach ihrer Rückkehr nach Paris im Mai 1582 wurde deutlich, dass die Königin von Navarra keinerlei Einfluss mehr auf ihren Ehemann ausüben konnte. Mit ihrem Einsatz für die Ambitionen des Herzogs von Alençon sorgte sie zudem für Unfrieden. Die Liebe zu dem Seigneur von Champvallon, dem Oberstallmeister ihres jüngsten Bruders, erboste ihren Bruder König Heinrich III. zusätzlich, der ihr Untätigkeit und Verschwendungssucht vorwarf. Wegen ihres „liederlichen" Lebenswandels befahl er seiner Schwester am 7. August 1583 Paris zu verlassen. Erst nachdem sich Heinrich III. bei seinem Schwager Heinrich von Navarra für die gegen Margarethe erhobenen Vorwürfe entschuldigt hatte, durfte die mit Schimpf und Schande vertriebene Margarethe im April 1584 an den Hof ihres Mannes nach Nérac zurückkehren. Ihre Aufnahme dort fiel nicht sehr herzlich aus.

Als ihr Bruder Franz von Alençon im Juni 1584 starb, verlor sie ihren wichtigsten Verbündeten. Sein Tod verleitete sie zu einem überraschenden politischen Kurswechsel. Statt sich um die Vermittlung zwischen ihrem einzigen noch lebenden Bruder, König Heinrich III., und ihrem Ehemann, dem König von Navarra, die sich gerade im achten Religionskrieg gegenüberstanden, zu bemühen, zog sie sich am 19. März 1585 mit Erlaubnis ihres Gatten nach Agen zurück. Hatte sie bisher im Interesse ihres Lieblingsbruders mit den Protestanten zusammengearbeitet, wechselte sie nun das Lager. Sie brach mit ihrem Bruder Heinrich und ihrem Ehemann und setzte auf die Karte der Katholischen Liga, die mit Spanien verbündet war. Indem sie gemeinsame Sache mit den größten Feinden ihres Gatten und ihres Bruders Heinrich machte, hoffte sie wohl, sich als eine Art Souverän in der Auvergne etablieren zu können. Ihr militärisches Engagement war aber nur von kurzer Dauer, bereits im Oktober 1586 geriet sie in die Gefangenschaft ihres Bruders Heinrich III. und wurde am 13. November 1586 in der Festung von Usson festgesetzt. Hier verbrachte Margarethe von Valois, umgeben von einem kleinen Hofstaat, die nächsten neunzehn Jahre ihres Lebens in der Verbannung. In Usson begann sie schließlich auch mit der Niederschrift ihrer Memoiren. Statt um einen Platz auf der politischen Bühne zu kämpfen, erblickte sie in der Pflege von Wissenschaft und Kunst eine neue Lebensaufgabe.

Nachdem Margarethes letzter noch lebender Bruder, König Heinrich III., am 1. August 1589 ermordet worden war, trat ihr Ehemann Heinrich von Navarra dessen Nachfolge an. Heinrich III. hatte den Bourbonen als seinen legitimen Nachfolger anerkannt. Mit ihm begann die Regierungszeit des Hauses Bourbon auf dem französischen Königsthron. Margarethe von Valois, die als einziges Mitglied ihrer Familie noch am Leben war, konnte als Frau den französischen Thron nicht besteigen, was Pierre de Bourdeille, Seigneur von Brantôme, der sie verehrte, empörend fand: *„Ich möchte gern wissen, ob unser Königreich sich besser befand unter dem Regimente einer unendlichen Menge von albernen, dummen, tyrannischen, einfältigen, faulen, blödsinnigen, tollen Königen, die einmal gelebt haben (...), als hätte es unter der Herrschaft einer großen Zahl französischer Prinzessinnen gestanden, die außerordentlich geschickt, klug und der Herrschaft würdig gewesen wären"*[13]. Nachdem Margarethes Ehemann dem Protestantismus abgeschworen hatte, wurde er am 27. Februar 1594 als Heinrich IV. in Chartres zum König von Frankreich gekrönt. Da seine Ehe mit Margarethe von Valois kinderlos geblieben war, stellte sich nun für den ersten Bourbonenkönig drängend die Frage der legitimen Nachkommenschaft. Bereits im Septem-

ber 1593 wandte sich Heinrich daher an seine in der Verbannung lebende Gattin, um ihre Einwilligung zur Annullierung
der Ehe zu erlangen. Margarethe wusste nur zu gut, dass eine
Wiederaufnahme ihrer Ehe mit Heinrich IV. nicht mehr in
Frage kam. Da der König ihre Zustimmung benötigte, befand sie sich jedoch in einer guten Verhandlungsposition.
Die Scheidungsverhandlungen zogen sich mehrere Jahre hin,
bevor der Papst 1599 die Ehe des Paares annullierte. Erfreut
über diese positive Entwicklung versprach Heinrich IV. seiner ehemaligen Frau: *„Ich möchte Euch auch versichern, daß
ich Euch für das, was sich ereignet hat, nicht weniger ehren und
lieben will als zuvor; ganz im Gegenteil, ich will mehr denn je auf
das achten, was Euch betrifft, und Euch bei allen Gelegenheiten
zeigen, daß ich von nun an nicht nur dem Namen nach Euer
Bruder sein kann, sondern auch in meinen Taten"*[14]. Margarethes Bedingungen – Erlass ihrer Schulden, Gewährung einer
großzügigen Apanage und die volle Wiedereinsetzung in ihre
Besitzrechte – wurden vom König erfüllt. Außerdem gestattete ihr Heinrich IV., dass sie weiterhin den Titel einer Königin führen durfte.

Im Juli 1605 kehrte Margarethe von Valois endgültig nach
Paris zurück, wo sie von Heinrich IV. und dessen zweiter
Ehefrau Maria von Medici freundlich empfangen wurde. Sie
betrachtete sich von nun an als Teil seiner Familie. Vor allem
zu Heinrichs Thronfolger, dem Dauphin Ludwig, gestalteten sich ihre Beziehungen herzlich. Ihm vermachte sie daher
auch alle ihre Besitztümer. Nach der Ermordung Heinrichs
IV. im Jahr 1610 unterstützte sie Maria von Medici während
der ersten Jahre der Regentschaft für den noch unmündigen
Ludwig XIII. In Paris nahm Margarethe wieder ein standesgemäßes Leben auf, wie es in ihren Augen für die letzte Ver-

treterin des Hauses Valois angemessen war, auch setzte sie ungestört ihr freizügiges Leben fort und versammelte namhafte Künstler und Wissenschaftler an ihrem Musenhof. 1614 erschien ihre Schrift „Discours docte et subtil", in der sie die Ehre des weiblichen Geschlechts verteidigte. Daneben verlor sie nicht ihr großzügiges Engagement in wohltätigen Belangen aus dem Auge. Am 27. März 1615 starb Königin Margarethe in ihrem 62. Lebensjahr in Paris.

ANMERKUNGEN

1 Zit. nach Maike Vogt-Lüerssen, Frauen in der Renaissance. 30 Einzelschicksale, Norderstedt 2006, S. 389.
2 Michael Andermatt (Hrsg.), Geschichte der Margaretha von Valois. Gemahlin Heinrichs IV. Von ihr selbst beschrieben. Nebst Zusätzen und Ergänzungen aus andern französischen Quellen. Übersetzt von Dorothea Schlegel. Zusammengestellt und mit einer Vorrede versehen von Friedrich Schlegel, Zürich 1996, S. 41.
3 Zit. nach Janine Garrisson, Königin Margot. Das bewegte Leben der Marguerite de Valois. Biographie, Solothurn und Düsseldorf 1995, S. 47.
4 Andermatt, Geschichte der Margaretha von Valois, S. 51.
5 Zit. nach Irene Mahoney, Katharina von Medici. Königin von Frankreich – Fürstin der Renaissance, München 1977, S. 201.
6 Andermatt, Geschichte der Margaretha von Valois, S. 59ff.
7 Ebd., S. 57.
8 Ebd., S. 58.
9 Ebd., S. 62.
10 Ebd., S. 65.
11 Zit. nach Benedetta Craveri, Königinnen und Mätressen. Die Macht der Frauen – von Katharina de' Medici bis Marie Antoinette, München 2010, S. 87.
12 Andermatt, Geschichte der Margaretha von Valois, S. 201.
13 Zit. nach Vogt-Lüerssen, Frauen in der Renaissance, S. 398.
14 Zit. nach Garrisson, Königin Margot, S. 260.

KATHARINA VON BRAGANZA

Katharina von Braganza, verheiratet mit dem englischen König Karl II., der in die Geschichte als „Merry King Charles" einging, gehört nicht zu den populär gewordenen Königinnen Englands. Unschuldig geriet sie in das bedrohliche Räderwerk einer angeblichen Verschwörung, doch im Gegensatz zu einigen anderen englischen Königsgemahlinnen wie etwa Anna Boleyn musste sie dafür nicht mit ihrem Leben bezahlen. Sie hatte das Glück, dass ihr Ehemann in dieser kritischen Situation loyal zu ihr stand und sie in Schutz nahm. Dank seines geschickten Manövrierens überstand sie die gefährliche Krise.

Katharina Henrietta kam am 25. November 1638 als dritte Tochter des Herzogs Johann von Braganza und dessen spanischer Gemahlin Luisa von Guzmán im Palast von Vila Viçosa zur Welt. Die herzogliche Familie war die reichste und mächtigste Adelsfamilie in Portugal, die über große Ländereien und andere Besitzungen verfügte. Nachdem sich Portugal durch einen Aufstand von der seit 1580 bestehenden Vorherrschaft Spaniens befreit hatte, wurde dem Herzog von Braganza 1640 die Königskrone angetragen. Als Johann IV. wurde er der erste portugiesische Monarch aus dem Hause Braganza.

Um die wiedergewonnene portugiesische Unabhängigkeit gegen Spanien abzusichern, bemühte sich Katharinas Vater erfolgreich um die politische Unterstützung Frankreichs und

Englands. Seine Tochter Katharina sollte dabei mittels einer Heiratsallianz das Bündnis mit England absichern helfen. Im Alter von gerade sieben Jahren wurde die Prinzessin zur Braut des damaligen Prinzen Karl von Wales bestimmt. Aus diesem Anlass wurde ihr ein Miniaturporträt ihres zukünftigen Bräutigams überreicht, das sie in das Kloster begleitete, in dem sie fernab von der höfischen Welt erzogen wurde.

Während die portugiesische Prinzessin in ihrer klösterlichen Abgeschiedenheit eine romantische Liebe zu dem acht Jahre älteren Prinzen Karl entwickelte, von dessen Person und Lebensumständen sie nichts wusste, brach in England ein Bürgerkrieg aus. König Karl I. aus dem Hause Stuart war, durchdrungen vom Glauben an das gottgegebene Thronrecht, mit seinen Versuchen, gegen das Parlament zu regieren, gescheitert. Vom Parlamentsheer unter der Führung Oliver Cromwells besiegt, wurde er durch ein Sondergericht zum Tod verurteilt und am 30. Januar 1649 enthauptet. Die königliche Familie floh ins Exil. In England wurde die Republik ausgerufen, die Cromwell unter dem Titel eines Lordprotektors regierte. Durch diese Entwicklung wurden die Pläne für eine dynastische Verbindung zwischen Portugal und England obsolet.

Angesichts der Annäherung zwischen Frankreich und Spanien, die das Königreich Portugal in seiner Selbständigkeit bedrohte, setzte Luisa von Guzmán, die seit dem Tod ihres Gatten 1656 die Regentschaft für ihren noch minderjährigen und geistig zurückgebliebenen Sohn Alfons VI. führte, weiterhin auf eine Allianz mit England. Aus diesem Grund lehnte sie andere Bewerber um die Hand ihrer Tochter Katharina ab. Mit dem Tod Oliver Cromwells im September 1658 zeichnete sich das Ende der englischen Republik ab.

Als das Königtum vom „Konventionsparlament" wiederher-
gestellt und der älteste Sohn des hingerichteten Königs am
8. Mai 1660 als Karl II. zum englischen König proklamiert
wurde, kam dies dem portugiesischen Königshof mehr als
gelegen. Wegen der wieder akuten Bedrohung der portugiesischen Unabhängigkeit durch Spanien wurden die Verhandlungen wegen eines Ehebündnisses zwischen den Häusern
Stuart und Braganza wieder aufgenommen. Portugal lockte
Karl II. mit einer attraktiven Mitgift für Katharina. Der Ehevertrag sah vor, dass die Prinzessin neben der nordafrikani-
schen Hafenstadt Tanger, der indischen Stadt Bombay und
Handelsprivilegien die beeindruckende Summe von 300 000
englischen Pfund in bar in die Ehe einbrachte. Im Gegenzug
wurde der englische Monarch dazu verpflichtet, seiner Gemahlin die freie Ausübung ihres katholischen Glaubens zu
garantieren und Portugal militärischen Schutz vor Spanien
zuzusichern. Am 23. Juni 1661 wurden die Heiratsverträge
unterzeichnet.

Katharina war auf ihre zukünftige Stellung als englische
Königin mehr schlecht als recht vorbereitet worden. Nicht
nur dass sie die englische Sprache kaum und Französisch nur
rudimentär beherrschte, auch vom höfischen Leben verstand
sie wenig. Die in weltlichen Dingen gänzlich unerfahrene, schüchterne und fromme Prinzessin bekam einen vita-
len, weltmännisch gewandten, aber zu Zynismus neigenden
Bräutigam, der als flotter Lebemann bekannt war, sich mit
Mätressen umgab und schon einige illegitime Kinder besaß.
Hinter dem König lag im Gegensatz zu seiner ahnungslosen Braut bereits ein abenteuerliches Leben voll Höhen und
Tiefen. Die portugiesische Regentin riet ihrer Tochter daher,
ihrem zukünftigen Ehemann mit Sanftmut und Unterord-

nung entgegenzukommen. Außerdem wurde Katharina darauf hingewiesen, dass sie als liebende Gattin nicht nur die Thronfolge mittels zahlreicher Kinder zu sichern habe, sondern den König auch für den katholischen Glauben gewinnen sollte. Am 25. April 1662 reiste Katharina in Begleitung eines großen Gefolges nach England, wo sie am 13. Mai im Hafen von Portsmouth erstmals ihren Fuß auf englischen Boden setzte. Auf die Engländer machte die junge königliche Braut wegen ihrer fremdartigen Kleidung und Frisur, die dem Vorbild der spanischen Hofmode entsprach, einen altmodischen Eindruck. Angeblich soll Karl bei ihrem ersten Anblick ausgerufen haben, dass man ihm eine Fledermaus statt einer Frau geschickt habe. In Wirklichkeit war er mit seiner Braut höchst zufrieden, denn *„sie besitzt alles in allem viel Anmut in ihrem Aussehen, (...) und wenn man so bewandert ist in Physiognomie, wie ich glaube, dies von mir sagen zu können, so muss sie eine wirklich liebenswerte Frau sein"*[1]. Am 21. Mai fand auf Wunsch der Braut erst eine katholische Eheschließung in aller Stille statt, an die sich am Nachmittag die für die Öffentlichkeit bestimmte feierliche Trauung nach anglikanischem Ritus anschloss.

In der ersten Zeit nach der Eheschließung machte das Königspaar einen durchaus glücklichen Eindruck. Der als Tagebuchschreiber und Chronist der Restaurationsepoche berühmt gewordene Samuel Pepys vermerkte dazu am 31. Mai 1662: *„Die Königin ist seit einigen Tagen in Hampton Court. Alle sagen, sie sei eine außerordentlich vornehme und hübsche Dame, dazu sehr zurückhaltend, und der König sei überaus zufrieden mit ihr"*[2]. Zu Karls großem Gefallen an seiner jungen Frau trug sicher bei, dass sie anders als seine Mätressen nur wenig von ihm forderte und von Kindesbeinen an gewohnt war, viel Zeit mit Beten, Lesen, Schreiben und Musizieren zu verbringen. Während sich Katharina nach und nach an die englischen Sitten anzupassen lernte, verdankten ihr die Engländer wiederum zu einem nicht unerheblichen Teil ihre berühmte Teekultur. Als begeisterte Teetrinkerin verhalf Katharina nämlich diesem bis dahin nur wenig bekannten Getränk zu Popularität in ihrer neuen Heimat, denn durch sie wurde Teetrinken in den oberen Gesellschaftsschichten Mode.

Zu ihrem großen Leidwesen musste die Königin, die ihrem Mann aufrichtig zugetan war, erkennen, dass er sie mit anderen Frauen betrog. Zwar nahm Karl II. seine ehelichen Pflichten durchaus ernst, doch dieser unverbesserliche Frauenheld zählte eheliche Treue nicht zu seinen Tugenden. Als besondere Erniedrigung empfand Katharina es, als er schon bald nach der Eheschließung an sie die Forderung stellte, seine derzeitige Favoritin, die zur Gräfin von Castlemaine erhobene Barbara Villiers, in den Kreis ihrer Hofdamen aufzunehmen. Gegen ihren Willen musste Katharina akzeptieren, dass diese ihr unsympathische Frau Zutritt zu ihren Privaträumen erhielt. Zutiefst verletzt über diese Kränkung brach sie bei der ersten offiziellen Begegnung mit der Mätresse ihres Gatten ohnmächtig zusammen. Ihre Drohung, dass sie, falls Karl seine Geliebte nicht aus ihrer Umgebung entferne, nach Portugal zurückkehren würde, beantwortete der König damit, dass er ihr gesamtes portugiesisches Gefolge bis auf eine vertraute Dame auf die iberische Halbinsel zurückschickte. Da Katharina außerdem nicht die erhoffte Unterstützung bei ihrer Mutter fand, sondern im Gegenteil ermahnt wurde, dass sie für Portugal dieses Opfer bringen müsse, und zusätzlich von der katholischen Geistlichkeit an ihre Aufgabe erinnert wurde, dass sie den König zum rechten Glauben be-

kehren müsse, brach dies ihren Willen. Sie fand sich notgedrungen damit ab, dass ihr Mann ständig Liebschaften hatte.
Karl revanchierte sich für dieses Einlenken mit freundlicher
Zuvorkommenheit. Von diesem nun wieder guten Einvernehmen des Königspaares zeugt auch eine Beobachtung Pepys vom 13. Juli 1663: *„Nach einer Weile erschienen der König
und die Königin, die in ihrem Kleid mit weißer Spitzentaille
und einem scharlachfarbenen kurzen Mantel, die Haare offen à
la négligence, bezaubernd aussah und Hand in Hand mit dem
König ritt"*[3]. Die Königin nutzte trotzdem jede sich bietende
Gelegenheiten, sich klar von der Gräfin von Castlemaine zu
distanzieren. Mit der Wahl des katholischen, flämischen Malers Jacob Huysmans als ihrem bevorzugten Porträtisten und
Hofmaler grenzte sie sich in ihrer bildlichen Überlieferung
deutlich gegenüber der Mätresse ihres Mannes ab, denn diese galt als Muse des in Hofkreisen geschätzten Malers Peter
Lely.

Zu dem offensichtlich positiven ehelichen Arrangement
trug bei, dass sich Katharina aus den politischen Angelegenheiten Englands heraushielt, was Karl II. sehr zu schätzen
wusste. In späteren Jahren wurde sie deswegen sogar zu einer
engen Vertrauten des Königs. Im Gegensatz zu ihrer Zurückhaltung in den politischen Belangen Englands interessierte
sich Katharina sehr für die politische Entwicklung Portugals.
Durch eine eifrig geführte Korrespondenz mit ihrer Mutter
und nach deren Tod 1666 mit ihrem jüngsten Bruder Peter, der
seit 1667 zunächst die Regentschaft für Alfons VI. führte, bevor er nach dessen Tod 1683 als König Peter II. regierte, blieb
sie ihrem Heimatland eng verbunden. Obwohl sie sich in die
englische Politik nie einmischte, wurde die katholische Königin in zunehmendem Maße von antikatholisch eingestellten

Kreisen verdächtigt, zugunsten der englischen Katholiken zu agieren. Dass ihre vier Schwangerschaften mit Fehlgeburten endeten, wurde ihr ebenfalls zum Vorwurf gemacht. Die protestantischen Fanatiker sahen in ihrer Kinderlosigkeit sogar einen Hinweis darauf, dass Gott diese Ehe des Königs nicht billige. Die 1664 und 1665 in London wütende Pest, die über 70 000 Menschenleben gefordert hatte, und das verheerende Feuer von 1666, das große Teile der Altstadt von London vernichtet hatte, wurden ebenfalls in dieser Richtung gedeutet. Die Protestanten befürchteten, dass falls Karl II. ohne legitime Nachkommen blieb, dessen jüngerer Bruder Jakob, der Herzog von York, der nächste König werden würde. Der Herzog hatte sich 1672 offen zum katholischen Glauben bekannt, was die alte Angst vor dem drohenden Papismus durch einen katholischen König neu belebte. Viele Protestanten zogen daher Karls illegitimen, aber protestantischen Sohn James Scott, Herzog von Monmouth, als Thronfolger vor. Trotzdem ihm eine Scheidung von Katharina und die Anerkennung seines Sohnes James nahe gelegt wurde, ließ sich Karl II. nicht darauf ein. Es waren weniger persönliche Gründe und Gefühle, die den König dabei leiteten, sondern in seinen Augen galt es, die königlichen Interessen und die seiner Dynastie zu wahren. Als Monarch von Gottesgnaden war er nicht willens, dem Parlament die Entscheidung über die königlichen Privatangelegenheiten zu überlassen.

Als Karl 1672 versuchte, in einer Indulgenzerklärung allen Glaubensgemeinschaften in England freie Religionsausübung zuzusichern, wurde dies von dem von Anglikanern dominierten Parlament aus der alten Furcht heraus vor den Gefahren des Papismus und vor wachsendem puritanischen Einfluss umgehend mit der ersten Testakte von 1673 beantwortet. Es wurde festgeschrieben, dass sämtliche Beamte nicht nur den Suprematseid ablegen mussten, sondern dass generell nur Anglikaner ein Staatsamt bekleiden durften. Angesichts der damals in Europa allenthalben auf dem Vormarsch befindlichen Gegenreformation entbehrte diese Furcht vor einer ähnlichen Entwicklung in England nicht jeder Grundlage. Die königliche Deklaration musste zurückgenommen werden.

In dieser bereits von irrationalen Ängsten vor katholischen Intrigen und Verschwörungen geschwängerten Atmosphäre wurde 1678 von Titus Oates, einem zwielichtigen und redegewandten anglikanischen Geistlichen, das Gerücht von einer Papistenverschwörung in die Welt gesetzt. Angeblich planten die Katholiken die Ermordung König Karls II., um mit Hilfe von dessen Bruder Jakob eine Gegenreformation in England durchführen zu können. Die führenden englischen Protestanten sollten bei diesem Umsturz ebenfalls ermordet werden. Zwei Ereignisse ließen diese Verschwörungstheorie unglücklicherweise für viele Engländer glaubhaft erscheinen, nämlich dass Edward Coleman, der ehemalige Sekretär des Herzogs von York, im Geheimen über einen möglichen Sturz des englischen Protestantismus mit Hilfe Frankreichs korrespondiert hatte, und dass außerdem der Friedensrichter Sir Edmund Berry Godfrey, der Oates Aussagen aufgenommen hatte, einem rätselhaften Mordanschlag zum Opfer fiel. Die haltlosen Anschuldigungen von Oates lösten daher eine nationale Hysterie aus, die England für über drei Jahre in eine schwere innenpolitische Krise stürzte, die Monarchie in ihrem Bestand gefährdete, zu einer erneuten Katholikenverfolgung mit zahlreichen Verhaftungen und zur Hinrichtung von fünfunddreißig unschuldigen Personen führte. Durch

taktisches Geschick und Improvisationstalent gelang es jedoch Karl II., der die Nerven behielt, diese gefährliche Situation zu meistern.

Die katholische Königin geriet ebenfalls in den Sog dieser
wild um sich greifenden Verschwörungsgeschichte und damit in akute Gefahr. Titus Oates krönte nämlich sein wildes
Komplottszenario, indem er Katharina beschuldigte, ihren
Mann vergiften zu wollen. Er bezeichnete sie als Haupträ-
delsführerin, die ihren Leibarzt Sir George Wakeman beauftragt habe, den König mit Gift umzubringen. Angeblich hatte
er selbst bei einem Besuch von Somerset House gehört, wie
die Königin sich in hochverräterischer Weise geäußert habe.
Er bediente sich dabei auch des vorgeblichen Hauptmannes
William Bedloe als Zeugen. Die Königin musste deshalb
am 8. November 1678 die demütigende Durchsuchung ihrer
Privaträume hinnehmen. Am 28. November wurde sie sogar
von der Untersuchungskommission wegen Hochverrats angeklagt. Karl II. stellte sich in dieser für seine Gattin äußerst
kritischen Situation schützend vor sie. Höchstpersönlich beteiligte sich der König an einem Kreuzverhör von Oates, in
dessen Verlauf das Lügengebilde von Oates zusammenbrach.
Gegenüber Gilbert Burnet, dem späteren anglikanischen Bischof von Salisbury, erklärte Karl, dass seine Frau *„zu etwas
Bösem nicht fähig wäre"*[4]. Er war nicht bereit, dabei zuzuse-
hen, wie eine unschuldige Frau für politische Ränkespiele
missbraucht wurde. Auch die Mitglieder des Oberhauses, die
Lords, die größtenteils die Königin persönlich kannten und
sie mochten, zeigten sich wenig beeindruckt von den gegen
sie vorgebrachten Beschuldigungen. Das Unterhaus, das zunächst Oates Ausführungen gegen die Königin unkritisch
hingenommen hatte, verfolgte die Angelegenheit daraufhin

nicht mehr weiter. Katharina schrieb zutiefst bewegt ihrem Bruder über die große Fürsorge, die ihr Ehemann ihr in dieser bedrohlichen Lage zuteil werden ließ, um sie zu verteidigen und ihre Unschuld zu beweisen: *„Jeden Tag zeigt er deutlicher seine Absicht und sein Wohlwollen mir gegenüber und durchkreuzt dadurch den Hass meiner Feinde"*[5]. Die Krise ließ das englische Königspaar enger als je zuvor zusammenrücken. Voll Dankbarkeit sprach Katharina gegenüber dem portugiesischen König von den Beweisen von Güte, Großmut und Mitgefühl, die ihr Karl täglich mehr entgegenbringe.

Die Krise suchte sich auch die um den Grafen von Shaftesbury versammelten oppositionellen Kräfte zu Nutze zu machen und den Herzog von York von der Thronfolge auszuschließen. Anthony Ashley Cooper, Graf von Shaftesbury, hatte erstmals in der englischen Geschichte eine parteiähnliche Gruppierung, die Whigs, etablieren können. Ende 1678 setzten die Whigs im Parlament durch, dass eine zweite Testakte erlassen wurde, die den Katholiken endgültig die Mitgliedschaft im Parlament verwehrte. Ein Jahr später schloss das Unterhaus den Herzog von York, der Anfang März 1679 für einige Monate ins Exil nach Brüssel gegangen war, von der Thronfolge aus. Die Whigs begingen allerdings den Fehler, zu viel Nähe zu den radikalen protestantischen Gruppen an den Tag zu legen. Diese damals als Dissenters bezeichneten protestantischen Nonkonformisten wurden von den Anglikanern mit revolutionären und staatskirchenfeindlichen Ideen in Verbindung gebracht, was vor allem bei den Tories, einer noch losen königstreuen Gruppierung, ungute Reminiszenzen an den Bürgerkrieg von 1642 wachrief. Auch die enge Bindung der Whigs an den Herzog von Monmouth, den sie als Nachfolger für Karl II. präferierten, wirkte sich ne-

gativ für sie aus. Karl II., der über ein stehendes Heer verfügte, ließ sich nicht einschüchtern und verweigerte den von den
Whigs immer wieder vorgelegten Thronfolgegesetzen seine
Zustimmung und ordnete stattdessen jedes Mal Neuwahlen
an. Nachdem die Öffentlichkeit mehrheitlich wieder weniger
im Papismus eine Gefahr sah, sondern sich wieder auf die
Dissenters als Feinde von Recht und Ordnung konzentrierte,
konnte 1682 Karls Bruder Jakob erneut als Thronerbe legitimiert werden und der König konnte bis zu seinem Tod ohne
Ober- und Unterhaus erfolgreich regieren.

Mit dem Nachlassen der Antipapistenbewegung in England kehrte auch in Katharinas Leben wieder Ruhe ein. Ihren
Mann musste sie allerdings nach wie vor mit dessen zahlreichen Mätressen teilen. Als Karl II. im Januar 1685 schwer
erkrankte, stellte es für sie eine große Beruhigung dar, dass
er sich am 5. Februar noch in aller Stille katholisch taufen
ließ und die Letzte Ölung empfing. Katharina, die stunden-
lang an seinem Bett gekniet hatte, hatte ihn in dieser Entscheidung bestärkt. Seinen ein Tag später eingetretenen Tod
betrauerte sie aufrichtig. In den kommenden Jahren führte
sie als Königinwitwe ein zurückgezogenes Leben. Nur wenige Jahre nach der so genannten Glorreichen Revolution, in
der Wilhelm von Oranien seinen katholischen, frankreich-
freundlich eingestellten Schwiegervater Jakob II. vertrieb
und die Gefahr einer katholischen Thronfolge in England
endgültig verbannte, kehrte Katharina für immer nach Portugal zurück, wo sie am 20. Januar 1693 in Lissabon begeistert begrüßt wurde. Sie ließ für sich den nahe der portugiesischen Hauptstadt gelegenen Palast von Bemposta erbauen,
in dem sie ihr bisheriges zurückgezogenes Leben fortsetzte.
Auf ihren Einfluss geht der 1703 abgeschlossene Methuen-

Vertrag zwischen England und Portugal mit zurück. Dieser Vertrag sicherte Portugal die dringend benötigte militärische Unterstützung Englands im Fall eines Angriffs zu, bot dafür aber England so große wirtschaftliche Begünstigungen, dass Portugal am Ende von England abhängig wurde und zu einer wirtschaftlichen Randregion abstieg. Als ihr Bruder Peter II. schwer erkrankte, übernahm sie auf dessen Wunsch hin für die Jahre 1704 und 1705 die Regentschaft über Portugal. Obwohl sie sich in England niemals politisch betätigt hatte, erwies sich Katharina als geschickte Regentin mit diplomatischen Fähigkeiten. Am 31. Dezember 1705 starb sie an den Folgen einer plötzlich aufgetretenen Kolikattacke in ihrem Palast von Bemposta. Während ihr in England oft Unwillen und sogar Hass entgegengebracht wurden, schätzten sie ihre portugiesischen Untertanen als Landesmutter und bereiteten ihr ein prunkvolles Begräbnis in Belém. Dank ihres jahrelangen besonnenen Wirtschaftens hinterließ Katharina von Braganza ein großes Vermögen, von dem ein Teil in Legate zu wohltätigen Zwecken floss.

ANMERKUNGEN

1   Zit. nach Catherine MacLeod und Julia Marciari Alexander (Hrsg.), Painted Ladies. Women at the Court of Charles II, London und New Haven 2001, S. 83.
2   Samuel Pepys, Die Geheimen Tagebücher. Hrsg. von Volker Kriegel und Roger Willemsen, Berlin 2004, S. 118.
3   Ebd., S. 166.
4   Zit. nach John Kenyon, The Popish Plot, London 1972, S. 112.
5   Zit. nach Antonia Fraser, King Charles II, London 1979, S. 363.

OLYMPIA MANCINI

Die so genannte Giftaffäre, die Frankreich in den Jahren von 1679 bis 1682 bis ins Innerste hinein erschütterte und auch im Ausland für beträchtliches Aufsehen sorgte, durchdrang alle Schichten der Gesellschaft. Auch Hofkreise schreckten demnach scheinbar nicht vor Giftmorden, abergläubischen Riten und Schwarzen Messen zurück. Der Skandal brachte den für seine Eleganz, Prachtentfaltung und Kultiviertheit berühmten französischen Königshof in Misskredit. Zu den Beschuldigten, die durch die Affäre aus ihrer Lebensbahn geworfen wurden, gehörte auch Olympia Mancini, Gräfin von Soissons. Die Mutter des berühmten Feldherrn und Staatsmannes Prinz Eugen von Savoyen war eines der bekanntesten Mitglieder der Versailler Hofgesellschaft. Als vermeintliche Giftmörderin verdächtigt, floh sie ins Ausland und musste ihr restliches Leben im Exil verbringen.

Merkwürdigerweise ist das genaue Geburtsdatum von Olympia Mancini unbekannt. Sie wurde zwischen 1638 und 1640 als Tochter des Cavaliere Michele Lorenzo Mancini und dessen Ehefrau Hieronyma Mazzarini, der jüngeren Schwester des Kardinals Jules Mazarin, in Rom geboren. Ihr künftiges Schicksal wurde von den Plänen ihres Onkels bestimmt, denn Kardinal Mazarin, der seit 1642 regierender Minister Frankreichs war und ein beachtliches Vermögen angehäuft hatte, hegte große gesellschaftliche Ambitionen für seine zahlreichen Neffen und Nichten. Der Kardinalminister, der selbst keiner bedeutenden Adelsfamilie entstammte und deshalb zunächst von der französischen Noblesse über die Achsel angesehen worden war, beabsichtigte seine bemerkenswerte Karriere mit Hilfe der Nachkommenschaft seiner beiden Schwestern zu krönen, indem er für sie Heiratsallianzen mit dem französischen Hochadel anstrebte. Erst einflussreiche Verwandtschaftsbeziehungen und geschickt gewählte Heiratsbündnisse sicherten nämlich in der Gesellschaft des Ancien Régime den Erfolg einer Familie auf Dauer. Noch als Kind kam Olympia daher zusammen mit ihren älteren Geschwistern und einer Cousine nach Paris, wo sie der Königin-Regentin Anna von Österreich am 11. September 1647 im Louvre vorgestellt wurde. Olympia wurde eine Spielgefährtin des nur wenig älteren Königs Ludwig XIV. und seines jüngeren Bruders Philipp. Als eine der Mazarinetten, wie die Nichten Mazarins in Paris genannt wurden, schien ihr eine glanzvolle Zukunft sicher, wie dies auch der Herzog von Villeroy bei dem Empfang der kleinen Italienerinnen prophezeit haben soll: *„Sieh einmal die kleinen Fräulein, jetzt besitzen sie nicht viel, aber in kurzer Zeit werden sie schöne Schlösser, große Einkünfte, herrliches Geschmeide und Silberzeug und vielleicht hohe Würden haben"*[1].

Zwar keine auffallende Schönheit, doch attraktiv, charmant und schlagfertig verstand es Olympia Mancini, eine enge Vertraute des jungen Königs Ludwig XIV. zu werden und einen bevorzugten Platz bei höfischen Vergnügungen einzunehmen. In der Zeit um 1655 galt sie als Ludwigs Favoritin. Ob sie damals auch seine Mätresse war, muss offen bleiben. Angeblich soll sie sich, um ihre Chancen auf dem Heiratsmarkt nicht zu verderben, erst nach ihrer Heirat den Avancen Ludwigs zugänglicher gezeigt haben.

Am 22. Februar 1657 wurde Olympia Mancini im Louvre zu Paris mit Eugen Moritz von Savoyen-Carignan verheiratet, der seitdem den Titel eines Grafen von Soissons trug. Der Eheschließung waren langwierige Verhandlungen zwischen Kardinal Mazarin und der Mutter des Grafen, Marie von Bourbon, vorausgegangen. Eugen Moritz entstammte einer Nebenlinie des Hauses Savoyen, die seit ungefähr 1620 in Frankreich ansässig war. Als französischer Prinz von Geblüt war der begeisterte Soldat rasch in der militärischen Laufbahn hochgestiegen. Seiner jungen Frau sollte er sich als guter Gatte erweisen, der in allen Intrigen und Streitigkeiten, in die sie immer wieder verwickelt war, ihre Partei ergriff.

Das Paar bezog nach der Hochzeit das Hôtel de Soissons in Paris. Aus der Ehe gingen sieben Kinder hervor, um die sich die lebenslustige Olympia allerdings nur wenig kümmerte. Eugen Moritz erhielt als verdienter Offizier die einträgliche Stelle eines Generalobersten der Schweizer und Graubündner Soldtruppen. Außerdem wurde ihm nach dem Pyrenäenfrieden von 1659 zuerst das Gouvernement des Bourbonais, später das der Champagne übertragen. Seiner Nichte Olympia verschaffte Kardinal Mazarin den mit großen Einkünften versehenen Posten der „Surintendante" der neuen Königin. Als Oberhofmeisterin der spanischen Infantin Maria Theresia, die Ludwig XIV. 1660 geheiratet hatte, nahm die Gräfin von Soissons den wichtigsten und ranghöchsten Posten ein, den eine Frau am französischen Königshof erlangen konnte. Um sich diese herausragende Stellung, die sie zum Mittelpunkt höfischen Lebens werden ließ, zu erhalten, schreckte Olympia nicht davor zurück, sich und ihren Ehemann in verschiedene höfische Intrigen zu verwickeln. Als sie 1665 durch eine geschickt eingefädelte Intrige das bis dahin vor der Königin geheim gehaltene Liebesverhältnis des Königs mit Louise de La Vallière publik machte, verscherzte sie sich, nachdem sie als Urheberin dieses Komplotts entlarvt wurde, nachhaltig das Vertrauen Ludwigs XIV., von dessen Gunst sie letztendlich abhing. Der Graf von Soissons zog sich daraufhin mit seiner Frau für über ein Jahr in die Champagne zurück, um dort seinen Posten als Gouverneur wahrzunehmen. Der als „Großer Condé" bekannte Louis II. von Bourbon vertrat damals die Auffassung, dass nur wenige Menschen Olympias Sturz bedauern würden, da sie es nicht verstanden habe, sich in der Zeit ihres Glücks Freunde zu gewinnen. Als das Grafenpaar im Herbst 1666 aus der Verbannung nach Paris zurückkam, knüpfte Olympia scheinbar unbeirrt wieder an das alte Leben an, in dem sich alles um kostspielige Vergnügungen und höfische Intrigen drehte.

Das gute Einvernehmen zwischen dem Grafenpaar scheint in den letzten Jahren vor dem Tod von Eugen Moritz gestört gewesen zu sein. Das verschwenderische, leichtfertige Betragen seiner Frau und deren Geltungssucht erregten offenbar das Missfallen des Grafen. Während des Holländischen Krieges verstarb Eugen Moritz, der sich auf dem Weg zur Armee des Marschalls Turenne befand, unerwartet am 7. Juni 1673 im westfälischen Unna. Für Irritationen sorgte die kurz vor seinem Tod geäußerte Vermutung des Grafen, vergiftet worden zu sein. Die daraufhin auf königlichen Befehl durchgeführte Leichenöffnung lieferte dafür jedoch offensichtlich keinen eindeutigen Hinweis. Allgemein vertrat man die Auffassung, dass ein Mord wenig wahrscheinlich sei, da niemand von dem Tod des Grafen profitieren würde. Seine Witwe und seine Kinder waren fast vollständig auf die Unterstützung der Herzöge von Savoyen angewiesen. 1679 musste Olympia auf ausdrücklichen Wunsch des Königs auf ihre Stelle der Oberintendantin der Königin verzichten, da Athénaïs de Montespan, Ludwigs damalige Mätresse, diese Position begehrte. Jahrelang hatte sich die Gräfin erfolgreich Versuchen widersetzt, sie von diesem Posten zu verdrängen. Zwar erhielt sie dafür nicht nur eine Entschädigung von 200 000 Écus, auch ihre Pension wurde von 20 000 auf 25 000 Livres im Jahr erhöht, aber für eine so auf höfischen Glanz fixierte Frau wie die Gräfin muss dies dennoch ein herber Schlag gewesen sein. Dass sich in der direkten Umgebung Ludwigs XIV. noch weitere Feinde von ihr Gehör verschafft hatten und sie nicht mehr die königliche Gnadensonne genoss, musste Olympia wenig später erfahren, als sie in den Strudel der Giftaffäre hineingerissen wurde.

Ausgelöst wurde die Giftaffäre durch den Mordfall Brinvilliers. Die Marquise Marie-Madeleine von Brinvilliers wurde 1676 wegen Mordes aus niedrigen Beweggründen an mehreren Familienmitgliedern öffentlich in Paris hingerichtet. Ihr Fall lenkte das Interesse auf verschiedene andere mysteriöse Todesfälle. Die Furcht vor Giftmischerei griff daraufhin in bisher nie gekanntem Ausmaß um sich. Mit der Verhaftung der Wahrsagerin Magdeleine La Grange im Februar 1677 wegen des Verdachts, den ältlichen Anwalt Jean Fauyre vergiftet zu haben, nahm der Skandal seinen eigentlichen Anfang. Als die Angeklagte nämlich die Behauptung aufstellte, dass es Pläne gebe, Ludwig XIV. und den Dauphin zu vergiften, wurde der Generalleutnant der Pariser Polizei, Nicolas Gabriel de La Reynie, vom König mit näheren Nachforschungen betraut. La Reynies Ermittlungen förderten ein weitverzweigtes Netz krimineller Aktivitäten zutage, Hexerei und Giftmord schienen in der Hauptstadt weitverbreitet zu sein. Eine

Flut von Verhaftungen und Verhören war die Folge. Durch Folter wurden Geständnisse erpresst und ständig neue Verdächtige aufgespürt. Jede Denunziation erschien glaubhaft. Zwar konnten keine Beweise für eine Verschwörung gegen das Leben des Königs erbracht werden, doch das Ausmaß der aufgedeckten Abscheulichkeiten führte im April 1679 dazu, dass auf den Rat des einflussreichen Kriegsministers François-Michel Le Tellier, Marquis von Louvois, hin eine Sonderkommission, die „Chambre ardente", zur Verhandlung dieser Fälle eingerichtet wurde. Einen Wendepunkt brachte die Arretierung der beiden Weissagerinnen Marie Bosse und Catherine Montvoisin, genannt La Voisin, sowie des Zauberers Adam du Cœuret, der sich selbst den Namen Lesage beigelegt hatte. Auf das Konto dieses inzwischen heillos zerstrittenen Trios gingen Abtreibungen, Giftanschläge und Schwarze Magie der übelsten Sorte. Am schockierendsten muss jedoch für Ludwig XIV., der immer über den Fortgang der Untersuchungen auf dem Laufenden gehalten werden wollte, die Entdeckung gewesen sein, dass zu den Kunden dieser zweifelhaften Gestalten offensichtlich einige hochrangige Persönlichkeiten seines Hofes gehörten.

Zu den Beschuldigten aus dem Umfeld der Versailler Hofgesellschaft gehörte Olympia Mancini. Die Weissagerin Voisin bezeichnete die Gräfin als frühere Klientin, die angeblich vor etwa vierzehn Jahren den Wunsch geäußert haben sollte, Louise de La Vallière umzubringen, da sie durch diese aus der Gunst des Königs verdrängt worden sei. Auch Drohungen gegen den König seien gefallen, denn die Gräfin habe erklärt, falls sie keine Genugtuung gegen Mademoiselle de La Vallière bekäme, *„würde sie ihre Rache noch weiter vorantreiben und vor nichts zurückschrecken"*[2]. Obwohl das belastende Material gegen Olympia äußerst dürftig war, ordnete die Kommission am 23. Januar 1680 ihre Verhaftung an. Noch am selben Abend wurde sie im Auftrag Ludwigs XIV. vor die Wahl gestellt, *„entweder am nächsten Tage in die Bastille zu gehen, um sich den Härten der Gefangenschaft und des Prozesses zu unterziehen, oder Frankreich unverzüglich zu verlassen"*[3]. Angesichts der herausgehobenen Stellung der Gräfin bei Hofe und ihrer einstigen engen Freundschaft lag dem König, der inzwischen eine große Abneigung gegen sie entwickelt hatte, wenig daran, sie vor Gericht zu bringen. Die Gräfin beteuerte zwar ihre Unschuld, wählte aber trotzdem die Flucht. Wenngleich sie an vielen Intrigen beteiligt gewesen war und mitunter zu unüberlegten Redereien neigte, hielten sie Personen, die sie besser kannten, eines Mordes nicht für schuldig. Offensichtlich glaubte die Gräfin von Soissons nichts gegen die Verleumdungen ihrer mächtigen Feinde ausrichten zu können und auf jeden Fall verurteilt zu werden. Sie fürchtete vor allem die Rache des Kriegsministers Louvois, worauf auch ihre angebliche Äußerung verweist: *„Er hat die Macht gehabt, mich anklagen zu lassen; er verfügt über falsche Zeugen. Wenn er ein Haftdekret gegen eine Persönlichkeit wie mich erwirken konnte, wird er auch in der Lage sein, in Vollendung seiner verbrecherischen Absicht mich auf das Schafott oder wenigstens für immer ins Gefängnis zu bringen. Ich ziehe die Freiheit vor, um mich später zu rechtfertigen"*[4]. Ob diese Befürchtung zutraf, muss offen bleiben, aber der Verdacht, dass Louvois, der sich in der Giftaffäre stark engagierte, den Skandal nutzte, um ihm unliebsame Personen aus dem Weg zu räumen, ist nicht völlig von der Hand zu weisen. Die hochmütige Gräfin hatte sich seinen Hass zugezogen, als sie eine vorgeschlagene Heirat zwischen der Tochter des Ministers mit einem ihrer Söhne verächtlich zurückwies. Spöttisch soll sie gesagt haben: *„Das wäre eine feine Sache, mitanzusehen, dass eine Bürgerliche die Gemahlin eines Fürsten wird"*[5]. Dass den Gegnern der Gräfin vor allem daran lag, sie in Angst und Schrecken zu versetzen und für immer in die Flucht zu schlagen, davon war auch die Schwägerin Ludwigs XIV., Liselotte von der Pfalz, überzeugt: *„Soviel ich sie kenne"*, urteilte sie ein Jahrzehnt später über die Gräfin und ihre Lage im Januar 1680, *„so glaube ich, daß sie ganz unschuldig an ihres Herrn Tod ist und ihn nicht vergeben hat; ich glaube auch nicht, daß man es hier glaubt, allein man hat getan, als wenn man's glaubte, damit ihr bang vor dem Gefängnis machte und sie die Partei nehmen mochte, so sie in der Tat genommen hat, nämlich wegzugehen, denn man fürchtet sie hier, weil sie viel Verstand hat und man sie für gar intrigant hält, auch gar viel Leute an sich zog. Dadurch hat sie sich bei allem, was am Höchsten hier ist, sehr verhaßt gemacht"*[6]. Später vertrat Liselotte von der Pfalz allerdings die Meinung, dass die Gefahr für die Gräfin doch größer war: *„Wenige Leute wissen, daß es eine rechte Gnade vom König war, der Comtesse de Soissons raten zu lassen, durchzugehen, denn es sei, daß sie unschuldig war, wie ich es allezeit geglaubt, oder daß sie in der Tat schuldig war, allein es ist gewiß, daß Madame de Montespan und Louvois Zeugen hatten, so, wo sie geblieben wäre, ihr den Kopf vor die Füße hätten schlagen machen, denn sie wollten affirmieren, daß sie ihren Herrn vergiftet hätte"*[7]. Am Morgen des 24. Januar verließ die Gräfin von Soissons überstürzt Paris, das sie nicht mehr wiedersehen sollte. Ihre Kinder ließ sie in der Obhut ihrer Schwiegermutter in Paris zurück. Diese Flucht gab sofort Spekulationen Nahrung, dass sie wohl doch ihren Mann vergiftet habe.

Die Giftaffäre steuerte derweil auf einen neuen Höhepunkt zu, denn die Ermittlungen von La Reynie förderten in den kommenden Monaten immer neue Ungeheuerlichkeiten ans Tageslicht. Nach dem Tod der Catherine Voisin auf dem Scheiterhaufen im Februar 1680 erhoben die übrigen Angeklagten schwere Anschuldigungen gegen Madame de Montespan, die dem König nicht nur heimlich angebliche Zaubertränke verabreicht, sondern auch an Schwarzen Messen teilgenommen und Giftanschläge auf mögliche Rivalinnen verübt haben sollte. Die so Verdächtigte erfuhr von diesen bedrohlichen Beschuldigungen nichts. Am Ende wurden die Untersuchungen niedergeschlagen, da Athénaïs de Montespan die Mutter der legitimierten Kinder des Königs war und die ganze Affäre den König und seinen Hof, wenn dies bekannt geworden wäre, in ein schlechtes Licht gesetzt und zu einem Skandal von noch unerhörtem Ausmaß geführt hätte. Vor allem Jean-Baptiste Colbert, der Generalkontrolleur der Finanzen, der vom König zu Rate gezogen wurde, plädierte dafür, dass Madame de Montespans Ansehen unbedingt gewahrt werden müsse. Ludwig XIV. vernichtete später eigenhändig die Dokumente, die seine einstige Mätresse betrafen.

Aus heutiger Sicht erscheint das im Verlauf der Giftaffäre zusammengetragene Beweismaterial sehr fragwürdig, da die Aussagen zum Teil durch Folter zustande kamen und viele Zeugen von eher fragwürdigem Ruf waren, sich in ihren Ausführungen widersprachen und ihre Geständnisse vor ihrem Tod sogar zurücknahmen. Schon damals wurden Stimmen laut, die die Anschuldigungen anzweifelten und hinter der Affäre politische Machenschaften vermuteten. Die in den Häusern der angeklagten Wahrsagerinnen vorgefundenen Gifte und magischen Gegenstände sprachen in den Augen der Zeitgenossen allerdings eine eindeutige Sprache und ließen einen Großteil der Vorwürfe als erwiesen erscheinen. Als im Juli 1682 die „Chambre ardente" aufgelöst wurde, konnte sie auf insgesamt 319 Haftbefehle verweisen, 194 Personen waren eingesperrt worden und 104 Beschuldigten wurde der Prozess gemacht. 34 Personen wurden hingerichtet, zwei Verdächtige starben unter der Folter. Andere Verurteilte wurden auf die Galeeren geschickt, verbannt oder erhielten hohe Gefängnisstrafen.

Nach ihrer Flucht, die von manchen Zeitgenossen als Eingeständnis ihrer Schuld gewertet wurde, sah sich die Gräfin von Soissons in den Spanischen Niederlanden zunächst Anfeindungen als Giftmörderin und Hexe ausgesetzt. Ihre Position in Brüssel verbesserte sich erheblich, als es ihr gelang, Einfluss auf den neuen spanischen Generalgouverneur, den Prinzen Alexander Farnese von Parma, zu gewinnen, mit dem sie ein Verhältnis begann. Dank der bei ihrem jähen Aufbruch in Paris mitgenommenen großen Menge an Schmuck und Bargeld konnte sie in Brüssel ein standesgemäßes Leben führen, wie sie es bisher gewöhnt war. Anfangs war sie eifrig bestrebt, ihre Rehabilitierung und damit ihre Rückkehr nach Frankreich durchzusetzen. Ludwig XIV., aus dessen einstiger Zuneigung starke Abneigung geworden war, ließ sich jedoch zu keiner Änderung seiner Entscheidung bewegen.

Im März 1686 reiste die Gräfin in Begleitung ihres jüngsten Sohnes Eugen über Rotterdam nach Madrid. Ihre Versuche, für diesen eine Position am spanischen Hof und eine reiche Braut zu erlangen, blieben erfolglos. Während Eugen Spanien bald wieder verließ, bemühte sich die Gräfin von Soissons weiterhin darum am königlichen Hof Fuß zu fassen. Der geistig beschränkte König Karl II. misstraute der schlecht beleumundeten Gräfin und beschuldigte sie sogar zeitweise, ihn verhext zu haben. Positiver entwickelte sich dagegen ihre Beziehung zu dessen junger französischer Gemahlin Marie Louise von Orléans, einer Nichte Ludwigs XIV., von der sich Olympia eine einflussreiche Charge am Hof erhoffte. Durch den plötzlichen Tod der Königin am 12. Februar 1689, der sofort für Gerede über einen Giftanschlag sorgte, verschlechterte sich die Situation für die Gräfin. Dass sie erneut als Giftmörderin verdächtigt wurde, ist allerdings erst von späteren Memoirenschreibern behauptet worden. Es ist auch nicht anzunehmen, dass Olympia der Idee verfallen wäre, ausgerechnet jene Persönlichkeit am spanischen Königshof mit Gift zu ermorden, von deren Wohlwollen und Unterstützung sie abhing. Gegen diesen Verdacht spricht auch die Tatsache, dass sie sich nach dem Tod der Königin noch längere Zeit in Spanien aufhielt. Sie kehrte um die Jahreswende 1690/91 nach Brüssel zurück, wo man ihr Schloss Tervueren als Wohnsitz überließ. Gegen ihre Rückkehr in die Spanischen Niederlande hatte man in Madrid offensichtlich nichts einzuwenden. Ein Brief der Gräfin vom Juli 1692 verrät, dass sie ihren Entschluss, Frankreich fluchtartig zu verlassen und sich nicht dem Gericht zu stellen, inzwischen als katastrophalen Fehler betrachtete. Große Hoffnungen auf ein erneutes glanzvolles höfisches Leben verknüpfte sie mit dem neuen Statthalter der Spanischen Niederlande, dem bayerischen Kurfürsten Max Emanuel. Zeitweilig stand sie in engem Kontakt mit dem Kurfürsten. Ihren Lebensunterhalt in späteren Jahren sicherte ihr der Vergleich vom Oktober 1697, der die längeren Familienauseinandersetzungen um das Erbe von Olympias Schwiegermutter beendete, die am 4. Juni 1692 in Paris verstorben war. Die Gräfin von Soissons erhielt eine einmalige Zahlung von 40 000 Talern sowie eine jährliche Pension von 40 000 Franken zugesagt. Trotzdem trat sie

schon im folgenden Jahr Schloss Tervueren gegen eine jährliche Rente von 2 000 Talern an den Generalstatthalter ab.

Eine Rückkehr nach Frankreich blieb Olympia Mancini,
Gräfin von Soissons, bis zu ihrem Tod am 10. Oktober 1708
verwehrt. Ludwig XIV. nahm ihr gegenüber einen unver-
söhnlichen Standpunkt ein. Ein Trost mag für sie die außer-
ordentliche Karriere ihres inzwischen berühmt gewordenen
Sohnes Eugen gewesen sein, der im Dienst für die habsburgischen Kaiser zu einem der bedeutendsten Feldherrn Europas
und zum Präsidenten des Hofkriegsrates in Wien aufstieg.
Drei Monate vor ihrem Ableben besuchte sie der Prinz in
Brüssel. Den einzigen noch lebenden Sohn Olympias verband wohl nur noch wenig mit seiner skandalumwitterten
Mutter, denn er blieb nur ein paar Stunden, bevor er zu seiner Armee weiterreiste, um am 11. Juli zusammen mit dem
Herzog von Marlborough die Franzosen in der Schlacht bei
Oudenaarde zu schlagen. Auf die Nachricht von ihrem Tod
reagierte er distanziert.

Anmerkungen

1 Zit. nach Max Braubach, Prinz Eugen von Savoyen. Eine Biographie.
  Band I: Aufstieg, Wien 1963, S. 30.
2 Zit. nach Anne Somerset, Die Giftaffäre. Mord, Menschenopfer und
  Schwarze Messen am Hof Ludwigs XIV., Essen 2006, S. 233.
3 Zit. nach Benedetta Craveri, Königinnen und Mätressen. Die Macht
  der Frauen – von Katharina de' Medici bis Marie Antoinette, München
  2010, S. 251.
4 Zit. nach Max Braubach, Geschichte und Abenteuer. Gestalten um den
  Prinzen Eugen, München 1950, S. 68.
5 Zit. nach Somerset, Giftaffäre, S. 257.
6 Zit. nach Braubach, Geschichte und Abenteuer, S. 69.
7 Zit. nach Braubach, Prinz Eugen von Savoyen. Band I, S. 53.

Anna Constantia von Cosel

Der prunkvolle Dresdner Hof war im frühen 18. Jahrhundert bekannt für seine Mätressenwirtschaft. Wie am französischen Königshof erlangten auch die Mätressen August des Starken internationale Berühmtheit. Wegen seiner zahlreichen Liebschaften und seiner angeblich 354 Kinder gilt der sächsische Kurfürst Friedrich August I. und polnische König August II. geradezu als Prototyp des barocken Herrschers. Die Einstellung Augusts gegenüber seinen Mätressen überliefert der kursächsisch-polnische Staatsmann Graf Jakob Heinrich von Flemming in seinen Memoiren von 1722 folgendermaßen: *„Seine Maitressen glaubten, daß er sie so liebt, wie er es ihnen versichert. Er hat sie aber nur zum Vergnügen, und da diese Leidenschaft in ihm vorherrschend ist, kann er viel ertragen, um seines Vergnügens nicht verlustig zu gehen. Wenn jedoch das, was er von seinen Maitressen auszustehen hat, das erträgliche Maß übersteigt, wenn sie, seiner Liebe sicher, unverschämt zu werden beginnen, verläßt er sie vernünftigerweise. Dann klagt man ihn an, daß er die Abwechslung liebt"*[1]. Einen besonderen Rang unter seinen Mätressen nimmt Anna Constantia von Brockdorff, spätere Reichsgräfin von Cosel, ein. Diese bemerkenswerte Frau gewann als Persönlichkeit von Format großen Einfluss auf ihren königlichen Liebhaber, bis sie durch ihre politischen Ambitionen und Intrigen stürzte. Neun Jahre lang war sie an der Seite des Kurfürst-Königs die mächtigste Frau in Sachsen, um deren geneigtes Ohr es sich empfahl zu werben.

Am 17. Oktober 1680 wurde auf dem holsteinischen Gut Depenau bei Stolpe dem Ritter Joachim von Brockdorff und seiner Ehefrau Anna Margarethe eine Tochter geboren. Das kleine Mädchen erhielt den Namen Anna Constantia. Während der Vater des neugeborenen Kindes einem angesehenen alten Adelsgeschlecht entstammte, das bis ins 13. Jahrhundert nachweisbar ist, kam die Mutter aus dem Bürgertum. Die Ehe Brockdorffs mit der verwitweten Tochter des reichen Hamburger Kaufmanns Leonhard Marselis galt in Adelskreisen daher als unstandesgemäß. Die lebhafte Anna Constantia erhielt eine gute Ausbildung, die mehrere Sprachen sowie Unterricht in Mathematik, klassischer Bildung und Tanz umfasste. Wie es sich für eine echte Aristokratin ihrer Zeit gehörte, wurde sie eine passionierte Reiterin und leidenschaftliche Jägerin. Damit sich das junge Mädchen auch auf dem höfischen Parkett zurechtfand, schickten sie ihre Eltern im Alter von vierzehn Jahren an den Hof von Herzog Christian Albrecht von Holstein-Gottorp, der in Schloss Gottorf bei Schleswig residierte. Sie wurde Hoffräulein bei der Herzogstochter Sophie Amalie. Sie setzte damit eine Tradition des Hauses Brockdorff fort, das seit Generationen mit mindestens einem weiblichen Mitglied am herzoglichen Hof vertreten war. Als die Prinzessin Sophie Amalie 1695 den Erbprinzen von Braunschweig-Wolfenbüttel heiratete, begleitete Anna Constantia sie nach Wolfenbüttel. Wegen eines Fehltritts mit Folgen wurde die lebenslustige Hofdame 1703 vom Hof verbannt und zu ihren Eltern zurückgeschickt. Vermutlich war Prinz Ludwig Rudolf von Braunschweig-Wolfenbüttel der Vater ihres unehelichen Kindes. Über das weitere Schicksal dieses Kindes ist nichts bekannt.

Anna Constantia von Brockdorff heiratete am 2. Juni 1703 auf dem elterlichen Gut Depenau den zwölf Jahre älteren

Freiherrn Adolph Magnus von Hoym, Direktor des sächsischen General-Accis-Collegiums und Geheimer Rat. Sie kannte Hoym schon aus ihrer Zeit in Wolfenbüttel. Ihre Ehe nahm von Anfang an keinen guten Verlauf. Als die junge Ehefrau in Dresden eintraf, musste sie empört feststellen, dass die bisherige Geliebte ihres Ehemannes weiterhin mit ihr unter einem Dach im Hoymschen Haushalt leben sollte.

1704 erregte die schöne und geistreiche Anna Constantia das Interesse von August dem Starken, ihrem neuen Landesherrn, der sich damals als Mittdreißiger im so genannten besten Mannesalter befand. Die zehn Jahre jüngere Freifrau von Hoym muss sehr dem damaligen Schönheitsideal entsprochen haben, da sie offensichtlich alle Männer zu beeindrucken verstand, die mit ihr in Kontakt kamen. Die Umstände, unter denen sich der Kurfürst-König und seine attraktive Untertanin näher kennen lernten, hätten dramatischer kaum sein können. Als am 7. Dezember 1704 im Hoymschen Stadtpalais ein Feuer ausbrach, das rasch um sich griff, rief der Alarm auch August den Starken herbei. In der Dresdner Kreuzgasse traf er auf eine junge Frau, die souverän die Lage beherrschte, indem sie sowohl die Brandbekämpfung als auch die Rettung kostbaren Hausinventars organisierte. Voll Bewunderung für ihre Umsicht bot er dem Ehepaar Hoym ein ihm gehörendes Haus in derselben Straße als vorübergehende Wohnung an. Der Monarch verliebte sich Hals über Kopf in Anna Constantia von Hoym und warb von da an um ihre Gunst. Ins Reich der Fabel muss dagegen die Geschichte um die Wette der Schönheit der Freifrau von Hoym verwiesen werden, die Karl Freiherr von Pöllnitz in seinem Buch „La Saxe galante" von 1735 überliefert: *In einer von diesen Gesellschafften, da lauter Manns-Personen beysammen*

waren, fiele einmal ein Gespräche von Maitressen vor. Ein
jeder erhub die seinige, und erzehlte Wunder von ihr. Der Herr
von Hoymb, ein Cabinetts-Minister und Geheimder Rath, der
sich mit in dieser Gesellschafft befand, sagte, er hätte gar keine
Maitresse; wohl aber eine Gemahlin, die er so zärtlich als eine
Maitresse liebete, und welche hundertmal schöner wäre, als alle
diejenige, von denen man hier so viel Aufhebens gemacht hätte.
Weil ihm der Wein den Kopff hitzig gemacht hatte, machte er
von seiner Gemahlin eine so umständliche Abschilderung, als der
beste Mahler nicht vermacht haben würde. Der König, der wohl
wüste, daß er blos aus Eifersucht seine Gemahlin das Land hüten
ließ, sagte zum Hoymb, er könte gar nicht glauben, daß alles wahr
wäre, was er hier erzehlt habe; er rede hier als ein Mann, der,
weil er erst drey Jahr im Ehestand lebete, noch in seine Gemahlin
verliebt wäre, und wenn die Madame von Hoym so schön und
so vollkommen wäre, als wie er sage, würde sie unfehlbar mehr
Aufsehen in der Welt gemacht haben. Der Fürst von Fürstenberg
behauptete eben dieses, und fügte noch hinzu, er wolle tausend
Dukaten darauf verwetten, daß die Madame von Hoym, wenn
sie am Hof erschiene, nicht also befunden werden würde, wie sie
ihr Gemahl beschrieben hätte. Der Herr von Hoymb gieng die
Wette ein, und der König erbot sich den Ausschlag zu geben. Man
nöthigte demnach den von Hoym an seine Gemahlin zu schreiben,
daß sie sich ohne Verzug nach Dresden verfügen sollte"[2]. Die von
Pöllnitz überlieferte Geschichte endet erwartungsgemäß damit, dass sich August der Starke bei der Begutachtung der
schönen Ehefrau in diese verliebt haben soll.

Anna Constantia von Hoym ging zunächst nicht auf die
Werbung des Königs ein. Die standesbewusste und stolze
Aristokratin war nicht leicht zu gewinnen. Sie wollte sich
nicht mit der Rolle einer Mätresse zufrieden geben. Sie woll-

te des Monarchen Ehefrau zur Linken sein und verlangte von dem verheirateten Herrscher zusätzlich ein schriftliches Heiratsversprechen, dass er sie nach dem Tod seiner Gemahlin Christiane Eberhardine zu seiner rechtmäßigen Ehefrau machte. Sie pochte außerdem darauf, dass er alle aus dieser Beziehung hervorgehenden Kinder anerkannte und diese ebenfalls zur Erbfolge berechtigt sein sollten. Zudem bestand sie auf einer jährlichen Pension von 100 000 Talern, womit sie fast so viel erhalten würde wie die Königin. Sicherlich spielten bei ihr Überlegungen eine ausschlaggebende Rolle, dass die schwierige Position einer fürstlichen Geliebten sehr wahrscheinlich nicht auf unbegrenzte Zeit zu halten sein würde. Anna Constantia von Hoym wollte sich dagegen absichern, um nicht von einem Tag auf den anderen vom Hof verbannt werden zu können. Nach langem Zögern erklärte sich August der Starke 1705 mit ihren Forderungen einverstanden, drang aber aus politischen Gründen auf absolute Geheimhaltung. Angeblich soll die Hoym daraufhin gesagt haben: *„So bin ich denn die Ihre, Majestät. Möge mein Glück beständig währen"*[3]. Die Warnungen des Freiherrn von Hoym, der seine Gattin für das Amt einer „Maitresse en titre" für ungeeignet ansah, schlug der verliebte König in den Wind. Am 8. Januar 1706 wurde Anna Constantias Ehe mit Hoym geschieden, worum sie sich bereits seit 1704 bemüht hatte. Am 22. Februar 1706 wurde sie auf Betreiben Augusts von Kaiser Joseph I. zur Reichsgräfin von Cosel erhoben.

Die legitime Ehefrau Augusts bildete kein wirkliches Hindernis bei der Installierung der neuen Mätresse, da sich die fromme Christiane Eberhardine von Brandenburg-Bayreuth schon längst vom Dresdner Hof auf ihr Schloss Pretzsch an der Elbe zurückgezogen hatte und nur noch zu besonderen Anlässen nach Dresden zurückkehrte. Anna Constantia stand als fürstliche Favoritin an der Spitze des Dresdner Hofes und übernahm Repräsentationsaufgaben an der Seite des Kurfürst-Königs. Sie hatte in den neun Jahren ihrer „Herrschaft" mehr Macht und Einfluss als die Königin. Aus der Liebesbeziehung mit dem Monarchen gingen drei Kinder hervor, die alle von August dem Starken legitimiert wurden.

Die Gräfin Cosel bewohnte in Dresden das eigens für sie erbaute Taschenbergpalais. Dieser großzügige barocke Prachtbau war mit dem gegenüberliegenden Residenzschloss durch einen gedeckten Gang verbunden. Außerdem erhielt sie Schloss und Gut Pillnitz an der Elbe als persönlichen Besitz überschrieben. Die stets elegant gekleidete und mit kostbarstem Schmuck ausgestattete Gräfin verstand es, ein großes Haus als vollendete Gastgeberin zu führen. Sie beherrschte das geistreiche Gespräch ebenso wie die leichte Unterhaltung. Die Gesandten fremder Höfe mussten ihr als offizieller Mätresse Höflichkeitsbesuche abstatten. In Geld- und Kreditgeschäften besaß sie eine ausgesprochen glückliche Hand. Sie verlieh Geld an einflussreiche sächsische Familien, wickelte Kreditgeschäfte mit den jüdischen Hoffaktoren ab und spekulierte an der Leipziger Börse. Um der immer drohenden Gefahr möglicher Konkurrentinnen vorzubeugen, nahm sie ab 1710 an fast allen wichtigen Hofreisen teil und begleitete August den Starken auch auf vielen seiner Feldzüge.

Das politische Engagement der Gräfin Cosel stieß bei einer Reihe von Persönlichkeiten am Dresdner Hof nicht auf Zustimmung. Wegen ihrer Arroganz und ihres Hochmuts war die Gräfin trotz aller Liebenswürdigkeit bei den Höflingen wenig geschätzt. Ihr Auftreten, das eher der Königin denn einer Mätresse zukam, wurde übel vermerkt. Ihre herausgehobene Position an dem ständig von Intrigen überzogenen Hof hing gänzlich von der Gunst des Monarchen ab, um dessen Wohlwollen und Aufmerksamkeit sie mit anderen Günstlingen konkurrierte. Ihrer Einmischungsversuche in die Politik wurde zunehmend auch ihr königlicher Liebhaber überdrüssig. Besonders die Bemühungen der Gräfin, Augusts Polenpolitik zu beeinflussen, erregten Widerstand. Sie vertrat dabei auch die Interessen einer Hofclique, die den immensen finanziellen Aufwand ablehnte, der mit den polnischen Ambitionen des Souveräns verbunden war und zu Lasten des Kurfürstentums Sachsen ging. August der Starke hatte im Nordischen Krieg gegen das Königreich Schweden eine schwere Niederlage erlitten und 1704 den polnischen Königstitel verloren, den er seit 1697 innehatte und den er unter allen Umständen zurückgewinnen wollte. Dass August, der Landesherr des protestantischen Sachsens, des Ursprungslands der Reformation, nun auch, nachdem er selbst aus reinem Machtstreben und zum Gewinn der polnischen Königskrone bereit gewesen war, zum Katholizismus überzutreten, seinen Sohn, den Kurprinzen, zur Konversion drängte, erregte die Missbilligung der überzeugten Protestantin Anna Constantia von Cosel. Gegenüber dem allmächtigen sächsischen Kabinettsminister Graf Jakob Heinrich von Flemming äußerte sie sich hierzu im Jahr 1710 deutlich: *„Ich weiß nicht, was die Absicht des Königs ist. Er hat nichts von Polen und kann nicht hoffen, daß sein Sohn ihm nachfolgen werde. Die Polen müßten närrisch sein, wenn sie dem zustimmen nach einer so unglücklichen Regierung wie die des Königs. Die Polen müssen einen Polen zum König haben, ebenso wie die Engländer einen König aus ihrem Volke. Sie haben einen großen Fehler begangen,*

*als sie einen Fremden wählten. Nichtsdestoweniger will der König
seinen Sohn zum Opfer bringen und ihn auf eine ganz eitle und
unbegründete Hoffnung hin zur katholischen Kirche übertreten
lassen*"⁴. Die offensichtlich unkontrollierbare Gräfin entwickelte sich dadurch immer mehr zu einem Störfaktor für
die politischen Ziele ihres inzwischen merklich abgekühlten
Liebhabers. In den Augen Augusts des Starken widersetzte
sie sich so seiner königlichen Autorität, der sie sich wie jeder andere seiner Untertanen auch zu beugen hatte. Das ihr
heimlich schriftlich gegebene Eheversprechen stellte unter
diesen Umständen eine Bedrohung für den Kurfürst-König
dar. Ihre große Eifersucht, mit der sie ihn bei seinen Liebesabenteuern verfolgte, dürfte auch zu ihrem Sturz beigetra-
gen haben. Trotz wachsender Probleme in ihrer Beziehung
zu August dem Starken konnte die Gräfin Cosel immerhin
noch im Juli 1712 durchsetzen, dass ihr der König per Dekret
ihren gesamten immobilen und mobilen Besitz absicherte.

Die größer werdende Entfremdung zwischen dem Herr-
scher und seiner Mätresse entging ihrer Umgebung nicht.
Der endgültige Bruch schien bevorzustehen. Dass sich die
Ära der Cosel dem Ende zuneigte, wurde für die höfische
Gesellschaft unverkennbar, als sie 1713 August nicht auf seiner
Reise nach Warschau und Krakau begleitete. *„Mit der Frau
Gräfin von Cosel scheint es wohl aus zu sein"*⁵, stellte der kur-
sächsische Kammerherr Ernst Ferdinand von Knoch daher
fest. Gefährlich wurde ihr vor allem die in den letzten Jahren
zugenommene Feindschaft des Grafen Flemming, vor dessen
Ehrgeiz sie August den Starken warnte. Sie warf Flemming
vor, dass er den König zu Dingen überrede, *„sie möchten recht
oder unrecht sein"*⁶, die der König eigentlich nicht im Sinn
habe. Die an einem Ende des großen Einflusses der Cosel

interessierten Hofkreise, an deren Spitze Graf Flemming stand, nutzten deshalb deren schwangerschaftsbedingte Abwesenheit in Warschau, um dem König eine neue Mätresse schmackhaft zu machen. Um das Wohlwollen des polnischen Adels zu erringen, sollte sich August der Starke eine katholische Mätresse aus Polen, die Gräfin Maria Magdalena Dönhoff, eine Tochter des polnischen Großmarschalls von Bielinski, nehmen. Die Gegner der Gräfin Cosel fädelten die nähere Bekanntschaft Augusts mit der Dönhoff ein. Gleichzeitig wurden Gerüchte über angebliche Liebesverhältnisse der Gräfin Cosel gestreut. Der Oberhofmarschall Baron Woldemar von Löwendahl, ihr Vetter, den sie einst protegiert hatte, sorgte dafür, dass die Post der Gräfin abgefangen wurde und der Zensur unterlag. Empört verteidigte sich Anna Constantia von Cosel gegen diese Entmachtungsversuche: *„Meine Pflicht ist ohne Zweifel, Seine Majestät zu lieben und Ihr mein ganzes Leben zu dienen und auf die Erhaltung seines Ruhmes bedacht zu sein, sogar auf Kosten meines Lebens".* Sie werde aber, wie sie betonte, *„immer Herrin meiner Ehre und meines guten Rufes sein"*[7].

Äußere Anzeichen für das Ende der Beziehung zwischen der Gräfin und dem König waren der Abbruch des hölzernen Ganges zwischen dem Taschenbergpalais und der Residenz sowie die Abberufung der zwei Ehrenwachen vor ihrem Palais. Um sich seiner lästig gewordenen Mätresse zu entledigen, verbannte August der Starke sie im Dezember 1713 nach Pillnitz. Außerdem forderte er sein schriftliches Heiratsversprechen von ihr zurück. Selbstverständlich war die Gräfin Cosel nicht bereit, dieses brisante Schriftstück aus der Hand zu geben: *„Denn es ist die Grundlage, auf der mein ganzer Anspruch beruht, da das Talent meiner Person und das* *meines Herzens nicht mehr zählen*"[8]. Ihre Reise nach Berlin im Dezember 1715 und ihre Weigerung zurückzukehren wurden in Sachsen schon bald als Flucht und Landesverrat gewertet. Wahrscheinlich wollte sie aus Berlin ihren Ehekontrakt mit August dem Starken zurückholen, den ihr Vetter Detlev Christian zu Rantzau für sie aufbewahrte. Da Rantzau damals in der Festung Spandau festgehalten wurde, bekam sie dieses für sie äußerst wichtige Dokument nicht. In Dresden befürchtete man wohl, dass die gut unterrichtete Gräfin Staatsgeheimnisse an den preußischen Hof weitergeben könnte. Am meisten dürfte aber August der Starke um seinen Ruf besorgt gewesen sein, wenn der Ehevertrag und damit seine Mesalliance bekannt würden. Da Preußen an keinen irgendwie gearteten politischen Schwierigkeiten mit seinem Nachbarn Sachsen interessiert war, wurde Anna Constantia von Cosel am 21. November 1716 im damals preußischen Halle an der Saale verhaftet und im Austausch gegen preußische Deserteure von König Friedrich Wilhelm I. nach Sachsen ausgeliefert. August der Starke ließ die unbotmäßige ehemalige Geliebte zunächst in Schloss Nossen unter Arrest stellen. Am 24. Dezember 1716 wurde sie auf Augusts Befehl hin in die Burg Stolpen eingeliefert, die sie bis zu ihrem Tod nicht mehr verlassen sollte. Die Stolpener Garnisonsbesatzung wurde eigens um vierzig Mann mit vier Unteroffizieren unter einem Hauptmann verstärkt. Die Gräfin Cosel beklagte sich gegenüber dem Hauptmann Heineke, der speziell für ihre Bewachung zuständig war: *„Wie hat Gott mich so verlassen, daß ich so gewaltthätiger Weise in meiner Feinde Hände fallen muß, denn gewiß durch meine Missethat mir dieses nicht zugezogen habe. Das Document, worüber man mich so sehr quält, ist nicht in meiner Macht zu verschaffen und hat der König zu der Zeit mir* *selbst geheißen, es wohl aufzuheben"*[9]. Es gab weder einen Prozess noch ein Urteil. Ihre Behandlung in der Festung Stolpen war trotz allem ehrenhaft, wie aus den Anweisungen an den Festungskommandanten Johann Friedrich von Wehlen hervorgeht: *„Was die Gräfin nöthig hat oder verlangen möchte, soll ihr Alles verabfolgt und zugesendet werden, damit ihr nichts abgeht. Man muß der Gräfin allemal mit Civilität [Anstand] und Höflichkeit entgegengehen und begegnen"*[10]. Die Gräfin musste sich aber mit sehr bescheidenen Lebensbedingungen abfinden und verbrachte ihr restliches Leben fast vollständig isoliert. Auch nachdem sich der Kurfürst-König den heimlichen Ehevertrag aus dem Familienarchiv der Rantzaus besorgt hatte, blieb die Gräfin Cosel in Haft, hinter der sie nun schiere Rachsucht vermutete. August der Starke ließ zwar ihr gesamtes Vermögen einziehen, doch versorgte er damit die drei gemeinsamen Kinder, für deren angemessene Erziehung und standesgemäße Verheiratung er Sorge trug. Am 23. Juli 1727 sah sich das einstige Liebespaar nochmals aus der Ferne, als der König die Festung Stolpen besuchte.

Angeblich soll es der Gräfin nach dem Tod Augusts des Starken am 1. Februar 1733 freigestanden haben, die Burg zu verlassen, doch sie habe es vorgezogen zu bleiben. Auf der anderen Seite ist es aber auch sehr gut möglich, dass der neue Herrscher Friedrich August II. die Inhaftierung aus Sorge um das Ansehen seines Vaters und des Hauses Wettin nicht aufhob. Auf jeden Fall verblieb Anna Constantia von Cosel als Staatsgefangene in Stolpen. Ohne ein wirklich gravierendes Verbrechen begangen zu haben, verlebte sie fast fünfzig Jahre in Gefangenschaft. Unter welch ärmlichen Bedingungen die einst so mächtige Frau in ihren letzten Lebensjahren wohnte, geht aus einer Beschreibung ihrer Räumlichkeiten

Anna Constantia von Cosel

in Stolpen von 1765 hervor: „*In dem kleinen Wohnzimmer waren keine Tapeten, zwei alte, sehr schadhafte Stühle, ebenso viele kleine hölzerne Tische, ein großes, hölzernes Bett ohne Vorhänge und der Gräfin eigener Stuhl, darauf sie zwischen zwei hölzernen Seitenlehnen ohne Rückenstück auf zwei alten, übereinanderliegenden Federkissen, den Rücken allezeit dem Ofen zukehrend, gesessen. Durch den vielen Rauch und Dampf einer mitten im Zimmer von der Decke herabhängenden Lampe, welche von Abend bis zum hellen Morgen brennen mußte, war alles so schwarz geworden, daß man den Zeiger einer an der Wand hängenden schlechten Schlaguhr nicht erkennen konnte*"[11].
Im hohen Alter von fünfundachtzig Jahren verstarb die Reichsgräfin von Cosel am 31. März 1765 in ihrem Gefängnis im Beisein ihrer Magd und ihres Stubenheizers. Bis zu ihrem Tod war sie auf die Wahrung ihrer adeligen Standesehre bedacht. Sie wurde in der Burgkirche von Stolpen beerdigt.

ANMERKUNGEN

1 Zit. nach Thomas Kuster, Aufstieg und Fall der Mätresse im Europa des 18. Jahrhunderts. Versuch einer Darstellung anhand ausgewählter Persönlichkeiten, Nordhausen 2003, S. 104f.
2 Zit. nach Karl Czok, August der Starke und seine Zeit. Kurfürst von Sachsen, König in Polen, Augsburg 2005, S. 121f.
3 Zit. nach Gabriele Hoffmann, Constantia von Cosel und August der Starke. Die Geschichte einer Mätresse, Bergisch Gladbach 1984, S. 154.
4 Zit. nach Kuster, Aufstieg und Fall, S. 118.
5 Zit. nach Ebd., S. 122.
6 Zit. nach Hoffmann, Constantia von Cosel, S. 410.
7 Zit. nach Ebd., S. 431.
8 Zit. nach Ebd., S. 441.
9 Zit. nach Ebd., S. 478.
10 Zit. nach Kuster, Aufstieg und Fall, S. 126.
11 Zit. nach Hoffmann, Constantia von Cosel, S. 514.

CAROLINE MATHILDE VON DÄNEMARK

Die Struensee-Affäre führte Anfang der siebziger Jahre des 18. Jahrhunderts nicht nur zu einer schweren Staatskrise im Königreich Dänemark, sondern versetzte auch dank einer aufblühenden Sensationspresse ganz Europa in Aufregung. Der Skandal um die dänische Königin Caroline Mathilde und den aus Deutschland stammenden Arzt Johann Friedrich Struensee beinhaltet alle wünschenswerten Ingredienzien einer höfischen Skandalgeschichte, die nicht nur die Zeitgenossen in höchstem Maße unterhielt und erschütterte, sondern bis heute auch Stoff für literarische und filmische Umsetzungen bietet: Es gibt einen verrückten und unberechenbaren König, eine hübsche, aber in ihrer Ehe unglückliche junge Königin, die im Exil endet, und einen bürgerlichen Leibarzt, der an die Spitze des Staates aufsteigt, aber durch eine Verschwörung entmachtet und schließlich brutal hingerichtet wird. Dadurch, dass die Nachwelt mit dem Namen Struensee vor allem die verhängnisvolle Liebesaffäre verbindet, sind die politischen Dimensionen des Skandals in den Hintergrund getreten.

Die spätere dänische Königin Caroline Mathilde kam am 22. Juli 1751 in London im Leicester House auf die Welt. Ihr Vater Friedrich Ludwig von Hannover, der Prinz von Wales, war drei Monate vor ihrer Geburt gestorben. Ihre Mutter Augusta von Sachsen-Gotha erzog ihre neun Kinder nach streng religiösen Grundsätzen und ohne großen Luxus fern ab vom Hofleben. Die meiste Zeit verbrachte die Familie auf dem Landsitz White House in Kew. Als ihr Großvater König Georg II. im Oktober 1760 verstarb, wurde Caroline Mathildes ältester Bruder als Georg III. König von Großbritannien und Irland.

Das Schwergewicht der Ausbildung der Prinzessin lag, wie dies für weibliche Angehörige des Hochadels üblich war, auf Sprachen und Musik. Caroline Mathilde spielte Cembalo und besaß eine ansprechende Sopranstimme. Erst nach ihrer Verlobung mit dem dänischen Thronfolger lernte sie Deutsch, neben Französisch eine der Hauptsprachen am dänischen Hof. Hinzu kam jetzt außerdem noch eine intensivere Einweisung in Fragen der Etikette und der höfischen Umgangsformen.

Bereits im Alter von dreizehneinhalb Jahren wurde Caroline Mathilde aus politischen Erwägungen und „zum Nutzen der protestantischen Religion"[1] mit ihrem nur wenige Jahre älteren Cousin, dem dänischen Kronprinzen Christian verlobt. Christian war der Sohn von König Friedrich V. von Dänemark und Norwegen und dessen früh verstorbener erster Gemahlin Luise von Großbritannien. Der schüchterne, sensible und zu epileptischen Anfällen neigende Prinz hatte eine freudlose Kindheit unter der Fuchtel eines sadistischen Erziehers verbracht. Elterliche Liebe fand er weder bei seinem gleichgültigen, dem Alkoholismus ergebenen Vater noch bei seiner kalten Stiefmutter Juliane Marie von Braunschweig-Wolfenbüttel. Die zweite Gemahlin seines Vaters bevorzugte ihren eigenen Sohn Friedrich. Als König Friedrich V. am 13. Januar 1766 starb, folgte ihm sein siebzehn Jahre alter Sohn als Christian VII. auf den Thron. Bei dem blutjungen Monarchen, der zwischen Depressionen und Ausbrüchen von Jähzorn und Brutalität schwankte, zeigten sich schon erste Schübe einer Geisteskrankheit, die sich in den folgenden Jahren noch verschlimmern sollte. Auf seine Aufgaben als König war Christian nicht vorbereitet, was durchaus im Interesse der Minister war, die er von seinem Vater übernahm. Er zeigte auch keinerlei Neigung zum Regieren. Selbstverständlich erfuhr seine Verlobte von diesen bedenklichen Eigenschaften ihres Bräutigams nichts. Caroline Mathilde reagierte trotzdem erschreckt auf die Aussicht, ihre Heimat verlassen zu müssen: *„Ich möchte viel lieber hierbleiben, als so weit fort von daheim einen Prinzen zu heiraten, den ich noch nie gesehen habe"*[2]. Ihr Bruder König Georg war trotz seiner Zustimmung zu dieser Ehe mit Christian sehr besorgt über das weitere Schicksal seiner jüngsten Schwester, wie ein Brief an seine in Braunschweig verheiratete Schwester Augusta verrät: *„Er hat Angst, von irgendjemandem beeinflusst zu werden, und demütigt jeden, der in irgendeiner Weise versucht Einfluss auf ihn zu gewinnen. Darum kann Caroline nicht vorsichtig genug sein, alles zu vermeiden, was den Eindruck erwecken könnte, sie hätte solchen Einfluss auf ihn, obwohl ich natürlich hoffe, dass sie ihn gewinnen wird"*[3].

Vielleicht in der Hoffnung, dass eine Ehefrau für den unsteten König gut sein würde, drängte die dänische Seite schon bald nach Christians Thronbesteigung auf die Heirat mit der englischen Prinzessin. Am 1. Oktober 1766 fand daher in London die Eheschließung „per procurationem" statt, bevor am 8. November die eigentliche Trauungszeremonie in Schloss Christiansborg in Kopenhagen erfolgte. Die fünfzehnjährige Braut musste sich bereits zuvor in dem damals unter dänischer Verwaltung stehenden Altona auf Wunsch des dänischen Hofes von ihrer gesamten englischen Begleitung verabschieden. Auf die dänische Hofgesellschaft machte Caroline Mathilde bei ihrer Ankunft in Kopenhagen einen ansprechenden Eindruck, so berichtet etwa Graf Andreas von Bernstorff, der Neffe des mächtigen Ministers Johann Hartwig Ernst von Bernstorff, über sie: *„Ihr Äußeres ist angenehm und ohne wirklich hübsch zu sein, hat sie etwas, das gefällt. Schöne Augen, blendend weiße Haut, eine schöne Brust, ungezwungene Haltung"*[4].

Für den Verlust ihrer Familie und vertrauten Umgebung bot ihr junger Ehemann keinerlei Ersatz, da er kaum Notiz von Caroline Mathilde nahm. Er amüsierte sich lieber auf Sauftouren, frönte sexuellen Eskapaden in verrufenen Vierteln von Kopenhagen oder vertrieb sich die Zeit mit seiner damaligen Geliebten Anna Cathrine Benthagen, einer früheren Prostituierten. Aus diesem Grund äußerte sich der französische Botschafter wenig zuversichtlich über die Aussichten dieser königlichen Ehe: *„Die englische Prinzessin hat keinerlei Eindruck auf des Königs Herz gemacht (...) aber wie kann sie einem Mann gefallen, der ernsthaft glaubt, daß es sich für einen Ehemann nicht gehört, seine Frau zu lieben?"*[5] Zur einzigen Vertrauten der vereinsamten jungen Königin wurde ihre Haushofmeisterin Louise von Plessen, deren Ratschläge zur Gewinnung des Ehemanns sich allerdings nicht als zielführend erwiesen. Immerhin kam knapp vierzehn Monate nach der Hochzeit, am 28. Januar 1768, ein Sohn zur Welt, der Kronprinz und spätere König Friedrich VI. von Dänemark und Norwegen. Christian VII. interessierte sich kaum für seinen Sohn, dafür entließ er zum großen Entsetzen seiner Frau deren Oberhofmeisterin von Plessen, die als Vertreterin der französischen Fraktion am Hof nicht mehr gerne gesehen wurde. An der im Mai gestarteten und insgesamt acht Monate dauernden Reise ihres Ehemanns durch Europa durfte Caroline Mathilde nicht teilnehmen. Ihren Wunsch, mit nach England reisen zu dürfen, lehnte der König strikt ab, weshalb sie die Sommermonate zurückgezogen mit ihrem Kind auf Schloss Frederiksborg verbrachte.

Als der König im Januar 1769 nach Kopenhagen zurückkehrte, brachte er Johann Friedrich Struensee als neuen Leibarzt an seinen Hof mit. Christian VII. hatte ihn zu Beginn seiner Reise in Altona kennen gelernt und als Reisearzt verpflichtet. Struensee hatte es offenbar verstanden, mit der instabilen Persönlichkeit des Königs umzugehen und dessen Vertrauen zu gewinnen.

Johann Friedrich Struensee war am 5. August 1737 als Sohn des pietistischen Pastors und späteren Superintendenten des Herzogtums Holstein Adam Struensee und dessen Ehefrau Maria Dorothea Carl in Halle geboren. Bereits im Alter von vierzehn Jahren war er zum Medizinstudium zugelassen worden. 1758 kam er als Stadtphysikus und Armenarzt nach Altona und Pinneberg. Er führte dort u. a. die systematische Seuchenbekämpfung ein. Begeistert für die Ideen der Aufklärung versuchte sich Struensee auch als Publizist, womit er aber nur mäßigen Erfolg hatte. Als er am Königshof in Kopenhagen erschien, beeindruckte er vor allem durch seine gewinnende Persönlichkeit, wovon die Beschreibung des dänischen Oberst Falckenskjold zeugt: *„Ein junger Mann, blond, vollkommen schön gewachsen, von regelmäßiger Gesichtsbildung (...) angenehmes Lächeln, Augen voller Lebhaftigkeit, Gewandtheit von körperlichen Übungen, er war ein ausgezeichneter Tänzer und kühner Reiter, doch ohne Anspruch, damit zu glänzen, von angenehmen, freien*

Manieren, feinem Benehmen in der Gesellschaft. Mit diesen äußeren Vorzügen vereinigte Struensee einen großen Schatz von Kenntnissen, sehr beharrlichem Fleiß und das Verlangen, sich zu belehren"[6].

Anfänglich nahm Caroline Mathilde kaum Notiz von dem Neuankömmling, der in ihren Augen zunächst lediglich ein weiterer Günstling ihres Ehemanns war. Im Laufe der Zeit gab sie jedoch ihre Vorbehalte auf, da es der als Frauenheld geltende Struensee verstand, auf sie und ihre wenig glückliche Position bei Hof einzugehen und ihr Selbstbewusstsein zu stärken. Sie nahm gerne seine Vorschläge auf, so entwickelte sie etwa im Laufe des Herbstes 1769 eine Passion für das Reiten, das ihr mehr Bewegung und Abwechslung bieten sollte. Da sie dabei bevorzugt Männerkleidung trug und im Herrensattel ritt, erregte dieses betont maskulin wirkende Verhalten der Königin rasch Kritik. Empörung lösten auch die Änderungen in dem Erziehungsprogramm des Kronprinzen aus, bei dem, angeregt durch Struensee, die Natur entsprechend den vieldiskutierten Theorien von Jean-Jacques Rousseau bestimmend sein sollte. Die zunehmend häufiger und länger werdenden Besuche von Struensee bei der Königin sorgten schon bald für Gerede. Der aus der Schweiz stammende zweite Erzieher von König Christian VII., Elie-Salomon François Reverdil, der Caroline Mathilde immer wohlgesonnen gewesen war, vermerkte dazu in seinen Memoiren: *„Diese Prinzessin, die bei ihrer Ankunft aus England äußerst liebenswürdig und einfallsreich war, Gelegenheiten zu finden, um jedermann etwas Angenehmes zu sagen, war nur noch am Gespräch mit dem Mann interessiert, den sie erwählt hatte"*[7]. Caroline Mathildes engerer Hofstaat verfolgte die Entwicklung offenbar beunruhigt, aber die Königin, die in

ihrer Ehe unglücklich war, schlug die Warnungen und Ratschläge ihrer Kammerfrauen scheinbar in den Wind und
machte aus ihrer im Frühjahr 1770 beginnenden Liebesbeziehung zu Struensee kaum noch ein Geheimnis. So fragte
sie etwa ihre Kammerjungfern, ob diese in jemanden verliebt
wären, und meinte dann: *„Denn, wenn dies wäre, müßte man
solcher Persohn getreu bleiben, wenn es auch bis zum Galgen und
Rad, ja bis zur Hölle selbst wäre"*[8]. Ganz offensichtlich ver-
schloss sie die Augen davor, dass sie durch diese Affäre für
die ihr feindlich gesonnenen Personen bei Hof gefährlich
angreifbar wurde, wenn sich für diese eine passende Gelegenheit zur Aktion gegen die Königin bot. Ob Struensee, der
inzwischen zum Konferenzrat ernannt worden war, ähnlich
tiefe Gefühle für Caroline Mathilde empfand wie sie für ihn,
darf wohl bezweifelt werden. Ihn leiteten sicher nicht nur romantische Empfindungen, sondern durchaus auch taktische
Überlegungen, wie er die Königin für seine eigenen Pläne
und Ambitionen einsetzen konnte. Über die Königin konnte er den immer passiver werdenden König leichter steuern.
Die am 7. Juli 1771 geborene Prinzessin Luise Augusta wurde
daher von vielen Zeitgenossen als ein gemeinsames Kind von
Struensee und Caroline Mathilde betrachtet. Viele dänische
Geistliche hatten deswegen bereits während der Schwangerschaft der Königin die vorgeschriebenen Fürbitten verweigert.

Seit dem Frühsommer 1770 nahm der Einfluss von Struensee auf Regierungsbelange beständig zu. Scheinbar unauf-
haltsam stieg er zum mächtigsten Mann im dänischen Staat
auf. In seiner Verteidigungsrede nach seinem Sturz versuchte
er allerdings, die Königin als die treibende Kraft hinter dieser
Entwicklung darzustellen. Nachdem er die Entlassung des

einflussreichen Außenministers Johann Hartwig Ernst von Bernstorff im September 1770 erreicht hatte, regierte er schon de facto das Königreich. Im Dezember wurde erst der Geheime Conseil aufgelöst, der die eigentliche Regierungsinstitution war. Mit der nur wenige Tage später erfolgten Schaffung eines neuen Ministeriums „für öffentliche Angelegenheiten" stieg Struensee im Dezember 1770 zum eigentlichen Regenten des Landes auf, da nun über seinen Schreibtisch alle einlaufenden Bitten, Anregungen und Beschwerden liefen, was es ihm ermöglichte, in die Arbeit jedes Ministeriums einzugreifen. Im Namen des Königs, der sich nur zu bereitwillig zurückzog, um sich seinen Vergnügungen zu widmen, erließ er in den kommenden Monaten eine wahre Flut von Kabinettsordern, die Staat und Gesellschaft im Sinne der Aufklärung von Grund auf reformieren sollten. Die Neuordnung der Staatsfinanzen und der Verwaltung hatte er dabei ebenso im Auge wie Reformen des Straf- und Justizwesens, des Sozial- und Gesundheitswesens, der Wirtschaft und des Militärs. In dem hochverschuldeten Königreich befanden sich Wirtschaft und Verwaltung in einem schlechten Zustand und auch in anderen Bereichen bestand Reformbedarf, wofür in weiten Kreisen des Adels und der Bürgerschaft Verständnis vorhanden war, aber in seinem rücksichtslosen und hastigen Vorgehen machte sich Struensee nahezu alle Bevölkerungsgruppen zu Feinden. Ohne Kenntnis der dänischen Verhältnisse und der dänischen Sprache manövrierte er sich als bürgerlicher deutscher Emporkömmling ins Abseits. Durch seine freie, am neuen Natürlichkeitsideal der Zeit orientierten Lebensweise erregte er zusätzlich Ablehnung. *„Sich selbst betrachtete er als diejenige Person, die Dänemarks und Norwegens Glückseligkeit und des Königs Wohl zu befördern hätte; aber* *alles musste verändert werden, und es galt gleich viel, ob die Veränderung nützlich war oder nicht, genug wenn sie geschähe"*[9], wurde Struensee später daher auch in der Anklage vorgeworfen. Als er im Juli 1771 zum Geheimen Kabinettsminister ernannt wurde, besaß er die Vollmacht, Kabinettsordern anstelle des Königs zu unterschreiben. Er übernahm so für jedermann sichtbar die uneingeschränkte Regierungsvollmacht und erschien damit vielen als Despot. Die Erhebung in den Grafenstand wenige Tage später bildete den letzten Höhepunkt in seiner erstaunlichen Karriere. Gleichzeitig wurde er jedoch immer unpopulärer, und die Zahl von Schmähschriften und Flugblättern gegen ihn und die Königin wuchs dank der von ihm verfügten Aufhebung der Zensur an. Verschärft wurde die angespannte Situation im Königreich überdies durch die verheerenden Folgen eines extrem harten Winters 1770/1771 und des verregneten Sommers 1771: Durch Missernten und Getreideknappheit drohten Hungersnöte.

Als gezielt gestreute Gerüchte umliefen, dass die Königin mit ihrem Geliebten plane, den König aus dem Weg zu räumen, um selber die Macht übernehmen und heiraten zu können, kam es zur Palastrevolution. Die verschiedenen oppositionellen Verschwörergruppen sammelten sich um die Königinwitwe Juliane Marie und ihren Sohn Friedrich. Juliane Marie erhielt ein Dokument zugespielt, aus dem angeblich hervorging, dass Struensee den Staatsstreich bereits vorbereitet habe. In der Nacht vom 16. auf den 17. Januar 1772 schlugen die Verschwörer nach einem Maskenball in Kopenhagen zu. Kurz nach Mitternacht betrat Juliane Marie zusammen mit anderen Verschwörern das Schlafzimmer des Königs, um dem gänzlich verstörten Christian VII. die schon vorbereiteten Haftbefehle zur Unterzeichnung vorzulegen. Außer Struensee und seinen engsten Mitarbeitern wurde auch Caroline Mathilde im Schlaf überrascht und verhaftet. Die Königin wurde nach Helsingør auf die Festung Kronborg gebracht. Am 13. März wurde eine aus fünfunddreißig Mitgliedern bestehende Kommission eingesetzt, um die Trennung von König und Königin in die Wege zu leiten. Am 24. März begann der Scheidungsprozess, der am 6. April erwartungsgemäß mit der Aufhebung der königlichen Ehe endete. Es wurde festgestellt, dass sich Caroline Mathilde durch ihren Ehebruch *„des Rechtes der Ehe verlustig gemacht"* [10] und damit Ansehen und Ehre des Königs wie des königlichen Hauses beschädigt habe. Die Bestrafung der Königin wurde dem König überlassen. Zur großen Enttäuschung der Königinwitwe Juliane Marie, die ihren eigenen Sohn als Thronfolger sehen wollte, wurden die beiden Kinder von Caroline Mathilde nicht für illegitim erklärt.

Während sich die Königin größte Vorwürfe machte, am Unglück Struensees, der großen Liebe ihres Lebens, schuld zu sein, zeigte sich dieser nach den Worten seines Verteidigers Dr. Peter Uldall, der auch als Rechtsbeistand von Caroline Mathilde fungierte, am Schicksal der Königin uninteressiert und versuchte sich zu entlasten, indem er sie belastete: *„In ihr sah ich schmerzliche Liebe, in ihm gesättigte Wollust"* [11]. Neben dem Verhältnis mit der Königin wurden Struensee Hochverrat, Amtsanmaßung und Bereicherung vorgeworfen. Der Hochverratsprozess gegen ihn und seinen engen Vertrauten Enevold Brandt endete am 25. April 1772 vorhersehbar mit dem Todesurteil wegen des Verbrechens der Majestätsbeleidigung. Am 28. April wurden die beiden Verurteilten öffentlich grausam hingerichtet. Die meisten anderen Inhaftierten wurden wenige Wochen später freigelassen. Der Großteil der von Struensee verfügten Reformen wurde wieder rückgängig gemacht.

Während sich der englische König Georg III. bisher kaum aktiv zugunsten seiner jüngsten Schwester eingeschaltet hatte, übte er Druck auf die neue dänische Regierung aus, als diese Caroline Mathilde auf Betreiben von Königinwitwe Juliane Marie bis an ihr Lebensende in der Festung Aalborg festsetzen wollte. Eigentlich wäre die Königin lieber in ihre englische Heimat zurückgekehrt, aber ihr Bruder entschied, dass Caroline Mathilde in das von ihm in Personalunion regierte Kurfürstentum Hannover übersiedeln sollte. Georg III. wies ihr das Schloss Celle als neuen Wohnsitz zu. Ihre beiden Kinder durfte sie selbstverständlich nicht dorthin mitnehmen. Von einem kleinen englischen Flottenverband wurde Caroline Mathilde am 30. Mai 1772 aus Helsingør abgeholt und bis nach Stade gebracht, von dort ging die Reise auf dem Landweg weiter bis zum Jagdschloss Göhrde in der Lüneburger Heide. Dieses Schloss diente als Zwischenaufenthalt für sie, bis das Celler Schloss fertig hergerichtet worden war. Am 20. Oktober 1772 hielt Caroline Mathilde ihren feierlichen Einzug in Celle. Die dortige Bevölkerung erhoffte sich, dass mit der neuen Schlossherrin höfischer Glanz und damit vor allem wieder eine Hebung der wirtschaftlichen Lage eintreten würde, denn seit dem Aussterben der Herzöge von Braunschweig-Lüneburg im Jahr 1705 litten vor allem die Händler und Handwerker unter dem Verlust des Residenzstadtstatus.

Die Königin beschäftigte sich in ihrem Exil mit stundenlangem Lesen, dem Verfassen von Briefen und Musizieren. Häufig besuchte sie in Begleitung einer Hofdame die Stadt und unterhielt sich gerne mit den Bewohnern, die sich auch mit ihren Anliegen an sie wenden konnten. Sie kompensierte ihre Schicksalsschläge wohl durch ausgiebiges Essen, denn der Göttinger Professor Georg Christoph Lichtenberg, der sie auf einer Reise durch Norddeutschland sah, vermerkte: *„In Celle habe ich die Königin von Dänemarck speißen sehen. Sie scheint da sehr vergnügt und ist ausserordentlich beliebt. (...) Wenn es die Witterung nur etwas erlaubt, hat man mir erzählt, so geht sie durch die Strasen der Stadt spatziren, grüßt die Leute sehr freundlich und läßt sich von den Kindern die Hand küssen. (...) Sie ist für eine Dame von ihren Jahren ungemein corpulent und hat ein paar zwar nicht lebhaffte aber durchdringende Augen“*[12].

Caroline Mathilde versuchte sich mit ihrem neuen Leben zu arrangieren: *„Ich tue alles, um fröhlich zu sein, und glaube, die meisten damit zu beeindrucken, die mich nicht genau kennen“*[13]. Sie litt sehr unter der Trennung von ihren Kindern, um deren Wohlergehen sie sich ständig sorgte. Als „Ersatz" für ihre eigenen Kinder adoptierte sie die verwaiste vierjährige Sophie von Benningsen. Offensichtlich beschäftigte sie sich immer wieder mit Rückkehrplänen nach Dänemark. Bevor eine Verschwörung, die einen Umsturz im dänischen Königreich herbeiführen und Caroline Mathilde zurückbringen sollte, in die entscheidende Phase trat, verstarb die einstige Königin am 10. Mai 1775 im Alter von noch nicht vierundzwanzig Jahren nach nur kurzer Krankheit am „Fleckfieber" in Celle, wo sie in der Fürstengruft der dortigen Stadtkirche St. Marien beigesetzt wurde. Erst ihr Sohn Friedrich unternahm 1784 einen erfolgreichen Staatsstreichversuch und führte seitdem die Regentschaft für seinen geisteskranken Vater Christian VII. Als König Friedrich VI.

setzte er nach 1808 einen Teil der von Struensee geplanten und später wieder aufgehobenen Reformen um.

Anmerkungen

1 Zit. nach Carolin Philipps, Zwischen Krone und Leidenschaft. Caroline Mathilde von Dänemark, Wien 2003, S. 26.
2 Zit. nach Thea Leitner, Skandal bei Hof. Frauenschicksale an europäischen Königshöfen, 4. Aufl., München 1997, S. 200.
3 Zit. nach Philipps, Krone und Leidenschaft, S. 46.
4 Zit. nach Ebd., S. 43.
5 Zit. nach Leitner, Skandal bei Hof, S. 206.
6 Zit. nach Ebd., S. 213.
7 Zit. nach Juliane Schmieglitz-Otten, Königliche Fluchten. Versuchte Ausbrüche aus der höfischen Etikette, in: Von Kopenhagen nach Celle. Das kurze Leben einer Königin. Caroline Mathilde 1751-1775. Hrsg. vom Bomann-Museum Celle, Celle 2001, S. 107 – 125, hier S. 123.
8 Zit. nach Mathias Hattendorff, Ihr „Wesen ist frey und ungezwungen und es scheint, dass Sie die genirte Lebens Arth nicht liebet" – Caroline Mathilde und Johann Friedrich Struensee, in: Von Kopenhagen nach Celle. Das kurze Leben einer Königin. Caroline Mathilde 1751-1775. Hrsg. vom Bomann-Museum Celle, Celle 2001, S. 27 – 70, hier S. 59.
9 Zit. nach Philipps, Krone und Leidenschaft, S. 119.
10 Zit. nach Hattendorff, Caroline Mathilde und Johann Friedrich Struensee, S. 65.
11 Zit. nach Ebd., S. 66.
12 Zit. nach Norbert Steinau, Caroline Mathilde im Kurfürstentum Hannover 1772-1775, in: Von Kopenhagen nach Celle. Das kurze Leben einer Königin. Caroline Mathilde 1751-1775. Hrsg. vom Bomann-Museum Celle, Celle 2001, S. 127 – 154, hier S. 133.
13 Zit. nach Philipps, Krone und Leidenschaft, S. 179.

Marie Antoinette von Frankreich

Am 11. August 1784 fand im Schlosspark von Versailles ein nächtliches Stelldichein statt, wie es sich ein Romanschreiber oder Drehbuchautor nicht besser hätte ausdenken können. Einer der Hauptakteure, Kardinal Louis René Edouard von Rohan-Guémené, schilderte dieses Rendezvous später folgendermaßen: *„Einige Zeit nachdem sie mir diese Hoffnung gemacht hatte, kam Madame de La Motte zu mir und sagte mir, daß die Königin mich an jenem Tag um Mitternacht auf der Terrasse sehen wolle. Zur angegebenen Stunde erschien eine Frau mit einer schwarzen Haube, in der Hand hielt sie einen Fächer, mit welchem sie die Haube hochschob, welche weit ins Gesicht gezogen war. Im Licht der Sterne glaubte ich die Königin genau zu erkennen. Ich sagte ihr, daß ich glücklich sei, in dieser Gunst einen Beweis dafür zu finden, daß sie die Vorurteile aufgegeben habe, welche sie gegen mich gehegt habe. Sie erwiderte einige Worte, und als ich mich erklären wollte, sagte man ihr, Madame und der Graf von Artois seien ganz in der Nähe. Sie verschwand, und ich sah sie nicht mehr"*[1]. Dieses romantische Treffen bildete allerdings nicht den Auftakt zu einer Liebesgeschichte, sondern war vielmehr das Vorspiel zu einem Gaunerstück mit den Dimensionen eines gewaltigen Skandals, der dem Ansehen der französischen Monarchie und der führenden Gesellschaftsschichten des Ancien Régime schweren Schaden zufügte und damit eine der Vorbedingungen für die Französische Revolution schuf.

Zur Zeit der so genannten Halsbandaffäre wurde Frankreich von einer schweren Finanzkrise gebeutelt. Vor allem durch die Beteiligung am Amerikanischen Unabhängigkeitskrieg, bei dem die französische Krone die amerikanischen Kolonisten gegen England unterstützt hatte, war der Schuldenberg enorm angewachsen. Statt sich in ihrem äußerst luxuriösen Lebensstil einzuschränken und mit gutem Beispiel voranzugehen, beharrte Königin Marie Antoinette auf ihren geliebten kostspieligen Vergnügungen. Sie erfreute sich damals bereits seit längerem keiner großen Beliebtheit mehr bei den Franzosen. Vor allem der französische Hochadel stand der aus dem habsburgischen Kaiserhaus stammenden Königin feindlich gegenüber. Die verächtlich als „l'Autrichienne" (= Österreicherin) bezeichnete Königin war am 2. November 1755 in Wien als jüngste Tochter von Kaiserin Maria Theresia und Kaiser Franz I. Stefan geboren worden. Als halbes Kind noch war Erzherzogin Maria Antonia Josepha zur Festigung des Bündnisses zwischen Österreich und Frankreich 1770 mit dem nur ein Jahr älteren künftigen König Ludwig XVI. von Frankreich vermählt worden. Zunächst wegen ihres Charmes und guten Aussehens beliebt, erregte die junge, unreife Königin schon bald nach der Thronbesteigung ihres Mannes im Mai 1774 durch ihre herrisch-stolze Art, ihre Launenhaftigkeit sowie ihren Leichtsinn und ihre Verschwendungssucht Kritik. Marie Antoinettes Interesse kreiste vor allem um Modefragen, ausgefallene Frisuren und wertvollen Schmuck. Besorgt über die hohen Ausgaben schrieb der österreichische Botschafter an Maria Theresia: *„Ich verhehlte Ihrer Majestät nicht, daß es unter den gegenwärtigen wirtschaftlichen Bedingungen vernünftiger gewesen wäre, solch schwindelerregende Ausgaben zu unterlassen. Aber sie konnte nicht widerstehen – wenn sie auch die Käufe behutsam abwickelte und* *vor dem König geheimhielt"*[2]. Missfallen erweckte auch Marie Antoinettes nachlässiger Umgang mit der Hofetikette, die von ihr betriebene Günstlingswirtschaft und ihre Einmischungsversuche in die Politik. Die Halsbandaffäre, in der sie unfreiwillig zu einer der Hauptpersonen wurde, öffnete ihr erstmals die Augen für die bösen Gerüchte, die über sie und ihren Lebenswandel verbreitet wurden.

Für das Kollier, das im Mittelpunkt der ganzen Affäre stand, hatten die Pariser Juweliere Charles Auguste Boehmer und Paul Bassenge, die den Versailler Hof wie auch mehrere ausländische Fürstenhöfe zu ihren Kunden zählten, jahrelang zahlreiche besonders schöne, reine und große Diamanten zusammengetragen. Das einzigartige Halsband bestand aus insgesamt 647 Steinen und sollte die enorme Summe von 1,6 Millionen Livres kosten. Ursprünglich hatten es die Juweliere für die Gräfin Marie-Jeanne Dubarry, die letzte Mätresse von König Ludwig XV., vorgesehen, doch der Monarch verstarb, bevor das Geschäft abgewickelt werden konnte. Wegen des hohen Preises lehnte Königin Marie Antoinette, der das Kollier daraufhin angeboten wurde, den Erwerb ab. Auch außerhalb Frankreichs fanden die Juweliere keinen Käufer dafür. Da sie den Großteil ihres Vermögens in das Diamanthalsband investiert hatten, gerieten die beiden Hofjuweliere zunehmend in finanzielle Bedrängnis. Ihre missliche Situation blieb nicht unbemerkt, denn der Marquis von Bombelles notierte hinsichtlich des Juweliers Boehmer im Februar 1783 in seinem Tagebuch: *„Da das riesige Kapital, welches in dem Halsband steckte, nunmehr seit fast zwei Jahren keinen Gewinn abwarf, stand er vor dem Ruin"*[3].

Schon seit längerer Zeit hegte Königin Marie Antoinette eine heftige Abneigung gegen den Kardinal Rohan, der sich

einst als französischer Botschafter in Wien das große Missfallen ihrer Mutter, der Kaiserin Maria Theresia, zugezogen
hatte. Der lebenslustige Prälat erregte bei der Kaiserin nicht
nur wegen seines aufwändigen Lebensstils und seiner zahlreichen Frauengeschichten regelrechten Abscheu, sondern
auch wegen seiner abträglichen und spöttischen Bemerkun-
gen über die Kaiserin und deren Tochter Marie Antoinette.
Nach seiner Abberufung aus Wien bereitete ihm die junge
Königin in Versailles einen kühlen Empfang. Während sie
glaubte, mit ihm einen Feind mehr in ihrem Umfeld entmachtet zu sehen, befürchtete Kaiserin Maria Theresia zu
Recht, wie sich später herausstellen sollte, dass sich seine einflussreichen Verwandten aus den mächtigen Adelsgeschlech-
tern Rohan und Soubise bei passender Gelegenheit an ihrer
Tochter rächen könnten. Während ihm Ludwig XVI. bald
wieder seine Gunst zuwandte – Rohan wurde zum Großalmosenier von Frankreich ernannt, erhielt vom Papst den
Kardinalshut und wurde 1779 Erzbischof von Straßburg –,
blieb Marie Antoinette unversöhnlich. Der hochverschuldete
Rohan, der auf einen Ministerposten hoffte, versuchte daher
mit allen Mitteln die Gnade der Königin wiederzuerlangen.
Ob er auch, wie manchmal behauptet wird, ein erotisches Interesse an der gutaussehenden Marie Antoinette hatte, muss
dahingestellt bleiben.

Die gerissene Hochstaplerin Jeanne de La Motte wusste
diese Situation für ihre Zwecke zu nutzen. Geschickt bediente sie sich sowohl der bekannten Animosität der Königin
gegenüber dem Kirchenfürsten als auch des großen Verlan-
gens von Rohan, wieder das Wohlwollen Marie Antoinettes
zu erringen. Im März 1784 frischte Jeanne de Valois-Saint-
Rémy, die einem illegitimen Zweig des einstigen französi-

schen Herrscherhauses Valois entstammte und 1780 einen angeblichen Grafen Nicolas de La Motte geheiratet hatte, eine frühere Bekanntschaft mit Kardinal Rohan wieder auf. Sie verstand es, sich in das Vertrauen des bedenklich leichtgläubigen Großalmoseniers einzuschleichen. Sie redete ihm ein, dass sie großen Einfluss auf die Königin besitze und für ihn als Fürsprecherin auftreten könne. Sie arrangierte für ihn sogar eine angebliche Korrespondenz mit der Königin. Da Rohan die Handschrift Marie Antoinettes nicht kannte, ließ die La Motte die Briefe von ihrem Sekretär und Liebhaber Rétaux de Villette, einem ehemaligen Gendamerieoffzier, schreiben.

Um den Kardinal „bei der Stange zu halten" und ihn in dem Glauben zu bestärken, dass sie eine enge Vertraute der Königin sei, arrangierte Madame de La Motte jenes eingangs erwähnte bühnenreife Stelldichein im Versailler Park. Selbstverständlich erschien nicht die Königin zu diesem geheimen Treffen mit dem Kardinal, sondern eine für diesen Zweck angeworbene Pariser Prostituierte namens Marie-Nicole Leguay-Dessigny. Die junge Frau, die Marie Antoinette sehr ähnelte, wurde gegen gute Bezahlung für diese Rolle und zu Stillschweigen verpflichtet. Nachdem sie wie die Königin ausstaffiert worden war, bestand ihre Aufgabe in dieser Komödie darin, dem ihr unbekannten Kardinal eine Rose während des nächtlichen Rendezvous zu überreichen, nachdem dieser vor ihr niedergefallen war und den Saum ihres Kleides geküsst hatte. Bevor sich die Leguay durch unbedachte Äußerungen verraten konnte, erfolgte der fingierte Warnruf durch Rétaux de Villette. Er verschwand unmittelbar darauf zusammen mit der angeblichen Königin. Überzeugt davon, der wahren Königin begegnet zu sein und überwältigt von dem Glück, deren Gunst gewonnen zu haben, war der Kardinal wie Wachs in den Händen der ausgekochten Gräfin. Die Mitglieder des Parlements wunderten sich später nicht wenig darüber, dass Rohan tatsächlich an die Echtheit dieses ungewöhnlichen Zusammentreffens glauben konnte und als einer der höchsten Würdenträger des Königreichs nicht in der Lage war, das Gestammel eines Pariser Freudenmädchens von der Sprache der Königin zu unterscheiden.

Die Gräfin de La Motte nutzte die Begeisterung des Kardinals über die scheinbare Gewogenheit Marie Antoinettes schamlos für ihre Zwecke aus. Sie lieh sich von ihm große Geldsummen, die die angeblich in Geldnöten befindliche Königin für wohltätige Werke benötigte. Als die Gaunerin im Januar 1785 behauptete, dass die Königin das wertvolle Diamantkollier von Boehmer & Bassenge erwerben wolle, dies aber zum jetzigen Zeitpunkt nicht publik werden dürfte, war Kardinal Rohan gerne bereit als Stellvertreter und Bürge zu agieren, über den das Geschäft abgewickelt werden sollte. Bis heute sind nicht alle Vorgänge eindeutig geklärt, die zum Kauf und zum Verschwinden des berühmten Diamanthalsbandes führten.

Kardinal Rohan suchte die beiden Juweliere auf, um sich das Schmuckstück anzusehen. Obwohl er sich wunderte, dass die Königin trotz ihres exquisiten Geschmacks ein dermaßen auffälliges Halsband haben wollte, vereinbarte er in dem guten Glauben, Marie Antoinette damit einen Gefallen zu erweisen, mit den beiden Geschäftsleuten den Kauf. Innerhalb von zwei Jahren sollten laut Vertrag die 1,6 Millionen Livres in vier halbjährlich fälligen Raten bezahlt werden. Als Beginn der Zahlungen wurde der 1. August 1785 festgelegt. Der Name der Königin wurde bei diesen Verhandlungen nicht genannt. Da auf Wunsch des Kardinals die Königin die ausgehandelten Kaufbedingungen eigenhändig auf dem Vertrag bestätigen sollte, veranlasste die La Motte ihren Sekretär Rétaux de Villette, die Genehmigung samt der Unterschrift „Marie Antoinette de France" auf das Dokument zu setzen. Der Kardinal schöpfte sonderbarerweise keinerlei Verdacht, obwohl ihm hätte bekannt sein müssen, dass eine französische Königin nur mit ihrem Vornamen, ohne den Zusatz „de France" unterzeichnet hätte. Nachdem das Kollier an den Kardinal überstellt worden war, brachte er es am 1. Februar persönlich zur Gräfin de La Motte, die es ihm mit Hilfe ihres Sekretärs entwendete. Als königlicher Kammerdiener verkleidet und mit einem gefälschten Schreiben der Königin ausgestattet, ließ sich Rétaux de Villette das Kollier aushändigen. Marie Antoinette bekam das Schmuckstück jedoch nie zu Gesicht, denn kaum befand es sich in den Händen der Madame de La Motte und ihrer Spießgesellen, wurden die Diamanten aus dem Kollier gebrochen und verkauft. Den Großteil der Steine veräußerte Nicolas de La Motte in London. Zwar fanden es sowohl der Kardinal wie auch die Juweliere erstaunlich, dass die Königin nie ihre Neuerwerbung trug, doch ließen sie sich mit der Mitteilung beruhigen, dass die Königin dies erst nach der Bezahlung des ersten Teilbetrags vorhabe. Der Betrug flog auf, als der Juwelier Boehmer, nachdem mehrere Zahlungstermine verstrichen waren, bei Hofe erschien, um die Bezahlung anzumahnen. Marie Antoinette fiel aus allen Wolken, da sie von dem angeblich für sie angekauften Kollier nichts wusste. Als ihr nach und nach die ersten Hintergründe der Affäre bekannt wurden, war sie zutiefst empört darüber, dass der Kardinal davon überzeugt sein konnte, dass sie ihre königliche Würde soweit vergessen könne, um sich des Nachts heimlich zu einem Rendezvous mit ihm in den Park zu begeben. Aufgebracht reagierte sie auch auf die Vorstellung, dass man annehme, sie führe eine heimliche Korrespondenz und erwerbe hinter dem Rücken des Königs teure Preziosen. Sie glaubte hinter den Vorgängen eine perfide Intrige des von ihr verachteten Kardinals Rohan sehen zu müssen, die darauf abzielte, sie und ihre schon des Öfteren angeprangerte Verschwendungssucht vorzuführen. Sie pochte deshalb darauf, dass ein Exempel statuiert werden müsse. Am 15. August 1785 wurde Kardinal Rohan vor dem versammelten Hofstaat im Spiegelsaal des Schlosses Versailles verhaftet. Diese spektakuläre Festnahme erregte größtes Aufsehen. Marie Antoinette übersah in ihrer Rachsucht völlig, dass sie durch diesen Schritt, der einen der höchsten Würdenträger in peinlichster Weise bloßstellte, die führenden Stände gegen das Herrscherhaus aufbrachte und dadurch den Staat und die französische Gesellschaft in ihren Grundfesten erschüttern würde. Sie verkannte die Gefahr, selbst in diese Affäre hineingezogen und dadurch nachhaltig beschädigt zu werden. Aus der unerfreulichen Betrugsaffäre wurde so ein öffentlicher Skandal, dessen Folgen für die Monarchie katastrophale Ausmaße annehmen sollten.

Kardinal Rohan wurde nach seiner Festnahme in die Bastille überführt. Es gelang ihm allerdings noch, seinen Briefwechsel mit der vorgeblichen Königin vernichten zu lassen. Drei Tage später erst erfolgte die Verhaftung der Madame de La Motte, die ebenfalls schon vorsorglich ihre Aufzeichnungen beseitigt hatte. Sie widersprach der Darstellung des Kardinals und stritt ab von der Königin gesprochen zu haben. Auch das Diamantenhalsband wollte sie nie übergeben bekommen haben. Sie beschuldigte stattdessen den angeblichen Grafen Alessandro Cagliostro, der zum Bekanntenkreis des Kardinals gehörte, an dem Komplott beteiligt zu sein.

Am 22. August 1785 berichtete Marie Antoinette ihrem Bruder Kaiser Joseph II. zur Entwicklung der Halsbandaffäre Folgendes: *„Ihr habt gewiß, mein lieber Bruder, von dem großen Unglück des Kardinals Rohan gehört. (...) Der Kardinal ist überzeugt, daß er in meinem Namen und mittels einer Unterschrift, welche er für die meine hielt, ein Diamanthalsband im Wert von sechzehnhunderttausend Francs gekauft hat. Er behauptet, er sei von einer gewissen Madame de Valois de La Motte getäuscht worden. Diese Intrigantin von niederster Stufe hat hier keinen Platz und ist niemals zu mir vorgelassen worden. Seit zwei Tagen befindet sie sich in der Bastille, und obgleich sie bei ihrem ersten Verhör gestanden hat, daß sie reichlich Umgang mit dem Kardinal hatte, streitet sie beharrlich ab, irgend etwas mit dem Erwerb des Halsbandes zu tun gehabt zu haben. Es ist zu beachten, daß die Absätze des Kaufvertrages von der Hand des Kardinals geschrieben sind; neben jedem steht das Wort ‚gebilligt‘ in derselben Handschrift, welche unten mit ‚Marie Antoinette von Frankreich‘ unterzeichnet hat. Man vermutet, daß die Unterschrift von der besagten Valois de La Motte stammt. Man hat sie mit Briefen verglichen, welche sie gewiß geschrieben hat; man hat sich keine Mühe gegeben, meine Unterschrift nachzuahmen, denn es besteht keinerlei Ähnlichkeit, und ich habe niemals mit dem Zusatz ‚von Frankreich‘ unterschrieben. In den Augen dieses Landes hier ist dies ein seltsamer Roman, daß man mir unterstellt, ich hätte den Kardinal mit einer geheimen Besorgung beauftragen wollen. Alles ist zwischen dem König und mir geregelt worden; die Minister haben erst in dem Moment davon erfahren, als der König den Kardinal kommen ließ und ihn in Gegenwart des Großsiegelbewahrers und des Barons*

Breteuil befragte. Ich war ebenfalls zugegen, und ich war tief bewegt von der Umsicht und der Festigkeit, welche der König in jener strengen Sitzung walten ließ. Als der Kardinal darum bat, nicht verhaftet zu werden, antwortete der König, weder als König noch als Gatte könne er anders handeln. Ich hoffe, daß diese Angelegenheit bald erledigt ist. (...) Auf jeden Fall wünsche ich, daß die ganze Abscheulichkeit und alle Einzelheiten in den Augen der Welt gänzlich aufgeklärt werden"[4].

Die Angelegenheit mündete in einen Sensationsprozess, der allerdings keineswegs den Erwartungen der französischen Königin entsprechen sollte. Außer dem Kardinal Rohan und der Gräfin de La Motte wurden von der französischen Polizei noch Marie-Nicole Leguay-Dessigny, Rétaux de Villette sowie der Alchimist und Scharlatan Graf Cagliostro samt Ehefrau verhaftet. Nicht habhaft wurde man des Grafen de La Motte. Das Straßenmädchen gab zu, bei dem nächtlichen Treffen im Versailler Park beteiligt gewesen zu sein. Der einstige Liebhaber und Sekretär der Madame de La Motte gestand, die Briefe der Königin an Rohan ebenso gefälscht zu haben wie ihre Unterschrift auf dem Kaufvertrag. Bei Cagliostro ergab sich, dass er an dem Betrug nicht beteiligt war. Ludwig XVI. räumte dem Kirchenfürsten die Entscheidung ein, ob er sich dem Urteil des Königs anvertrauen oder sich dem Spruch des Parlements von Paris stellen wollte. Kardinal Rohan entschied sich für einen Prozess vor dem Pariser Parlement, dem obersten Gerichtshof Frankreichs. Selbstbewusst teilte er dem Monarchen mit: *„Sire, ich hatte gehofft, durch persönliche Gegenüberstellung die Beweise zu erhalten, die Eure Majestät restlos davon überzeugt hätten, daß ich das ahnungslose Opfer eines Betruges wurde. In diesem Falle hätte ich mir keinen anderen Richter als Eure Gerechtigkeit und*

Eure Güte gewünscht. Da man mir jedoch diese Gegenüberstellung verweigert und mich so dieser Hoffnung beraubt hat, nehme ich mit respektvoller Dankbarkeit die Erlaubnis Euer Majestät an, meine Unschuld auf juristischem Wege zu beweisen, und bitte infolgedessen Eure Majestät, die notwendigen Anweisungen zu erteilen, damit mein Fall dem Tribunal von Paris übergeben wird"[5]. Zu diesem Zeitpunkt bestand noch die Möglichkeit für den König, den Kardinal als den Betrogenen in der Halsbandaffäre aus der Haft zu entlassen. Indem der König dem Kardinal die Möglichkeit gewährte, seinen Fall vor das Parlement zu bringen, kam Ludwig XVI. ihm bemerkenswert weit entgegen, denn dieser Gerichtshof unterstand nicht königlicher Kontrolle und war seit den Zeiten der Fronde eine Quelle der Opposition gegen die Krone geworden. Als das Parlement von Ludwig XVI. am 5. September offiziell mit dem Verfahren beauftragt wurde, wies der König die Richter daraufhin, dass es sich hier um einen Anschlag auf die Ehre der Königin handle: *„Mit gerechter Empörung haben Wir feststellen müssen, daß man einen erlauchten Namen zu benutzen gewagt hat, welcher Uns aus vielen Gründen lieb und teuer ist, und mit unerhörter Verwegenheit den Respekt verletzt hat, welcher der königlichen Majestät geschuldet ist"*[6]. Die Voruntersuchung dauerte vier Monate, bevor am 22. Mai 1786 die Verhandlung vor dem Parlement begann. Am 31. Mai 1786 wurden nach achtzehnstündiger Beratung die Urteile gesprochen. Die Gräfin de La Motte wurde mit öffentlicher Auspeitschung, zweifacher Brandmarkung mit einem „V" für Voleuse (= Diebin) und lebenslänglicher Haft in der Pariser Salpêtrière, einer Mischung aus Armenhaus, Gefängnis und Nervenheilanstalt, bestraft. Ihr Ehemann wurde in Abwesenheit zu lebenslänglicher Galeerenstrafe verurteilt. Madame de

La Motte gelang zwei Jahre später mit Hilfe einflussreicher Freunde die Flucht nach England. Ihre dort veröffentlichten Memoiren verleumdeten Marie Antoinette in perfider Weise, indem die Königin als die eigentliche Verbrecherin erschien. Rétaux de Villette wurde auf Lebenszeit aus Frankreich verbannt. Marie-Nicole Leguay-Dessigny wurde außer Verfolgung gesetzt. Cagliostro wurde zwar freigesprochen, aber des Landes verwiesen. Die erhoffte Genugtuung durch eine Bestrafung des Kardinals Rohan erhielt die Königin nicht. Der Kirchenfürst selbst hatte gegenüber einem Verwandten seine Lage bei diesem Prozess in folgender Weise beschrieben: *„Ich nehme meine ganze Intelligenz zu Hilfe, um zu beweisen, daß ich ein Dummkopf bin"*[7]. Schon vor der Urteilsfällung hatte der Generalprokurator Joly de Fleury auf Grund der neuen Faktenlage die Anklage wegen Betrugs und Fälschung gegen Rohan fallen gelassen, aber auf einer förmlichen Abbitte und Entschuldigung des Großalmoseniers beharrt, da er gegenüber der Königin einen eklatanten Mangel an schuldigem Respekt an den Tag gelegt habe. Ernsthaft zu glauben, dass sich die Gemahlin Ludwigs XVI. von ihm Geld borge und gar zu einem nächtlichen Rendezvous bereit sei, stelle eine Majestätsbeleidigung dar. Außerdem müsse der Kardinal sein Amt als Großalmosenier niederlegen. Während das Parlement sonst weitgehend den Forderungen des Vertreters der Anklage gefolgt war, entschied es sich bei dem Kardinal für einen vollständigen Freispruch ohne jede Auflage. Die Möglichkeit, der unbeliebten Königin einen Schlag zu versetzen und die königliche Autorität zu beschädigen, ließ sich der Gerichtshof nicht entgehen. Hier wirkte sich auch die von den großen französischen Adelsfamilien in Gang gesetzte Verleumdungskampagne gegen Marie Antoinette aus. Da der Kirchenfürst selbst ein geprelltes Opfer war, hatten seine Verhaftung und der gegen ihn geführte Prozess den Hochadel und den Klerus, die wichtigsten Stützen der Monarchie, in höchstem Maße gegen das Königspaar aufgebracht. In zahlreichen Pamphleten wurde Marie Antoinette als verschwenderische, leichtsinnige und sittenlose Person hingestellt, so dass bald niemand mehr daran zweifeln konnte, dass die Königin die wahre Schuldige bei diesem Skandal sei. Das französische Königshaus hatte vor den Augen der Öffentlichkeit eine schwere moralische Niederlage erlitten, von der es sich nicht mehr erholen sollte.

Während der freigesprochene Kardinal und die Richter von einer großen Menschenmenge gefeiert wurden, musste sich Marie Antoinette eingestehen, dass dieses Urteil den Sieg des französischen Hochadels über sie darstellte. Sie empfand das Urteil als eine erneute Majestätsbeleidigung. *„Die Königin war untröstlich"*, erinnerte sich ihre Kammerfrau Madame Campan später. *„Kaum hatte ich vom Ausgang des Prozesses erfahren, begab ich mich zu ihr und fand sie allein in ihrem kleinen Salon; sie weinte. ‚Kommt her', sagte sie zu mir, ‚kommt und habt Mitleid mit Eurer Königin, die beleidigt wurde und ein Opfer von Intrigen und Ungerechtigkeit ist. Ich meinerseits werde Euch beweinen, weil Ihr eine Französin seid. Wenn ich schon keine unparteiischen Richter in einem Prozess finden konnte, der eine persönliche Beleidigung für mich ist, worauf könntet Ihr dann bei einem Prozess hoffen, der Euer Glück und Eure Ehre betreffen würde?"* [8] Als Ludwig XVI. anordnete, dass der Kardinal sofort sein Amt als Großalmosenier niederzulegen und sich in die Abtei von La Chaise-Dieu zurückzuziehen habe, setzte er sich dadurch wieder dem Verdacht aus, keinen eigenen Willen gegenüber seiner Gattin zu besitzen und von dieser gelenkt zu werden. Durch die Halsbandaffäre war aber nicht nur die Königin in Verruf geraten, sondern dank der übrigen Beteiligten auch Adel und Geistlichkeit. Die Affäre vermittelte ein denkbar ungünstiges Bild von den Zuständen bei Hofe wie auch in den führenden Kreisen. Indem die bis dahin geltenden Autoritäten ins Wanken gebracht wurden, wurde der Revolution der Weg geebnet. Es dauerte nur noch wenige Jahre bis außer dem Königspaar auch viele Vertreter des Adels und des hohen Klerus den Untergang des Ancien Régime mit dem Tod auf dem Schafott bezahlen mussten.

ANMERKUNGEN

1 Zit. nach Evelyne Lever, Marie Antoinette. Eine Biographie, Zürich 1992, S. 292f.
2 Zit. nach Gerd Treffer, Die französischen Königinnen. Von Bertrada bis Marie Antoinette (8.-18. Jahrhundert), Regensburg 1996, S. 299.
3 Zit. nach Lever, Marie Antoinette, S. 284.
4 Zit. nach Ebd., S. 297f.
5 Zit. nach Karl Otmar von Aretin, Die Halsbandaffäre als Vorspiel der Französischen Revolution. Ein Kollier für die Königin, in: Uwe Schultz (Hrsg.), Große Prozesse. Recht und Gerechtigkeit in der Geschichte, München 1996, S. 204 – 213, hier S. 206.
6 Zit. nach Benedetta Craveri, Königinnen und Mätressen. Die Macht der Frauen – von Katharina de' Medici bis Marie Antoinette, München 2010, S. 417.
7 Zit. nach von Aretin, Halsbandaffäre, S. 212.
8 Zit. nach Craveri, Königinnen und Mätressen, S. 418f.

MARIE-JEANNE ROLAND
DE LA PLATIÈRE

„Mein Gesicht hatte außer Frische, großer Sanftmut und Ausdruckskraft nichts außergewöhnlich Auffälliges. (...) Kein Zug für sich ist ideal, aber alle zusammen erregen Gefallen. Der Mund ist ein bißchen groß, man sieht tausend hübschere. Keiner aber hat ein zarteres und verführerischeres Lächeln. Die Augen hingegen sind nicht sehr groß, aber hoch gelegen. Ihre Iris ist kastanienbraun, der Blick offen, ehrlich, lebhaft und sanft unter Augenbrauen, braun wie die Haare. Schön geschwungen, wandeln sie ihren Ausdruck wie die empfindsame Seele, deren Bewegungen sie ausdrücken. Ernst und stolz, rufen sie manchmal Erstaunen hervor, aber mehr noch zeigen sie Zärtlichkeit und Munterkeit. Die Nase machte mir einige Not. Ich fand ihre Spitze ein bißchen dick. Insgesamt gesehen jedoch, und vor allem im Profil, verdarb sie das Übrige nicht. (...) Das etwas vorstehende Kinn deutet auf Wesenszüge, die, nach den Physiognomikern, Wollust anzeigen. Wenn ich diesen Umstand mit allem anderen zusammennehme, was mir eigen und typisch ist, so zweifle ich, daß kaum jemand mehr für die Wollust geschaffen war und sie weniger genossen hat als ich. Von frischem Teint eher als ganz weiß, kräftigen Farben, oft noch verstärkt durch die schnell aufsteigende Röte kochenden Blutes, angeheizt von den denkbar sensiblen Nerven. Die Haut zart, der Arm schön rund, die Hand anmutig, nicht klein, denn ihre langen schmalen Finger verraten Geschicklichkeit und

*bewahren ihren Reiz; frische und wohlgereihte Zähne, ein Leib
von schlanker, elastischer Fülle und von strahlender Gesundheit"*[1].
Diese Selbstbeschreibung von Marie-Jeanne Roland de La
Platière, einer zeitweise einflussreichen politischen „Strippen-
zieherin" in der Französischen Revolution, legt nahe, warum
man früher in dem ansprechenden, um 1787 von Adélaïde La-
bille-Guiard gemalten Porträt einer jungen, weiß gekleideten
Frau am Schreibtisch im Musée des Beaux-Arts in Quimper
das Bildnis der Madame Roland sehen wollte. Dass die Port-
rätierte auf dem Gemälde beim Schreiben eines Briefes dargestellt ist, zugleich aber auch wie die Verkörperung der damals
vor allem im Bürgertum hochgeschätzten weiblichen Tugenden wirkt, passt zu dem Bild, das die Roland in ihren Erinnerungen von sich selbst als stolzer Bürgerin mit tadellosem Ruf
zeichnete, die sich trotz schriftstellerischer Begabung mit der
traditionellen Rolle der Ehefrau im Hintergrund bescheidet.

Marie-Jeanne Roland de La Platière wurde am 17. März 1754
in Paris geboren. Sie war das einzige von sieben Kindern des
Graveurs Gratien Phlipon und dessen Ehefrau Marguerite Bi-
mont, das überlebte. Das begabte und wissbegierige Mädchen,
liebevoll Manon gerufen, konnte bereits im zarten Alter von
vier Jahren Lesen und interessierte sich sehr früh für philoso-
phische, geschichtliche und religiöse Themen. Die Eltern be-
mühten sich ihrem einzigen Kind eine gute Ausbildung durch
Privatlehrer zukommen zu lassen, soweit dies ihre finanziellen
Mittel gestatteten. Daneben trieb Manon eifrig ihre Selbstbil-
dung durch emsiges Lesen voran. Vor allem begeisterte sie sich
für die Werke von Plutarch. Im Rückblick vertrat sie die Auffassung, dass die Lektüre von Plutarch sie zur begeisterten Re-
publikanerin gemacht habe. Später hinterließen die Ideen von
Jean-Jacques Rousseau einen ebenso tiefen Eindruck bei ihr.

Nachdem sie als Elfjährige den Wunsch geäußert hatte, zur Vorbereitung auf ihre Erstkommunion in ein Kloster geschickt zu werden, gaben sie ihre Eltern für ein Jahr zu den Augustinerinnen in dem Pariser Stadtteil Saint-Marcel. Das Klosterleben konnte sie jedoch nicht überzeugen. Im Laufe der Zeit nahm sie eine immer kritischere Haltung gegenüber der katholischen Kirche und ihrer Lehre ein und wandte sich als Vierzehnjährige einer deistischen Gottesauffassung zu.

Der Tod ihrer Mutter im Juni 1775 bedeutete für Marie-Jeanne Phlipon einen tiefen Einschnitt. Die Führung des väterlichen Haushalts oblag nun ihr. Ihr Vater geriet in diesen Jahren zunehmend in wirtschaftliche Schwierigkeiten und begann die Mitgift seiner Tochter zu verschleudern. Eigentlich fest entschlossen niemals zu heiraten, begann sie sich nun doch Gedanken über einen möglichen Ehepartner zu machen: *„Ich will jemanden, der meiner Achtung würdig ist, solchermaßen anregend, daß ich auf meine Gefälligkeiten stolz sein darf und er sein Glück in seinem Bemühen um meines findet, und das nach dem Maß seiner Weisheit und seiner Zuneigung"*[2]. Für junge Männer interessierte sie sich nicht besonders. Sie zog die Gesellschaft älterer gebildeter Männer vor. Als sie im Januar 1776 die Bekanntschaft mit Jean-Marie Roland de La Platière machte, war sie von seinen vielfältigen Interessen und seinem scharfen Verstand beeindruckt. Der vierundzwanzig Jahre ältere Inspektor des Handels und der Manufakturen aus Amiens gefiel ihr, obwohl das aus späterer Sicht in ihren Erinnerungen von ihm gezeichnete Bild eher kühl-distanziert wirkt: *„Ich sah einen Mann in den Vierzigern, hochgewachsen, nachlässig in seiner Haltung und mit jener Steife, die eine schreibende Tätigkeit mit sich bringt. Aber seine Art, sich zu geben, war schlicht und ungezwungen, vereinte in sich die* *verbindliche Höflichkeit des Mannes aus gutem Hause mit dem Ernst des Philosophen. Magerkeit, ein leicht gelblicher Teint, die Stirn sehr hoch, schütteres Haar konnten seinen regelmäßigen Zügen keinen Abbruch tun, machten sie aber eher respektierlich als anziehend. Ein sehr feines Lächeln schließlich und ein lebhafter Ausdruck verwandelten seine Physiognomie, (...). Seine Stimme war männlich, seine Sprache bündig wie bei jemand, der kurzen Atem hat; seine reiche Rede beschäftigte den Geist mehr, weil sein Kopf voller Ideen war, als sie dem Ohr schmeichelte"*[3]. Trotz der Einwände ihres Vaters heiratete sie mehr aus Vernunftgründen denn aus Liebe am 4. Februar 1780 Monsieur Roland. In den kommenden Jahren entwickelte sie sich zu einer unverzichtbaren Stütze für ihren Ehemann, da sie ihm bei seiner schriftstellerischen Arbeit nicht nur als Korrektorin und Kopistin half, sondern für ihn auch viele seiner Texte verfasste: *„Zwölf Jahre meines Lebens habe ich mit meinem Mann gearbeitet, so wie ich aß, denn das eine war so natürlich wie das andere. Wenn man eine Passage aus seinen Werken zitierte, wo man besondere Anmut des Stils bemerkte, wenn man eine kleine Aufmerksamkeit von der Akademie erhielt, dessen Tribut er nur zu gerne an die gelehrten Gesellschaften weitergab, deren Mitglied er war, freute ich mich über seine Befriedigung, ohne eigentlich recht zu bemerken, daß ich es selbst gemacht hatte. Oft war er dann schließlich überzeugt, daß er wirklich eine gute Stunde gehabt hatte beim Schreiben dieser Passage, die aus meiner Feder stammte"*[4]. Angeblich hatte sie nie den Ehrgeiz, selbst als Autorin an die Öffentlichkeit zu treten, da sie es vorzog, weibliche Zurückhaltung zu wahren, was allerdings nicht immer ganz glaubhaft erscheint: *„Niemals war ich auch nur im mindesten versucht, als Autor irgend etwas zu veröffentlichen. Ich begriff sehr früh, daß eine Frau, die diese Würde erlangte, viel mehr verlor, als sie* *gewann. Die Männer mögen sie nicht, ihresgleichen kritisiert sie. Wenn ihre Werke schlecht sind, macht man sich über sie lustig und tut gut daran; sind diese gut, bringt man sie um diese Würde. Kann man nicht umhin anzuerkennen, daß der bessere Teil von ihr stammt, zerpflückt man ihren Charakter und Lebenswandel, ihr Benehmen und ihre Talente, wägt ihre geistige Reputation letztlich nach dem Aufsehen, das man um ihre Schwächen macht"*[5]. In Amiens kam 1781 ihre einzige Tochter Eudora zur Welt. Im Mai 1784 reiste Madame Roland als treu sorgende Ehefrau nach Paris, um für ihren Ehemann als Anerkennung für seine langjährigen Dienste die Ausstellung eines Adelspatents der höheren Rangstufe zu erlangen. Dies konnte sie zwar nicht erreichen, aber die Beförderung ihres Mannes zum General-inspektor und seine Versetzung nach Lyon waren ihr Werk.

Der Ausbruch der Französischen Revolution 1789 wurde vom Ehepaar Roland freudig begrüßt, wie Manon Roland bekannte: *„Die Revolution brach los und begeisterte uns. Als Freunde der Menschheit und Verehrer der Freiheit glaubten wir, sie würde die Menschen verjüngen, das entwürdigende Elend jener unglücklichen Klasse beenden, das uns so oft mit Kummer erfüllt hatte. Wir nahmen sie mit Enthusiasmus auf"*[6]. Im Namen ihres Mannes verfasste sie vielbeachtete Artikel im „Courrier de Lyon" und für „Le Patriot Français". Jean-Marie Roland wurde im Winter 1791 als außerordentlicher Abgeordneter der Stadt Lyon nach Paris geschickt, um wegen der städtischen Schulden mit der Nationalversammlung zu verhandeln. Madame Roland begleitete ihn auf dieser mehrmonatigen Mission und eröffnete ihren ersten politischen Salon in Paris. Zu ihren Gästen gehörten viele berühmte Führungspersönlichkeiten der Revolution wie Jacques-Pierre Brissot, Maximilien de Robespierre und François Buzot. Ihr Salon gehörte zu den wichtigsten Institutionen dieser Art in Paris: *„Ich wurde so über die Dinge auf dem laufenden gehalten, an denen ich lebhaftes Interesse nahm. Sie kam meinem Geschmack entgegen, den politischen Erörterungen zu folgen und die Menschen zu studieren. Ich wußte, welche Rolle mir als Frau zukam, und vergaß das niemals. Die Gespräche wurden in meiner Gegenwart geführt, jedoch ohne daß ich teilnahm. Abseits an einem Tisch sitzend, machte ich, während man diskutierte, Handarbeiten oder schrieb Briefe. Und hatte ich auch zehn Botschaften wegzuschicken, was manchmal passierte, so verlor ich doch nicht ein Wort von dem Gespräch, und manchmal biß ich mir auf die Lippen, um nicht meine Meinung zu sagen"*[7].

Nach einem kurzen Zwischenaufenthalt in Lyon kehrten die Rolands im Dezember 1791 wieder nach Paris zurück. Jean-Marie Roland schloss sich den Männern um Jacques-Pierre Brissot an, den künftigen Girondisten. Ende März 1792 wurde er von König Ludwig XVI. zum Innenminister berufen. Manon Roland unterstützte ihn in allen Belangen seiner Tätigkeit, indem sie einen Teil seiner Korrespondenz übernahm und ihn in politischen Fragen beriet. Obwohl sie sich möglichst unauffällig betätigte, erregte es Aufsehen, dass sie für ihren Mann arbeitete und bei dessen Besprechungen anwesend war. Derartiges Verhalten wurde vor allem in den Kreisen der Revolutionäre als unüblich und ungebührlich für eine Frau betrachtet. Sie eröffnete wieder ihren Salon, in dem sich die führenden Köpfe der Gironde versammelten. Damals verliebte sich Madame Roland in den Abgeordneten François Buzot, einen Anwalt, der seit 1792 im Nationalkonvent girondistische Politik vertrat. Auf ihren guten Ruf als untadelige Ehefrau bedacht, sorgte sie aber dafür, dass diese Beziehung platonisch blieb. Seine Amtszeit als Minister endete für Jean-Marie Roland bereits wieder am 13. Juni 1792 wegen seines Protestbriefs an den König, in dem er die Zurücknahme des königlichen Vetos gegen zwei Dekrete verlangte. Den Brief hatte Manon Roland für ihren Mann aufgesetzt.

Nach der Absetzung König Ludwigs XVI. am 10. August 1792 gehörte Jean-Marie Roland dem neu gebildeten provisorischen Vollzugsrat an und war wieder als Minister für die Innenpolitik zuständig. Die zunehmende Radikalisierung der revolutionären Entwicklung trieb ihn in die Opposition gegen die Jakobiner und die Bergpartei. Auch Manon Roland fühlte sich angesichts der Septembermorde von der Brutalisierung der Revolution abgestoßen, wie ein Brief vom 9. September 1792 an einen Freund in der französischen Provinz verrät: *„Wenn Sie die schrecklichen Einzelheiten der Ausschreitungen kennen würden! (...) Sie kennen meine Begeisterung für die Revolution; nun denn, ich schäme mich ihrer! Sie ist befleckt durch Schufte, sie ist häßlich geworden!"*[7]

Im Herbst 1792 begannen die den Jakobinern nahestehenden Zeitungen mit einer üblen Verleumdungskampagne gegen das Ehepaar Roland, dem man eine royalistische Haltung unterstellte. Es wurden dabei nicht allein die politischen Überzeugungen der Rolands angegriffen, auch ihr Privatleben wurde gnadenlos in den Schmutz gezogen. Das Blatt „Père Duchesne" verunglimpfte die Abendgesellschaften bei den Rolands als lasterhafte, aufwändige Veranstaltungen, bei denen die als Kurtisane bezeichnete Manon Roland ihrem Ehemann Hörner aufsetzen würde. In der von Jean Paul Marat herausgegebenen Zeitung „L'Ami du Peuple" wurden dem Ehepaar angebliche konterrevolutionäre Komplotte untergeschoben. Manon Roland wurde als herrschsüchtige Intrigantin angegriffen: *„Roland ist nur ein Einfaltspinsel, der von seiner Frau am Gängelband geführt wird"*[9]. Ähnlich argumentierte der Justizminister Georges Danton, als er den Vorwurf erhob: *„Wir brauchen Minister, die durch andere Augen sehen als durch die ihrer Frau"*[10]. Diese Äußerung war sicherlich von Rache bestimmt, denn Manon Roland hatte unklugerweise aus ihrer Abscheu für Danton nie einen Hehl gemacht. Sie hatte dem Volkstribun angekreidet, *„Luxus zur Schau zu tragen und gleichzeitig Sansculottentum zu predigen und auf Haufen von Leichen zu schlafen"*[11]. Als ebenso ungeschickt erwies es sich von ihr, das Angebot Dantons zur Zusammenarbeit mit der Gironde abzulehnen. Sie bereitete dadurch den radikalen Jakobinern um Robespierre den Weg zur Macht. Ein Höhepunkt der publizistischen Hetzjagd auf sie wurde erreicht, als im „Père Duchesne" Manon Roland alle möglichen Liebhaber angedichtet wurden, um so ihren Ruf nachhaltig zu beschädigen. Wirklich gefährlich wurde es für die Gattin des Ministers, als sie als eine ähnlich intrigante Verschwörerin wie die verhasste französische Königin Marie Antoinette hingestellt wurde: *„Wir haben das Königtum abgeschafft, und jetzt, verdammt noch mal, lassen wir zu, daß sich an seiner Stelle eine noch widerwärtigere Tyrannei etabliert. Die zärtliche Hälfte des tugendhaften Roland führt heute Frankreich am Gängelband wie früher die Pompadours und die Dubarrys. (...) Wie die Ex-Königin sinniert (...) Madame Coco, auf einem Sofa ausgestreckt und von all diesen Schöngeistern umgeben, endlos über den Krieg, die Politik, die Verpflegung"*[12]. Am 7. Dezember gelang es ihr zwar, sich vor dem Nationalkonvent erfolgreich gegen die gegen sie erhobenen Vorwürfe wegen Teilnahme an einer royalistischen Verschwörung zu verteidigen und die Politik ihres Ehemannes zu rechtfertigen, so dass sie in allen Punkten freigesprochen wurde und unter lautem Beifall der Mehrzahl der Abgeordneten den Saal verließ. Aber bereits am 25. Dezember

1792 schrieb Madame Roland höchstbesorgt über die Zukunft an den mit ihr befreundeten General Joseph-Michel-Antoine Servan de Gerben: *„Die Mordandrohungen regnen auf meinen Tisch herab, denn man bereitet mir die Ehre, mich zu hassen, und ich sehe wohl, woher das kommt. (...) Der von diesem Moment an auf mich losgelassene bellende Marat hat mich keinen Moment aus den Augen gelassen. Es regnete immer mehr Pamphlete, und ich zweifle, daß man gegen Antoinette mehr Horror verbreitet hat, mit der man mich vergleicht, deren Namen man mir gibt, Tag für Tag anhängt. Ich habe gebührende Ruhe bewahrt, ohne andere Antwort als Beständigkeit in meinen Pflichten und meinem Charakter. Ihre Wut wurde nur um so größer"*[13]. Zwei Tage nach der Hinrichtung von Ludwig XVI. am 21. Januar 1793 trat Jean-Marie Roland, der eine gemäßigtere Politik vertrat und gegen diese Bluttat war, von seinem Ministeramt zurück. Trotz seines völlig zurückgezogenen Lebens wurde das Ehepaar weiter attackiert.

Am 31. Mai 1793 wurden die führenden Persönlichkeiten der Gironde im Zuge der von den Jakobinern geplanten Ausschaltung ihrer politischen Gegner verhaftet. Während Jean-Marie Roland die Flucht nach Rouen glückte, wurde seine Frau, die auf eigenen Wunsch zurückgeblieben war, am 1. Juni als Geisel für ihren geflüchteten Ehemann verhaftet, wobei der Haftbefehl keinen Grund nannte. Manon Roland gab in einem Brief an den von ihr leidenschaftlich geliebten Buzot gleichmütig zu, dass sie sich ihrer Verhaftung bewusst nicht durch Flucht entzogen habe. Sie kam zunächst in das Gefängnis der Abtei von St.-Germain-des-Prés, danach nach Sainte-Pélagie und zuletzt in die Conciergerie. Sie nutzte ihre über fünf Monate dauernde Haft, um ihre der Tochter Eudora gewidmeten Memoiren zu verfassen. Die gegen sie schon lange in der Presse geführte Hetzkampagne, die sie zum machtgierigen „Monster" stilisierte, verfehlte nicht ihre Wirkung auf das Revolutionstribunal. Dass sie den Gerichtssaal nicht als freie Frau verlassen würde, war Madame Roland nur zu bewusst, weshalb sie zeitweise auch den Selbstmord erwog. Angebotene Fluchtmöglichkeiten hatte sie immer abgelehnt, da sie sich dem Ideal der Selbstaufopferung verschrieben hatte, wie ihre Memoiren beweisen. Prozess, Urteilsverkündung und Hinrichtung fielen bei ihr auf einen einzigen Tag. Der Prozess, zu dem sie in dem von ihr zur „Todesgarderobe" bestimmten weißen Musselinkleid mit schwarzem Samtgürtel erschien, war eine reine Formalität. Nach der Verkündung ihres Todesurteils wegen Konspiration gegen die Republik und Entfachung des Bürgerkriegs erklärte Madame Roland hocherhobenen Hauptes den Richtern des Revolutionstribunals: *„Sie halten mich für würdig, das Los der großen Männer zu teilen, die Sie ermordet haben; ich werde versuchen, den Mut, den sie gezeigt haben, aufs Schafott zu tragen"*[14]. Noch am Nachmittag des 8. November 1793 wurde sie zur Hinrichtung durch die Guillotine auf der Place de la Révolution, der heutigen Place de la Concorde, gebracht. Ein Augenzeuge beschrieb sie auf ihrer letzten Fahrt: *„Sie stand aufrecht und ruhig im Karren (...); keine sichtbare Zerrüttung. Ihre Augen warfen lebhafte Blicke, ihr Teint war frisch und strahlend; ein anmutiges Lächeln lag auf ihren Lippen. Trotzdem war sie ernst und spielte nicht mit dem Tod"*[15]. Beim Anblick der dort errichteten Freiheitsstatue soll sie die berühmt gewordenen Worte gerufen haben: *„Oh Freiheit, welche Verbrechen begeht man in deinem Namen!"*[16] Bis zuletzt bewahrte sie eine geradezu heroische Haltung. Ihr Mut und ihre an den Tag gelegte Todesverachtung wurden jedoch von der Presse als unweiblich gegeißelt. So monierte der „Calendrier Républicain": *„Eine Frau, die ein Bewußtsein ihrer Tugend besessen oder ihr Leben* *der Republik geopfert hätte, würde sich nicht so verhalten haben*[17]. Dass die Revolutionäre hinsichtlich der Rolle der Frau in der Politik eindeutig patriarchalischen Denkmustern huldigten, wird deutlich im Urteil des „Moniteur" vom 17. November 1793. Man warf Madame Roland hier die „Anmaßung" männlicher Vorrechte vor, wodurch sie eine Grenze überschritten habe, die zwangsläufig zu ihrem tragischen Ende geführt habe: *„(...) der Wunsch, eine Gelehrte zu sein, führte sie zu der Vergessenheit der Tugenden ihres Geschlechts, und diese Vergessenheit, die immer gefährlich ist, brachte zuletzt ihr Ende auf dem Schafott mit sich*"[18]. Die beiden Männer, die Manon Roland am nächsten standen, überlebten ihren Tod nicht lange. Sowohl ihr Ehemann wie auch Buzot begingen Selbstmord.

ANMERKUNGEN

1 Manon Roland, Memoiren und Korrespondenzen. Hrsg. von Rudolf Noack, Leipzig und Weimar 1988, S. 38ff.
2 Ebd., S. 56.
3 Ebd., S. 71f.
4 Ebd., S. 63.
5 Ebd., S. 62.
6 Ebd., S. 83.
7 Ebd., S. 100.
8 Ebd., S. 359.
9 Zit. nach Guy Chaussinand-Nogaret, Madame Roland, Stuttgart 1988, S. 231.
10 Zit. nach Ebd., S. 223.
11 Roland, Memoiren und Korrespondenzen, S. 137.
12 Zit. nach Chaussinand-Nogaret, Madame Roland, S. 236f.
13 Roland, Memoiren und Korrespondenzen, S. 360.
14 Zit. nach Chaussinand-Nogaret, Madame Roland, S. 324.
15 Zit. nach Ebd., S. 325.
16 Zit. nach Ebd., S. 326.
17 Zit. nach Ebd., S. 327.
18 Zit. nach Helga Grubitzsch und Roswitha Bockholt, Théroigne de Méricourt. Die Amazone der Freiheit, Pfaffenweiler 1991, S. 405.

Luise Karoline von Hochberg

Einen zwiespältigen Eindruck hinterlässt die Biografie der Gräfin Luise Karoline von Hochberg, geborene Freiin Geyer von Geyersberg. Ihre mangelnde Bereitschaft, sich mit dem ihr zugewiesenen minderen Rang einer fürstlichen Gemahlin „zur linken Hand" des Markgrafen und späteren Großherzogs Karl Friedrich von Baden zu bescheiden und die scheinbar von Gott gegebenen Standesgrenzen hinzunehmen, sorgte dafür, dass ihre Zeitgenossen ihr wenig Sympathie entgegenbrachten und nur zu gerne bereit waren, ihr so ziemlich jede Gemeinheit zuzutrauen. Durch ihr eigenes Verhalten, das vor Intrigieren und ausuferndem Schuldenmachen nicht zurückschreckte, lieferte sie die Grundlagen für ihr Negativimage. Übelste Gerüchte wurden über sie in Umlauf gesetzt, die heute noch nachwirken. Ihr schlechter Leumund belastete über ihren Tod hinaus ihre Nachkommen mit der so genannten Kaspar-Hauser-Affäre.

Luise Karoline Geyer von Geyersberg, die am 26. Mai 1768 in Karlsruhe zur Welt kam, entstammte dem Kleinadel. Paten der badischen Offizierstochter waren das Markgrafenpaar Karl Friedrich und Karoline Luise von Baden-Durlach. Nach dem frühen Tod des Vaters, des Oberstleutnants Ludwig Heinrich Philipp Freiherrn Geyer von Geyersberg, war Luise Karolines Mutter von der bescheidenen Witwenpension abhängig, die sie vom Markgrafen erhielt. Als das Mädchen fünfzehn Jahre alt war, wurde es für drei Jahre auf eine

Töchterschule bei Colmar zur standesgemäßen Erziehung geschickt. Im Anschluss an diese Ausbildung, die sie nicht mit viel Wissen und tieferer Bildung belastete, wurde Luise Karoline 1786 dritte Hofdame der badischen Erbprinzessin Amalie. Hier fiel die hübsche und lebhafte junge Frau ihrem einstigen Paten, dem seit April 1783 verwitweten Markgrafen Karl Friedrich auf. Der Monarch fühlte sich seit dem Tod seiner hochintelligenten und gebildeten Gemahlin vereinsamt und suchte eine neue Gefährtin, die ihn aber nicht mit Gelehrsamkeit, Herrsch- und Putzsucht anstrengen sollte. Am passendsten erschien ihm eine Ehe „zur linken Hand", da diese dem Land und seinem Haus keine unnötigen Kosten verursachen würde: *„Ich hasse nichts mehr als Heuchelei, auch vor den Menschen will ich nicht für das gelten, was ich nicht bin. Ich spüre Triebe nach dem weiblichen Geschlecht, und denen möchte ich auf eine erlaubte, mir, meinem Hause und dem Lande unschädliche Art Genüge tun. Eine Fürstin kann ich nicht ins Haus bringen. Mätressen sind mir, dem Haus und dem Lande schädlich. Mir eine Person zur linken Hand trauen zu lassen, ist der einzige Weg, den ich vor mir sehe"*[1]. Der Plan ihres Schwiegervaters, das mittellose Hoffräulein Geyer von Geyersberg zu heiraten, stieß bei Erbprinzessin Amalie auf eine positive Resonanz. Sicherlich ging die Prinzessin davon aus, dass sie ihre ehemalige Hofdame ganz in ihrem Sinne würde lenken können. Als morganatische Gemahlin des Markgrafen konnte Luise Karoline Geyer von Geyersberg der adelsstolzen Erbprinzessin aus dem Hause Hessen-Darmstadt nicht den Rang als Erster Dame des Hofes und des Landes streitig machen. Wäre ihr Schwiegervater dagegen nochmals eine standesgemäße Verbindung eingegangen, hätte Amalie erneut hinter einer regierenden Markgräfin zurücktreten müssen.

Anna Constantia von Cosel

Gemälde, um 1710
akg–images GmbH, Berlin

Caroline Mathilde von Dänemark

Gemälde von Jens Juel, 1771
© *Residenzmuseum im Celler Schloss*

Marie Antoinette von Frankreich

Gemälde von Antoine Vestier, um 1775, Paris, Privatbesitz
akg-images GmbH, Berlin

Marie-Jeanne Roland de La Platière

Luise Karoline von Hochberg

Reliefporträt von Philipp Jacob Scheffauer, 1804
Badisches Landesmuseum Karlsruhe, Inv.-Nr. C 6190

Marie Caroline von Berry

Gemälde von Sir Thomas Lawrence, 1825, Versailles
akg-images GmbH, Berlin/Erich Lessing

Victoria von Preußen

Victoria von Preußen als Kronprinzessin, kolorierte Fotografie, um 1875
akg-images GmbH, Berlin

Elisabeth von Thadden

Fotografie
ullstein Bild, Berlin

Polina Semjonowa
Schemtschuschina

Polina Semjonowa Schemtschuschina
mit ihrem Mann W.M. Molotow,
Fotografie, 1936
akg–images GmbH, Berlin/RIA Nowosti

Am 24. November 1787 fand im kleinsten Kreis die Heirat zwischen der neunzehnjährigen Luise Karoline und dem vierzig Jahre älteren Markgrafen im Karlsruher Schloss statt. Als rechtmäßige, jedoch nicht ebenbürtige Gemahlin des Fürsten wurde ihr der Titel einer Freifrau von Hochberg verliehen. Eventuelle Kinder aus dieser Verbindung sollten, wie dies in solchen Fällen üblich war, den gleichen Titel und das gleiche Wappen wie ihre Mutter führen. Dass sie nicht den gleichen Rang wie ihre Vorgängerin einnahm, wurde Luise Karoline in vielfacher Hinsicht deutlich vor Augen geführt. Sie durfte nicht die Appartements der verstorbenen Markgräfin beziehen und im höfischen Protokoll rangierte sie entsprechend ihrem niedrigeren Rang hinter den anderen Mitgliedern der fürstlichen Familie. Während ihr Ehemann sie duzte, hatte sie ihn zu siezen.

Zunächst entwickelte sich die zweite Ehe des Markgrafen Karl Friedrich offensichtlich ganz nach dessen Wünschen, wie sein Minister Wilhelm von Edelsheim feststellte: *„Er genießt sein Glück in vollen Zügen, was ihn um mindestens zehn Jahre verjüngt hat"*[2]. Zwischen 1790 und 1796 brachte Luise von Hochberg vier Kinder zur Welt. Karl Friedrich pflegte mit seiner neuen Familie ein eher bürgerliches Familienleben. Anfangs akzeptierte die junge und unsichere Ehefrau wohl ihre bescheidene Rolle, die ihr die Standesgrenzen zugestanden. Zunehmend begann Luise von Hochberg aber die Frage zu beschäftigen, welche Stellung sie und ihre Kinder nach dem Tod des ältlichen Markgrafen in Baden einnehmen würden. Um vor allem ihren drei Söhnen eine bessere Position zu verschaffen, setzte sie 1796 bei ihrem Ehemann durch, dass diese in den Grafenstand erhoben wurden und *„die Herren Söhne zweiter Ehe und ihre männlichen Nachkommen,* *nach dem gänzlichen Abgang der männlichen Nachkommen aus erster Ehe, zur Sukzession in seinem gesamtfürstlichen Land, nach dem in seinem fürstlichen Hause hergebrachten Rechte der Erstgeburt, gelangen und alsdann das fürstliche Prädikat und den vollständigen Titel und Wappen seines Fürstenhauses gebrauchen"*[3] sollten. Diese vom Markgrafen Karl Friedrich getroffene Verfügung erhielt allerdings weder eine Bestätigung durch seine Söhne aus erster Ehe noch durch den Kaiser des Heiligen Römischen Reichs, was zu ihrer Anerkennung nötig gewesen wäre. 1799 wurde Luise Karoline auf Betreiben Karl Friedrichs mit kaiserlicher Zustimmung zur „Reichsgräfin" erhoben. Um ihre finanzielle Versorgung zu verbessern, schenkte ihr der Markgraf das Gut Bauschlott bei Pforzheim.

Das verständliche Bemühen von Luise Karoline von Hochberg, sich und ihre Kinder besser zu positionieren, stieß im deutschen Hochadel mit seinem ausgeprägten Standesbewusstsein auf strikte Ablehnung. Vor allem Amalie von Baden, deren Hoffnungen, einst als Gattin des regierenden Fürsten in Baden zu herrschen, durch den frühen Tod ihres Mannes, des Erbprinzen Karl Ludwig, im Jahr 1801 zerstört worden waren, reagierte ablehnend auf die Ambitionen ihrer ehemaligen Hofdame. Voll Unbehagen musste sie beobachten, dass der Einfluss der Gräfin Hochberg auf den Markgrafen in dem Maße zunahm, wie die geistigen Kräfte Karl Friedrichs merklich nachließen. Luise Karoline wusste die unmittelbare Nähe zum Landesherrn in ihrem Interesse zu nutzen. Alle Versuche der Gräfin, eine Standeserhöhung und eine Nachfolgeregelung zugunsten der Hochberg-Söhne beim Aussterben der altfürstlichen Linie in Baden zu erlangen, wurden von Amalie aufs Heftigste bekämpft. Dank ihrer weitreichenden verwandtschaftlichen Beziehungen, über die Amalie vor allem durch die erfolgreiche Verheiratung ihrer Töchter als „Schwiegermutter Europas" verfügte, gelang es ihr, die für eine solche Regelung in den badischen Hausgesetzen nötige internationale Anerkennung zu verhindern. Als Karl Friedrich seiner Familie „zur linken Hand" vier Güter in der ehemaligen Rheinpfalz und wenige Jahre später noch die Herrschaft Zwingenberg zur finanziellen Absicherung schenkte, erboste dies seine Schwiegertochter Amalie in hohem Maße. Zornig schrieb sie an ihre Tochter Zarin Elisabeth: *„Selbst der Kredit sinkt täglich, und Frau von Hochberg und ihren Kindern gibt man Güter, die bis zu 10 000 Gulden abwerfen"*[4]. Die hochadeligen Familienmitglieder des badischen Fürstenhauses bezogen auch die Kinder der Hochberg in ihre Verachtung mit ein, was selbstverständlich seinen Niederschlag im Verhalten des badischen Hofes und der Bevölkerung fand. Luise Karolines Sohn Wilhelm hielt daher in seinen „Denkwürdigkeiten" fest, dass er seit seiner Jugend daran gewöhnt gewesen sei, *„in der Markgräfin und ihren Töchtern unsere größten Gegner zu erblicken"*[5].

Der ständige Kampf um Standeserhöhung und finanzielle Verbesserungen wirkte sich im Laufe der Jahre negativ auf Luise Karoline von Hochbergs Charakter aus. Aus einer scheinbar sanften, nachgiebigen und fröhlichen Ehefrau, wie sie sich ihr alternder Gatte gewünscht hatte, entwickelte sie sich immer mehr zu einer intriganten und herrschsüchtigen Person, die nicht bereit war, noch länger hinter ihrer hochadeligen Verwandtschaft zurückzustehen. Sie weigerte sich zu akzeptieren, dass ihre private und ihre öffentliche Stellung strikt voneinander getrennt waren. Bedenkenlos häufte sie Schulden an, spann hinter dem Rücken ihres Mannes Ränke und vergällte dem alten Monarchen seinen Lebensabend durch ständiges Lamentieren. Aus diesem Grund zeichnete die spätere Großherzogin Stephanie von Baden, eine Nichte der französischen Kaiserin Josephine, die 1806 im Zuge der dynastischen Bündnispolitik Napoleons den badischen Erbprinzen Karl geheiratet hatte, ein wenig freundliches Bild von der Gräfin Hochberg und ihrer Ehe: *„Diese Heirat war das größte Unglück, das einem bis zu diesem Zeitpunkt gut regierten Land und einem von jedermann wegen seiner Tugenden, Kenntnisse und seiner guten Verwaltung geachteten Fürsten widerfahren konnte. Frau von Hochberg (...) soll den Aussagen zufolge schön gewesen sein. Als ich sie kennenlernte, sah man nichts mehr davon. Sie war groß, schwarzhaarig, ging schlottrig und hatte eine schlechte Haltung, sie war stark geschminkt, hatte eine rauhe Stimme und machte eher den Eindruck eines Grenadiers als einer hochplazierten Dame der Gesellschaft. Den armen Großherzog behandelte sie mit harter Hand und er schien mir Angst vor ihr zu haben“*[6]. Hierzu gilt anzumerken, dass die Gräfin Hochberg verständlicherweise mit Abweisung auf die junge Französin reagiert hatte, als diese an den badischen Hof kam. Es bereitete ihr im höchsten Maße Verdruss, dass die aus ähnlichen gesellschaftlichen Verhältnissen wie sie selbst stammende Stephanie von Beauharnais jetzt in der höfischen Rangfolge weit über ihr stand.

Da auch Karl Friedrichs jüngster Sohn aus erster Ehe, Ludwig, mit hohen Schulden zu kämpfen hatte, kamen sich Luise und Ludwig näher, was Stoff für Gerüchte über deren Verhältnis bot. Böse Zungen behaupteten, dass der jüngste Spross der Gräfin Hochberg und vielleicht auch ihre anderen Kinder gar nicht den greisen Markgrafen zum Vater hatten, sondern dessen Sohn Ludwig, der auch altersmäßig viel besser zu der Hochberg passte. Bis zum Jahr 1805 hatte Luise Karoline, der jedes Talent für eine sparsame Haushaltsführung abging, Schulden in der ungeheuren Höhe von fast einer Million Gulden angesammelt. Der Einnahmeetat Badens belief sich nur auf rund 2,5 Millionen Gulden. Der französische Kaiser Napoleon, dank dessen Protektion Baden seit 1803 große Gebietsgewinne und 1806 den Aufstieg zum Großherzogtum erreicht hatte, gedachte nicht diese Entwicklung bei einem seiner von ihm abhängigen Bundesgenossen zu tolerieren. Auf das Schreiben der Gräfin Hochberg, in dem sie sich als übel verleumdete Frau darstellte, reagierte der Kaiser nicht.

Da es dank ihrer unverantwortlich hoch angehäuften Schulden zu befürchten stand, dass Luise Karoline von Hochberg mit ihrer Witwenversorgung nicht auskommen würde, versuchte sie hier Abhilfe zu schaffen. Unglückseligerweise verfiel sie zur Lösung dieses Problems auf die Idee, 1809/1810 einen Staatsstreich anzuzetteln. Da ihr jegliches tieferes Verständnis für die politischen Gegebenheiten abging, waren ihre dilettantischen Aktionen zum Scheitern verurteilt. Geplant war, den inzwischen senilen Großherzog Karl Friedrich zur Annahme einer Verfassung zu nötigen, die hauptsächlich dazu dienen sollte, die fürstlichen Privatschulden dem Staat aufzubürden und die Regelung der badischen Thronfolge im Sinne der Familie Hochberg durchzusetzen. Außerdem wollte die Gräfin bei ihrem Mann noch erreichen, dass er mehrere Minister entließ, die sich ihr Missfallen zugezogen hatten. Sie bediente sich dabei vor allem der Hilfe von Hofrat Ludwig von Sternhayn. Ihre Aktivitäten waren jedoch nicht unbemerkt geblieben. Erbgroßherzog

Karl konnte noch rechtzeitig verhindern, dass sein Großvater, der kaum noch wusste, was um ihn herum geschah, die
entsprechenden Kabinettsbefehle unterzeichnete. Die Gräfin
Hochberg ging zwar ungeschoren aus dem von ihr initiier-
ten Staatsstreich hervor, allerdings wurden ihre zukünftigen
Handlungen streng im Auge behalten. Der alte Großherzog
konnte noch durchsetzen, dass das Wittum für seine zweite Gemahlin auf 30 000 Gulden jährlich und die Apanage
für die gemeinsamen Kinder erhöht wurden, doch da nun
Erbgroßherzog Karl das Mitzeichnungsrecht erhielt, wurden
den Plänen und Absichten von Luise Karoline von Hochberg enge Grenzen gesetzt.

Als Großherzog Karl Friedrich am 10. Juni 1811 verstarb,
waren weder die finanziellen Belange entsprechend den
Wünschen seiner zweiten Gemahlin noch die Erhebung
ihrer Söhne zu Prinzen des Hauses Baden geregelt. Da Luise
Karoline von Hochberg schon seit Jahren mit dem Ableben
ihres Mannes gerechnet hatte, war ihr Schmerz über seinen
Verlust nicht sehr groß. Erst nachdem der neue Großherzog
Karl sich bereit gefunden hatte, einige ihrer Gläubiger abzufinden, zog sich die Gräfin von Hochberg mit ihren Kindern
auf ihren Witwensitz Bauschlott zurück. Sie war nun vom
Hofleben in Karlsruhe weitgehend ausgeschlossen. Als ihre
finanzielle Lage immer bedenklichere Ausmaße annahm,
musste sie ihre Güter Bauschlott, Karlshausen, Catharinen-
thal, Rothenfels und Frauenfels gegen eine Jahresrente von
10 000 Gulden an ihre beiden ältesten Söhne abtreten und
wurde unter Kuratel gestellt. Als sie nicht einzulenken bereit
war, wurde via Großherzoglich Badischer Staatszeitung ver-
kündet, dass ohne Genehmigung ihres Kurators entstandene
Schulden nicht mehr beglichen würden. Die vielen Rück-

schläge und Demütigungen weckten in ihr eine Art Verfolgungswahn, der sich bald auch gegen ihre eigenen Söhne richtete.

All dies trug dazu bei, dass man dazu neigte, in ihr eine Art badischer Messalina zu sehen. Angeblich soll sie oder ein von ihr Beauftragter 1812 den neugeborenen und noch namenlosen Erbprinzen, den ersten Sohn von Großherzog Karl und Großherzogin Stephanie, gegen einen sterbenden Säugling vertauscht haben, um auf diese Weise die Erbfolge ihrer eigenen Söhne zu erreichen. Der am 29. September durch eine Zangengeburt zur Welt gekommene Prinz schien sich zunächst prachtvoll zu entwickeln, bevor er unerwartet verstarb. Der französische Gesandte Nicolay berichtete darüber am 16. Oktober nach Paris: *„Dem jungen Prinzen ging es immer bestens, bis gestern abend acht Uhr. Plötzlich bekam er heftige Krämpfe mit hohem Fieber, das die ganze Nacht über anhielt (...) Um fünf Uhr abends war alle Hoffnung verloren, und um acht Uhr hat der junge Prinz seinen letzten Seufzer in meiner Gegenwart getan"*[7]. Auch Markgräfin Amalie äußerte sich in einem Brief an die russische Zarin Elisabeth über den tragischen Tod ihres Enkels: *„Der Tod dieses Kindes, das mich wegen der großen Ähnlichkeit mit der badischen Familie interessiert, das ich sein Leben aushauchen sah, den Tod, den ich seiner völlig ahnungslosen Mutter beibringen mußte, und der unsagbare Schmerz Karls, das alles hat mich erschüttert"*[8]. Zwar wurde damals bereits viel über den plötzlichen Tod des Thronfolgers gesprochen, doch erst mit dem merkwürdigen Auftauchen eines Jungen namens Kaspar Hauser in Nürnberg im Jahr 1828 begannen die bis heute anhaltenden Spekulationen, dass es sich bei diesem rätselhaften Findling in Wirklichkeit um den keineswegs verstorbenen, sondern

als Säugling geraubten badischen Erbprinzen handle. Die
Gräfin Hochberg wurde posthum zur skrupellosen Kindes-
entführerin gestempelt – eine besonders abscheuliche Form
von Rufmord, da dem Opfer jede Möglichkeit, sich dagegen
zu wehren, von vorneherein genommen ist. Da Großherzogin Stephanie 1816 nochmals einen Sohn, den Erbprinzen
Alexander, zur Welt brachte, der im Alter von einem Jahr
verstarb, hätte die so oft verteufelte Gräfin Hochberg logi-
scherweise wiederum zuschlagen müssen, um ihre „finsteren"
Pläne verwirklichen zu können. Wie zu erwarten war, tauch-
ten auch beim Tod dieses kleinen Prinzen prompt wieder
Vergiftungsgerüchte auf, die außer der Familie Hochberg
auch die bayerische Königsfamilie verdächtigten, da beide
Parteien, wenn auch aus unterschiedlichen Gründen, ein
großes Interesse am Aussterben der altfürstlichen Linie in
Baden hatten. Die auffällige Häufung von Todesfällen in der
altfürstlichen Linie lieferte die Nahrung zu allerhand un-
bewiesenen Spekulationen über verbrecherische Aktivitäten
am badischen Hof.

Letztlich brachten nicht die Bemühungen der Gräfin
Hochberg, sondern wider Erwarten günstige politische Umstände ihre Söhne in die unmittelbare Nähe des badischen
Throns. Als sich deutlich abzuzeichnen begann, dass weder
Karl Friedrichs Enkel, Großherzog Karl, noch die anderen
Söhne aus der ersten Ehe Großherzog Karl Friedrichs legitime männliche Nachkommen hinterlassen würden, sorgte
der gesundheitlich bereits stark angeschlagene Großherzog
Karl dafür, dass das Badische Hausgesetz von 1817 auf dem
im Herbst 1818 tagenden Aachener Fürstenkongress offiziell
anerkannt wurde. Das Gesetz regelte nicht nur die Unteilbar-
keit des Landes, sondern setzte auch das Nachfolgerecht der

Reichsgrafen von Hochberg beim Aussterben der altfürstlichen Linie der Zähringer fest. Diese Bestätigung der Erbfolgeordnung war auf Druck des russischen Zaren Alexander I. gegen den Willen Bayerns erfolgt, das Gebietsforderungen erhoben hatte. Luise Karolines Söhne wurden dadurch zu Markgrafen von Baden. Am Status von Luise Karoline änderte sich dagegen nichts. Als ihr ältester Sohn Leopold 1819 die hübsche Enkelin von Markgräfin Amalie von Baden, Prinzessin Sophie von Schweden, heiratete, brachte die inzwischen kranke und abgestumpfte Gräfin von Hochberg an diesem Triumph über ihre alte Widersacherin Amalie kein wirkliches Interesse mehr auf. Die von der Zarin Elisabeth angeregte Verbindung sollte zur Legitimierung der neuen badischen Linie beitragen und die altfürstliche Linie mit dem neuen Zweig versöhnen. Da ihr selbst der heiß ersehnte Aufstieg versagt geblieben war, konnte die Gräfin Hochberg keine rechte Freude mehr über die Erhöhung ihrer Nachkommen empfinden. Verbittert starb sie am 23. Juni 1820 in ihrem Karlsruher Stadtpalais am Rondellplatz. Als Verstorbene erfuhr sie wenigstens äußerlich die Anerkennung, um die sie ihr Leben lang gekämpft hatte: Sie wurde als Mutter des zukünftigen Landesfürsten in der Fürstengruft der Zähringer in der Pforzheimer Schloss- und Stiftskirche St. Michael beigesetzt. Zehn Jahre später bestieg ihr ältester Sohn Leopold tatsächlich den badischen Thron, da mit Großherzog Ludwig, dem jüngsten Sohn von Karl Friedrich, der letzte Vertreter der altfürstlichen Linie verstarb, der ebenfalls keine legitimen männlichen Nachkommen hinterließ. Bis 1918 regierten Luise Karolines Nachkommen im Großherzogtum Baden.

Luise Karoline von Hochberg

ANMERKUNGEN

1 Zit. nach Annette Borchardt-Wenzel, Die Frauen am badischen Hof. Gefährtinnen der Großherzöge zwischen Liebe, Pflicht und Intrigen, München 2003, S. 140.
2 Zit. nach Ebd., S. 141.
3 Zit. nach Anna Schiener, Markgräfin Amalie von Baden (1754-1832), Regensburg 2007, S. 156f.
4 Zit. nach Borchardt-Wenzel, Frauen am badischen Hof, S. 151.
5 Zit. nach Schiener, Markgräfin Amalie, S. 164.
6 Zit. nach Badisches Landesmuseum (Hrsg.), Stephanie Napoleon. Großherzogin von Baden. 1789-1860, Karlsruhe 1989, S. 81f.
7 Zit. nach Ebd., S. 129.
8 Zit. nach Ebd., S. 129.

Marie Caroline von Berry

Die Herzogin Marie Caroline von Berry, eine geborene Prinzessin von Neapel-Sizilien, gilt nicht zu Unrecht als nahezu ideale Verkörperung der romantischen Heldin des 19. Jahrhunderts. Ihr zeitweise abenteuerliches Leben wirkt wie einem der historischen Romane von Sir Walter Scott, ihrem Lieblingsautor, entsprungen. Es ist von daher auch nicht verwunderlich, dass diese anmutige und extravagante Persönlichkeit, die am Ende der langen Regierungsgeschichte der französischen Bourbonen steht, selbst wiederum reichlich Stoff für Romane bot. Der Arzt Dr. Prosper Ménière, der sie während ihrer Haft in der Zitadelle Blaye kennen lernte, schrieb über sie, dass sie *„leichtsinnig, oberflächlich, abergläubisch und ohne Intellekt"* war, *„aber fröhlich, warmherzig und großzügig, von starkem Willen und wenn es nötig war, auch energisch und mutig, ja sogar heroisch, zugleich anziehend und zutiefst sympathisch"*[1].

Ihre Lebenswelt wurde von den beiden Dynastien Bourbon und Habsburg bestimmt. Am 5. November 1798 kam Carolina als älteste Tochter des Kronprinzen Franz von Neapel-Sizilien im königlichen Palast von Caserta zur Welt. Erst seit 1816 nannte sie sich Marie Caroline. Ihre Mutter verlor sie früh, denn Kronprinzessin Marie Klementine, eine Tochter des habsburgischen Kaisers Leopold II., erlag bereits im Alter von dreiundzwanzig Jahren einer schweren Lungenkrankheit. Wenig später musste die königliche Familie vor

Napoleons Truppen nach Sizilien fliehen. Im Gegensatz zu anderen Fürstenhöfen wurde am königlichen Hof von Palermo weniger Wert auf eine umfassende Unterweisung der Prinzessinnen in Etikette und Bildung gelegt. Die Herzogin von Berry bekannte später in entwaffnender Offenheit: *„Sizilianerinnen sind ungebildet wie Karpfen. Stellen Sie sich vor, ich habe meine Kindheit in Sizilien verbracht und nicht einmal Italienisch gelernt"*[2].

Nach dem Ende der napoleonischen Herrschaft bemühte sich der Wiener Kongress um eine Neuordnung Europas unter dem Gesichtspunkt der Wiederherstellung der vorrevolutionären politischen Ordnung, wodurch sowohl das Haus Bourbon in Frankreich als auch das Haus Bourbon-Sizilien auf seinen angestammten Thron zurückkehren konnte. Zu dieser legitimistischen und restaurativen Politik passte es, dass Marie Caroline 1816 mit Herzog Karl Ferdinand von Berry, dem Neffen König Ludwigs XVIII. von Frankreich, verheiratet wurde. Der Herzog galt als französischer Thronfolger, da sein älterer Bruder, der Herzog Ludwig Anton von Angoulême, kinderlos geblieben war. Die Hochzeit wurde am 17. Juni mit großem Prunk in Paris gefeiert. Trotz des beträchtlichen Altersunterschieds, der Herzog war zwanzig Jahre älter als seine sehr jung wirkende, zierliche Gattin, entwickelte sich die Beziehung der beiden ungleichen Partner auf ihre Art recht harmonisch. Während sich der Herzog Marie Carolines Launen und ihren unbekümmerten Hang zum Luxus gefallen ließ, lernte sie es, seine zahlreichen amourösen Seitensprünge zu akzeptieren. Zu den gemeinsamen Interessen des Paares gehörte die Begeisterung für die Malerei. Marie Caroline begleitete ihren Ehemann gerne bei seinen Besuchen in Künstlerateliers und zu Ausstellungen. Die von ihm er-

erbte Kunstsammlung erweiterte sie später um Ankäufe zeit-
genössischer Kunst. Die berühmte Malerin Elisabeth Louise
Vigée-Lebrun schrieb dazu anerkennend: *„Es erfüllte sie mit
Freude, junge Künstler zu fördern und ihnen Mut zu machen. Sie
bezahlte großzügig, doch hielt sie diese Großzügigkeit nie davon
ab, in ihren Verhandlungen mit den Künstlern von vollendeter
Grazie zu sein“*[3].

Die herzogliche Ehe endete nach nur vier Jahren Dauer
abrupt, als der Herzog von Berry vor den Augen seiner ent-
setzten Ehefrau in der Nacht vom 13. auf den 14. Februar
1820 beim Verlassen der Pariser Oper einem Mordanschlag
des Sattlergehilfen Louis-Pierre Louvel zum Opfer fiel. Mit
dem völlig unerwarteten Tod des Herzogs von Berry stand
die Zukunft der Dynastie der Bourbonen auf dem Spiel.
Nur ein Kind aus der Ehe des Herzogspaars war bisher am
Leben geblieben, die 1819 geborene Tochter Louise. Sieben
Monate nach dem Tod ihres Ehemannes brachte Herzogin
Marie Caroline am 29. September den ersehnten Thronfol-
ger auf die Welt, den sie Heinrich nach seinem berühmten
Vorfahren König Heinrich IV. von Frankreich nannte. Das
Kind erhielt den Titel eines Herzogs von Bordeaux. In die
Geschichtsschreibung ging es jedoch als Graf von Cham-
bord ein. Die Geburt eines Erben machte die Herzogin von
Berry, deren Zukunft nach dem Tod ihres Gatten zunächst
wenig vielversprechend ausgesehen hatte, zum Mittelpunkt
des höfischen Lebens. Dieses „Kind des Wunders“ rührte die
Bevölkerung. Der kleine Herzog und seine Mutter wurden
populär. Auch Marie Carolines von Tragik umgebene Wit-
wenschaft löste im Publikum Mitgefühl aus. Zu dieser Beliebtheit der Herzogin von Berry trug sicherlich bei, dass sie
jung und liebenswürdig war, wodurch sie sich deutlich von

der übrigen französischen Königsfamilie abhob, die mit ihrer starken Verhaftung in der Vergangenheit eher düster wirkte. Sie wurde zur modischen „Trendsetterin".

1824 wurde ihr Schwiegervater, zu dem sie nie ein sonderlich gutes Verhältnis hatte, als Karl X. nach dem Tod seines älteren Bruders Ludwig XVIII. französischer König. Seine Qualitäten als Herrscher charakterisierte der Diplomat und Schriftsteller François-René de Chateaubriand treffend mit den Worten: „*Zu normalen Zeiten ein annehmbarer König, ist er doch zu außergewöhnlichen Zeiten ein Mann des Unglücks*"[4]. Dank seiner klerikal-reaktionären Politik kam es 1830 zur so genannten Julirevolution, die innerhalb von drei Tagen zum Sturz Karls X. und der älteren Linie des Hauses Bourbon führte. Mit dem liberal eingestellten Herzog Ludwig Philipp von Orléans, der der jüngeren Linie der Bourbonen entstammte, bestieg ein Vertreter der konstitutionellen Monarchie mittels eines Parlamentsentscheids als König der Franzosen den Thron. Die Herzogin von Berry begleitete Karl X. und seine Familie in das Exil nach Großbritannien. Die britische Regierung überließ den vertriebenen Bourbonen das Schloss Holyrood bei Edinburgh, wo Karl X. in sehr bescheidenem Umfang wieder ein Hofleben errichten konnte. Seine Schwiegertochter Marie Caroline fühlte sich allerdings durch die weitgehende Untätigkeit, zu der sie das Exil verdammte, gelangweilt.

In Frankreich versuchten die Anhänger der königlichen Hauptlinie der Bourbonen, die Legitimisten, eine erneute Restauration von deren Herrschaft in die Wege zu leiten. Mittels Aufständen in der Vendée und im Midi wollten sie die Absetzung des so genannten Bürgerkönigs Ludwig Philipp zustande bringen und den Thron für den noch minderjährigen Herzog von Bordeaux, den künftigen Heinrich V., sichern. Zum Gelingen dieses Planes war es aus Sicht der Royalisten notwendig, dass die Herzogin von Berry zur Regentin für ihren Sohn ernannt wurde und nach Frankreich kam, um dort persönlich die Aufständischen im Kampf um den Thron für ihren Sohnes zu unterstützen. Der abgedankte König Karl X. konnte sich nur schwer mit der Idee anfreunden, in dem blutjungen Herzog von Bordeaux seinen Nachfolger zu sehen. Außerdem hegte er ziemliche Bedenken gegen eine Regentschaft seiner Schwiegertochter. Als er sich schließlich dazu durchrang, Marie Caroline die Regentschaft zu übertragen, bestand er darauf, dass dies nur gelte, wenn sie erfolgreich in Frankreich lande. Während Karl X. immer mehr an dem Gelingen des Projekts zweifelte, war die in politischen Belangen recht naive Herzogin davon überzeugt, dass sich der Plan realisieren lassen würde. Sie erinnerte sich gerne an ihre Triumphe, die sie 1828 bei einer mehrmonatigen Reise in der Vendée gefeiert hatte. Im Frühsommer 1831 verließ sie daher Großbritannien, wo sie ihre beiden Kinder bei ihren königlichen Verwandten zurückließ, und reiste über die Niederlande und Tirol Richtung Italien. Die Aktivitäten der Verschwörer waren der neuen französischen Regierung nicht entgangen, sie hatte deswegen entsprechende Maßnahmen eingeleitet. Einige Hauptakteure des geplanten Feldzugs hatten daraufhin ebenso wie Karl X. die Aussichtslosigkeit des ganzen Vorhabens erkannt. Die Herzogin von Berry beharrte aber trotz der Bitte ihres Schwiegervaters, zu ihrer Familie nach Holyrood zurückzukehren, auf ihrem realitätsfernen Umsturzplan zugunsten ihres Sohnes Heinrich. Sie glaubte fest daran, dass die französischen Garnisonen ihrem Aufruf folgen würden: *„Ich gehe nicht leichtfertig, aber die Dinge* *sind nun auf einem Punkt, wo es Feigheit wäre, den Menschen nicht zu helfen, ihr Joch abzuschütteln und sich der Legitimität zu neigen"*[5]. Ende April 1832 landete sie als Fischer verkleidet zusammen mit einigen Getreuen schlecht ausgerüstet und mit wenig Geld ausgestattet in der Nähe von Marseille. Das wiederum bereits informierte französische Außenministerium hatte jedoch entsprechende Sicherheitsvorkehrungen treffen können. Die Hofdame Joséphine de Maillé schrieb dazu in ihren Erinnerungen: *„Ich kenne die unbedachte und hitzige Art der Verschwörung, wie sie unter Legitimisten üblich ist, viel zu gut, um mich zu wundern; es war einfach gewesen, das Unternehmen der Prinzessin und ihrer Genossen auszuspionieren"*[6]. Da Marie Caroline nicht die erwartete Unterstützung fand, zog sie, von den französischen Behörden zunächst unbemerkt, weiter in Richtung der traditionell königstreuen Vendée. Sie trug dabei Männerkleidung und schien sich der realen Gefahr, die ihr bei Entdeckung drohte, nicht bewusst zu sein. Sie sah sich wohl in der Nachfolge der romantischen Romanheldinnen des beliebten schottischen Autors Sir Walter Scott. Mit der Schlacht bei Chêne am 4. Juni 1832, bei dem ein ihr treu ergebenes Regiment beinahe gänzlich aufgerieben wurde, zeichnete sich plötzlich das Gespenst eines drohenden Bürgerkriegs ab. Der bekannte legitimistische Anwalt Pierre-Antoine Berryer beschwor die Herzogin daher eindringlich: *„Madame, die Partie ist verloren. Verlassen Sie Frankreich so schnell wie möglich!"*[7] Sie weigerte sich jedoch auf ihn zu hören. Nachdem sie sich fünf Monate in einem Haus in Nantes versteckt gehalten hatte, wurde sie durch einen fragwürdigen Denunzianten namens Simon Hyazinth Deutz, der ursprünglich als ihr Agent wirken sollte, an die Regierung verraten. Es gab Gerüchte, dass ihm der Bürgerkönig dafür eine halbe Million Goldfranken gezahlt habe. Die legitimistische Presse bezeichnete Deutz deshalb empört als *„Schande des 19. Jahrhunderts"*[8]. Am 7. November 1832 wurde die Herzogin verhaftet und in die Festung von Blaye an der Girondemündung eingesperrt. Für König Ludwig Philipp stellte sie als nahe Verwandte eine heikle Gefangene dar. Ihm lag nichts an einem Hochverratsprozess, der dem Ansehen seiner Regierung im In- und Ausland schaden könnte.

Karl X. und die restliche Königsfamilie hatten in der Zwischenzeit Großbritannien verlassen. Die britische Regierung, die freundschaftliche Beziehungen zu König Ludwig Philipp unterhielt, hatte damit den dringlich vorgebrachten Wünschen der französischen Julimonarchie entsprochen. Der österreichische Kaiser Franz I. hatte sich daraufhin bereit erklärt, die exilierte französische Königsfamilie aufzunehmen, und hatte ihr den Hradschin in Prag als Wohnsitz zugewiesen. Seit November 1832 lebte die Königsfamilie dort weitgehend ungestört, bis sie und ihre treuen Anhänger in Frankreich durch eine Nachricht aus Blaye Ende des Jahres 1832 aufgestört wurden.

Die gefangen gehaltene Herzogin von Berry hatte sich gezwungen gesehen einzuräumen, dass sie schwanger sei und dass sie während ihres Aufenthalts in Italien heimlich geheiratet habe. Karl X. und die Legitimisten vermuteten zunächst dahinter eine gezielte Verleumdungsaktion durch das neue Regime in Frankreich, denn mit nichts konnte die Herzogin als Verfechterin politischer Legitimität leichter desavouiert werden als mit dem Vorwurf der moralischen Illegitimität. Für die französische Regierung und ihre Anhänger, die Orléanisten, kam der Brief der Herzogin vom 22. Februar 1833 an den Kommandanten der Zitadelle mehr als gerufen: *„General, durch die Umstände und durch die von der Regierung angeordneten Maßnahmen gedrängt und obwohl ich die gewichtigsten Motive hätte, meine Eheschließung geheim zu halten, glaube ich, es mir selbst und meinen Kindern schuldig zu sein, zu erklären, dass ich während meines Aufenthaltes in Italien heimlich geheiratet habe"*⁹. Am 26. Februar veröffentlichte die Regierung diese Nachricht im „Moniteur", die das Ansehen der im Exil lebenden Bourbonen und vor allem der Mutter des Kronprätendenten, des Herzogs von Bordeaux, in den Augen vieler Zeitgenossen herabsetzte. Als Marie Caroline in der Nacht vom 9. auf den 10. Mai 1833 in Gegenwart mehrerer von der Regierung bestimmter Zeugen eine Tochter gebar, der sie den Namen Anna Rosalia gab, mussten sich Karl X. und die Anhänger des älteren Zweigs der Bourbonen mit dieser für sie höchst schockierenden Tatsache abfinden. Karl X. war von *„diesem neuerlichen Beweis des Ungehorsams"*¹⁰ seiner Schwiegertochter zutiefst getroffen. Als Vater benannte sie nun den italienischen Grafen Ettore Lucchesi Palli, Sohn des Fürsten von Campofranco, den sie am 14. Dezember 1831 geheiratet habe. Es konnte schließlich auch eine vom Vatikan beglaubigte Abschrift ihrer Heiratsurkunde präsentiert werden. Die nicht selten geäußerte Annahme, dass die Urkunde in Wirklichkeit später ausgestellt und zurückdatiert worden sei, ist dabei nicht von der Hand zu weisen. Auch an der Vaterschaft des Grafen wurden nicht ganz unberechtigte Zweifel laut, da nichts darauf hinwies, dass er Marie Caroline im Frühjahr 1832 in die Vendée begleitet hatte.

Der französische Botschafter in Wien, Louis de St. Aulaire, kommentierte das Geschehen von Blaye mit den Konsequenzen für Marie Caroline und ihre Thronkampagne in seinen Erinnerungen folgendermaßen: *„Die Herzogin von Berry flößt mir tiefes Mitleid ein (...) es gibt Szenen, die dem Geschehen von Blaye den Charakter eines tiefen Unglücks geben. Die Beklagenswerte verlor zugleich ihr politisches, als auch ihr moralisches Ansehen. Ihr Unternehmen, begonnen unter heroischen Vorzeichen, endete in Lächerlichkeit und wahrscheinlich hat die mutige Fürstin, hierin wahrhaft würdige Enkelin von Maria Theresia, furchtbar gelitten"*[11]. Da sie wegen dieses „ungeheuerlichen Fehltritts" jäh den Zuspruch und die Unterstützung ihrer Anhänger verloren hatte und folglich keinerlei Gefahr mehr für die französische Regierung und Ludwig Philipp darstellte, wurde die Herzogin von Berry Anfang Juni 1833 aus ihrer Gefangenschaft in der Zitadelle von Blaye entlassen und reiste nach Palermo.

Die von der Presse zum großen Skandal aufgebauschten Ereignisse der Affäre von Blaye, die der Herzogin den Ruf einer „femme fatale" eintrugen, hatten natürlich auch Auswirkungen rechtlich-dynastischer Art. Die Herzogin Marie Caroline von Berry, der dies nur zu bewusst war, wandte sich daher noch während ihrer Gefangenschaft in Frankreich mit einem Brief an Chateaubriand, in dem sie ihn bat, nach Prag zu reisen, um bei Karl X. zu erreichen, dass sie ihren Titel und Namen behalten dürfe. Chateaubriand brach daraufhin tatsächlich nach Prag auf und verhandelte in ihrem Auftrag mit dem früheren König. Wenige Monate danach unternahm Chateaubriand auf Wunsch der Herzogin eine zweite Reise nach Prag zu der königlichen Familie. Karl X. weigerte sich allerdings, sie wieder in seine Familie aufzunehmen und gab ihr auch ihre beiden Kinder nicht zurück, die sie aber im Oktober 1833 erstmals wiedersehen durfte. Später wurde ihr gestattet, sie gelegentlich zu sehen. Von einer modernen

Erziehung unter der Leitung Chateaubriands, wie sie die Herzogin Marie Caroline für ihren Sohn wünschte, konnte ebenfalls nicht die Rede sein. Ihren Titel einer Herzogin von Berry durfte sie auch nicht behalten. Marie Carolines zweite Ehe und ihre zweite Familie, zu der später insgesamt vier Kinder gehörten, wurden von der königlichen Familie offensichtlich als Trauma empfunden.

Nachdem es schließlich zu Versöhnungsbekundungen eher oberflächlicher Art mit der Königsfamilie gekommen war, ließ sich Marie Caroline mit ihrem zweiten Ehemann in Österreich nieder. Als Gräfin Lucchesi Palli spielte sie keine politische Rolle mehr. Erst 1834 wurde sie offiziell von Kaiser Franz I. in Österreich aufgenommen und erhielt die Steiermark als Refugium zugewiesen. Sowohl der französische Bürgerkönig wie auch der Kaiser in Wien erhofften sich von diesem Exil, dass dort endlich Ruhe *vor diesem Maikäfer, der ständig um unsere Ohren brummt*[12], einkehren würde. Im Frühjahr 1837 erwarb sie für sich und ihre zweite Familie die Herrschaft Brunnsee in der südlichen Steiermark. Den Palazzo Vendramin am Canale Grande im damals noch österreichischen Venedig konnte sie 1844 als zweiten Wohnsitz erstehen. Hier brachte sie ihre bedeutenden Kunstsammlungen unter.

Am 16. April 1870 verstarb Marie Caroline verarmt und beinahe erblindet in Schloss Brunnsee. Wegen ihrer hohen Schulden hatte sie zuvor bereits ihre Kunstsammlungen in Paris versteigern lassen und die Herrschaft Brunnsee an ihren Sohn aus erster Ehe übergeben müssen, um sie nicht zu verlieren. Mit dem kinderlosen Heinrich, Herzog von Bordeaux und Grafen von Chambord, starb 1883 die Dynastie der älteren französischen Bourbonen aus.

Ein romanhaftes Leben

ANMERKUNGEN

1 Zit. nach Hildegard Kremers, Exil in Österreich, in: Dies. (Hrsg.), Marie Caroline Herzogin von Berry. Neapel, Paris, Graz, Lebenswege einer Prinzessin der Romantik, Wien, Köln, Weimar 2002, S. 8 – 21, hier S. 20.
2 Zit. nach Bernadette de Boysson, Die Vorliebe der Herzogin von Berry für die Malerei und ihre Gemäldesammlung (1820-1830), in: Hildegard Kremers (Hrsg.), Marie Caroline Herzogin von Berry. Neapel, Paris, Graz, Lebenswege einer Prinzessin der Romantik, Wien, Köln, Weimar 2002, S. 98 – 109, hier S. 98.
3 Zit. nach Hildegard Kremers, Marie Caroline. Duchesse de Berry. Ein Lebensbild, Graz, Wien, Köln 1998, S. 75.
4 Zit. nach Ebd., S. 84.
5 Zit. nach Ebd., S. 128.
6 Zit. nach Ebd., S. 135.
7 Zit. nach Jean-Paul Clément, Chateaubriand und die Herzogin von Berry, in: Hildegard Kremers (Hrsg.), Marie Caroline Herzogin von Berry. Neapel, Paris, Graz, Lebenswege einer Prinzessin der Romantik, Wien, Köln, Weimar 2002, S. 66 – 83, hier S. 70.
8 Zit. nach Bernard Degout, Victor Hugo und die Herzogin von Berry, in: Hildegard Kremers (Hrsg.), Marie Caroline Herzogin von Berry. Neapel, Paris, Graz, Lebenswege einer Prinzessin der Romantik, Wien, Köln, Weimar 2002, S. 110 – 123, hier S. 117.
9 Zit. nach Klaus Malettke, Die Bourbonen, Band 3: Von Ludwig XVIII. bis zu Louis Philippe. 1814-1848, Stuttgart 2009, S. 126.
10 Zit. nach Ebd.
11 Zit. nach Kremers, Marie Caroline, S. 160.
12 Zit. nach Ebd., S. 180.

ALS „DIE ENGLÄNDERIN" VERUNGLIMPFT

VICTORIA VON PREUSSEN, „KAISERIN FRIEDRICH"

„Sie fragen mich in ihrem Briefe, was ich zu der Englischen Heirath sage. Ich muß beide Worte trennen, um meine Meinung zu sagen; das Englische darin gefällt mir nicht, die Heirath mag aber ganz gut sein, denn die Prinzessin hat das Lob einer Dame von Geist und Herz (...) Gelingt es daher der Prinzessin, die Engländerin zu Hause zu lassen und Preußin zu werden, so wird dies ein Segen für das Land sein (...) Bleibt also unsere künftige Königin auf dem preußischen Throne auch nur einigermaßen Engländerin, so sehe ich unseren Hof von Englischen Einflußbestrebungen umgeben, ohne daß wir und die mannichfachen andern Schwiegersöhne of Her Gracious Majesty irgend welche Beachtung in England finden, außer wenn die Opposition in Presse und Parlament unsere Königsfamilie und unser Land schlecht macht"[1]. In diesen Worten Otto von Bismarcks aus dem Jahr 1858 ist die ganze schwierige Position umrissen, mit der die britische Prinzessin Victoria bis zu ihrem Tod dauernd am preußischen Königshof und als deutsche Kaiserin zu kämpfen hatte. In dem späteren Reichskanzler Bismarck sollte sie zudem ihren größten politischen Widersacher finden. „Die Engländerin" mit ihrem Einsatz für die Verbreitung der Ideen des Liberalismus und Konstitutionalismus erschien Bismarck oft nur als Handlangerin fremder Interessen.

Victoria wurde am 21. November 1840 als älteste Tochter der britischen Königin Victoria und des Prinzen Albert von Sachsen-Coburg und Gotha im Londoner Buckingham-Palast geboren. Vicky, der kurze Zeit nach ihrer Geburt der Titel „Princess Royal" verliehen wurde, erhielt, wie ihre nachfolgenden acht Geschwister, eine gute Erziehung. Kaum achtzehn Monate alt wurde die kleine Prinzessin schon in Französisch unterwiesen. Noch vor Vollendung ihres vierten Lebensjahres kam Deutschunterricht hinzu. Das frühreife, begabte Kind entpuppte sich zur Freude seiner Eltern als ausgesprochen lernbegierig. Prinz Albert war ein begeisterter Vater und nahm an den Lernfortschritten seiner Kinder großen Anteil. Königin Victoria machte sich weniger aus Kindern, aber sie hatte genaue Vorstellungen davon, wie sich das Leben ihrer Töchter und Söhne gestalten sollte: *„Am wichtigsten ist, daß die Kinder so einfach und häuslich wie möglich erzogen werden; sie sollen (wenn es ihre Schulstunden nicht tangiert) so viel wie möglich mit ihren Eltern zusammen sein und zu ihnen in allen Dingen das größte Vertrauen haben"*[2]. Von Anfang an war die Princess Royal der besondere Liebling ihres Vaters, der ihre überdurchschnittliche Intelligenz und rasche Auffassungsgabe förderte. Die Kleine dankte es ihm mit zärtlicher Liebe und grenzenloser Bewunderung. *„Er war der verständnisvollste, unparteiischste und liebevollste Vater"*, erinnerte sie sich später, *„er war zugleich der Freund und der Herr, immer ein Vorbild für die Lehren, die er einzuprägen suchte"*[3]. Seine politisch liberale Haltung prägte nachhaltig die Weltansicht seiner Tochter, die zu einer geistesverwandten Partnerin ihres Vaters heranreifte.

Bereits sehr früh lernte die Princess Royal ihren zukünftigen Ehemann kennen. Ende April 1851 weilte der preußische

Thronfolger Prinz Wilhelm mit seiner Familie aus Anlass der ersten Weltausstellung in London zu Besuch. Bei dieser Gelegenheit begegneten sich die noch nicht elfjährige Vicky und der neun Jahre ältere Prinz Friedrich Wilhelm zum ersten Mal. Bei dem preußischen Prinzen hinterließ die altkluge Prinzessin, die ihn durch die Ausstellung führte, einen tiefen Eindruck. Nachdem er in den kommenden Jahren regelmäßig mit ihr korrespondiert hatte, kam Prinz Friedrich Wilhelm vier Jahre später zu Besuch nach Schloss Balmoral in Schottland. Er fand die knapp fünfzehn Jahre alte Prinzessin allerliebst und schrieb seinen Eltern, dass sie *„ein so angenehmes Gemisch von Kindlichkeit und jungfräulicher Anmut"* besitze, wie er es gern habe. *„Und das kann ich sagen, daß Gemüt und Verstand reichlich in ihr wohnen und Interesse für Kunst und Literatur, namentlich Deutschlands, sie lebhaft erfüllt. Ohne Übertreibung glaube ich annehmen zu dürfen, daß wir wohl zueinander passen werden"*[4]. Zwar hatten ursprünglich politische Erwägungen zur Anbahnung dieser Verbindung geführt, doch sowohl für den Prinzen wie für die blutjunge Victoria entwickelte sich daraus von Anfang an eine starke Liebesbeziehung. Zunächst blieb es bei einer heimlichen Verlobung. Auf Wunsch von Königin Victoria und Prinz Albert sollte die Hochzeit erst stattfinden, wenn ihre Tochter siebzehn Jahre alt war. Die am 17. Mai 1856 offiziell bekannt gegebene Verlobung von Prinzessin Victoria mit Prinz Friedrich Wilhelm fand in Großbritannien nur wenig Zustimmung. In der preußischen Königsfamilie und in den konservativen Berliner Hofkreisen stieß die Verlobung ebenfalls nicht auf große Begeisterung, da man eine Braut aus dem russischen Zarenhaus als politisch wünschenswerter für den preußischen Thronerben betrachtete. Liberale Kreise in

Preußen sahen die Verbindung mit dem britischen Königshaus dagegen in positivem Licht.

In den knapp zwei Jahren vor der Hochzeit bereitete Prinz Albert seine Tochter Victoria sorgfältig auf ihre künftige Rolle am Berliner Hof vor. Der Prinzgemahl war ein Anhänger des so genannten Coburger Plans. Dieser Plan ging davon aus, dass ein liberales Preußen mit konstitutioneller Monarchie auf friedlichem Wege die nationale Einigung Deutschlands unter seiner Vorherrschaft erreichen sollte. Dieses vereinte Deutsche Reich sollte ein moderner Verfassungsstaat werden und eine Allianz mit dem fortschrittlichen Großbritannien eingehen. Da Prinzessin Victoria an der Realisierung des „Coburger Plans" mitwirken sollte, unterrichtete sie Prinz Albert persönlich in Politik und neuzeitlicher europäischer Geschichte. Er überschätzte allerdings die Stärke der liberalen Bewegung in Preußen und bürdete so seiner jungen Tochter eine schwere Last auf. Königin Victoria war manchmal angesichts der hohen Erwartungen, die an ihre Tochter gestellt wurden, über deren Zukunft beunruhigt: *„Armes liebes Kind, ich zittere oft, wenn ich daran denke, wie viel von ihr erwartet wird!"*[5] Als weitere Hypothek für die junge Prinzessin sollte es sich erweisen, dass Prinz Albert darauf bestand, dass seine Tochter den englischen Titel einer Princess Royal beibehielt, da die Mehrheit des preußischen Hofes eben nicht seine Meinung teilte, dass eine englische Braut eine besondere Bereicherung und Ehre für die Hohenzollern sei.

Als Prinzessin Victoria nach ihrer Hochzeit, die auf Wunsch ihrer Mutter am 25. Januar 1858 in der Kapelle des St.-James-Palastes in London stattfand, nach Berlin kam, musste sie feststellen, dass dort ganz andere Bedingungen als in ihrer Heimat herrschten. Im Gegensatz zu ihrem Elternhaus kannte die preußische Königsfamilie kein harmonisches Zusammenleben. Die steife Etikette des Berliner Hofes empfand Victoria als lästig. Im Hinblick auf Reichtum, Macht und Geltung sowie industrielle und politische Entwicklung konnte das preußische Königreich nicht mit Großbritannien mithalten. Hinzu kam, dass die Prinzessin durch den regen Briefwechsel mit ihren Eltern ständigen Ermahnungen und Ratschlägen ausgesetzt war, die in ihr einen Loyalitätskonflikt schürten. Die preußische Frau ihres Mannes zu werden und gleichzeitig die englische Tochter ihrer Mutter zu bleiben, war einfach unmöglich. Victoria blieb im Herzen Engländerin und stieß in ihrer neuen Heimat viele mit ihren anglophilen Neigungen vor den Kopf. Als weiteres Manko für die willensstarke und temperamentvolle Victoria entpuppte sich ein Zug von ihr, der ihrer Hofdame Gräfin Walburga von Hohenthal bereits früh aufgefallen war: *„Sie war keine Menschenkennerin und würde es nie sein, denn ihr eigener Standpunkt war der einzige, den sie zu sehen vermochte"*[6]. Ihre oft undiplomatisch vorgebrachte Kritik schuf ihr viele Feinde.

Allen äußeren Schwierigkeiten zum Trotz entwickelte sich Victorias Ehe mit Friedrich Wilhelm ausgesprochen glücklich. Derartige Neigungsehen gehörten im 19. Jahrhundert eher zu den Ausnahmen in den Herrscherhäusern. Ihr Privatleben bot Victoria den notwendigen Ersatz und Ausgleich für die in der Öffentlichkeit erlittenen Kränkungen. Das Paar bekam acht Kinder. Unter dem frühen Tod ihrer beiden jüngeren Söhne Sigismund und Waldemar litt die kinderliebe Victoria schwer. Zu ihrem ältesten Sohn, dem 1859 geborenen späteren Kaiser Wilhelm II., gestaltete sich ihr Verhältnis allerdings problematisch. Im Gegensatz etwa zu ihrer Mutter konnte sie sich nie wirklich mit der während der langwieri-

gen und komplizierten Geburt erfolgten Behinderung seines
linken Armes abfinden. Sein Arm, bekannte sie, *„verdirbt
mir jede Freude und jeden Stolz, den ich an ihm haben sollte"*[7].
Victoria fand zeitlebens keinen richtigen Zugang zu ihrem
Ältesten, der vermutlich überdies einen leichten Hirnscha-
den wegen Sauerstoffmangels bei der Geburt davongetragen
hatte. Alle Versuche Victorias, aus ihrem Sohn doch noch
den in jeder Hinsicht „perfekten" Thronfolger nach ihren
Vorstellungen zu formen, bedeuteten für Wilhelms Kindheit
und Jugend eine schwere Last und mündeten für ihn in einen
langen körperlichen und seelischen Leidensweg, der beinahe
zwangsläufig psychische Schäden hinterlassen musste. Ausgerechnet bei der Wahl des Erziehers für Wilhelm bewies
das Kronprinzenpaar später wenig Geschick und Einfühl-
lungsvermögen. Im Gegensatz zu ihren drei ältesten Kindern
standen Victoria die jüngeren Töchter Victoria, Sophie und
Margarete immer sehr nahe.

Seit dem Tod von König Friedrich Wilhelm IV. von Preußen im Jahr 1861 war Victorias Schwiegervater als Wilhelm I.
preußischer König. Für das nunmehrige Kronprinzenpaar
brachte dies keineswegs eine Verbesserung seiner schwierigen
Position am Berliner Hof. Als sich das preußische Abgeord-
netenhaus weigerte, Wilhelm I. die benötigten Mittel für eine
Heeresreform bereitzustellen, steigerte sich der Machtkampf
zwischen dem von den Liberalen dominierten Landtag und
dem Monarchen 1862 zum Verfassungskonflikt. Der König
erwog deshalb sogar seine Abdankung, wodurch er den im
Grunde entscheidungsschwachen Kronprinzen in einen Loyalitätskonflikt stürzte. In dieser heiklen Situation erwies es
sich für das Kronprinzenpaar als besonders schmerzlicher
Verlust, dass Victorias Vater Prinz Albert Ende 1861 ver-

storben war. Mit Prinz Albert entfiel nicht nur ein wesentlicher Stützpfeiler des „Coburger Plans", sondern auch der wichtigste Ratgeber und Helfer für seine Tochter Victoria. Die Kronprinzessin riet ihrem schwankenden Mann nach anfänglicher Zurückhaltung zur Annahme des Abdankungsangebots seines Vaters: *„Wenn Du es nicht annimmst, glaube ich, daß Du es einst bereuen wirst, jedenfalls möchte ich nicht die Verantwortung auf mich nehmen, abgeraten zu haben"*[8]. Auf Grund seines Pflichtverständnisses als Sohn und Angehöriger des Hauses Hohenzollern lehnte Friedrich Wilhelm das väterliche Thronangebot jedoch ab, wodurch der „Coburger Plan" eigentlich bereits gescheitert war. Mit dieser Entscheidung machte der Kronprinz nämlich den Weg für Otto von Bismarck frei, der in dieser äußerst schwierigen politischen Phase von Wilhelm I. im September 1862 zum neuen preußischen Ministerpräsidenten berufen wurde. Die Ernennung dieses äußerst konservativen und rücksichtslosen Politikers stieß auf heftige Ablehnung bei der Kronprinzessin, was Bismarck selbstverständlich nicht entging. In seinen Erinnerungen hielt er dazu fest: *„Schon bald nach ihrer Ankunft in Deutschland, im Februar 1858, konnte ich durch Mitglieder des königlichen Hauses und durch eigene Wahrnehmungen die Überzeugung gewinnen, daß die Prinzessin gegen mich persönlich voreingenommen war. Überraschend war mir dabei nicht die Tatsache, wohl aber die Form, wie ihr damaliges Vorurteil gegen mich im engen Familienkreis zum Ausdruck gekommen war: sie traute mir nicht. Auf Ablehnung wegen meiner angeblich antienglischen Gesinnung und wegen Ungehorsams gegen englische Einflüsse war ich gefaßt; daß die Frau Prinzessin sich aber in der Folgezeit bei der Beurteilung meiner Persönlichkeit von weitgehenden Verleumdungen beeinflussen ließ, muß ich vermuten,* *als sie in einem Gespräche (...) sagte, ich hätte den Ehrgeiz, König zu werden oder wenigstens Präsident einer Republik"*[9]. Dem von ihr von Anfang an als gefährlichen Gegner eingestuften Bismarck gelang es in den kommenden Jahrzehnten, das liberale Kronprinzenpaar politisch und gesellschaftlich weitgehend schachmatt zu setzen. Da der Kronprinz bald resignierte, richteten sich viele Intrigen daher in erster Linie gegen die kämpferische Victoria, da sich diese nicht mit der von Bismarck vertretenen Realpolitik abzufinden bereit war. Wohl oder übel musste sie akzeptieren, dass sie in ihrem eigenen Haus von Spitzeln Bismarcks umgeben war, wie sie ihrer Mutter gegenüber erklärte: *„Du kannst Dir nicht vorstellen, wie schmerzlich es ist, stets von Menschen umgeben zu sein, die allein schon in Deiner Existenz ein Unglück sehen und in allen Deinen Gefühlen einen Beweis dafür, daß Du verrückt bist!"*[10] Welch schwierige Position sie als Mentorin ihres Mannes einnahm, war ihr sehr wohl bewusst: *„Ich weiß, welche Verantwortung ich auf mich lade, indem ich es ausnütze, daß mein Mann sich auf mein Urteil verläßt (...) Es ist mir äußerst unangenehm, daß man der Meinung ist, ich mische mich ungerechtfertigt ein und intrigiere. Sich in die Politik einzumischen, ist nicht Sache einer Dame (...) Aber ich wäre keine als freier Mensch geborene Engländerin und nicht Dein Kind, würde ich all diese Dinge nicht als unwichtig beiseiteschieben. Ich bin sehr ehrgeizig für das Land, für Fritz und die Kinder, und deshalb bin ich entschlossen, allem anderen die Stirn zu bieten"*[11]. Einen Ausgleich für die erzwungene politische Randrolle, unter der sie litt, mögen zahlreiche andere Aktivitäten Victoria geboten haben. Außer für Politik interessierte sich die vielseitig gebildete Kronprinzessin auch für Kunst und Philosophie sowie für soziale Fragen und Frauenbildung, wofür sie sich stark engagierte.

Otto von Bismarck steuerte die Vorherrschaft Preußens in Deutschland unter Ausschluss Österreichs an. Anders als von den Anhängern des „Coburger Plans" gewünscht, beschritt er dabei den Weg von „Eisen und Blut". Mittels der Deutschen Einigungskriege – des Deutsch-Dänischen Kriegs von 1864, des so genannten Deutschen Kriegs von 1866 und zuletzt des Deutsch-Französischen Kriegs von 1870/1871 – gelang ihm die Gründung des Deutschen Reiches. Der „Coburger Plan" war damit endgültig gescheitert. Dank dieser Erfolge stabilisierte sich die konservative Regierung unter Otto von Bismarck. Kronprinz Friedrich Wilhelm hatte sich in diesen Kriegen als einer der Oberbefehlshaber ausgezeichnet. Trotz der militärischen Erfolge ihres Mannes, auf die Victoria sehr stolz war, hatte sie unaufhörlich mit offenen und versteckten Animositäten und Vorurteilen gegen ihre Person zu kämpfen. Man unterstellte ihr, sie wäre über Preußens Erfolge unglücklich: *„Ich habe das Gefühl, ich könnte diese Idioten zerschmettern, es ist so gehässig und unwahr. Ich bin sicher, ich würde eher mit meinen wirklichen und besten Freunden im geliebten England streiten als vergessen, daß ich in dieses Land gehöre"*[12]. Die Freude über die militärischen Leistungen seines Sohnes bewogen den nunmehrigen Kaiser Wilhelm I. allerdings nicht, seinem Sohn mehr politische Verantwortung zuzugestehen. Er behielt die bisherige Praxis bei, ihn und damit letztlich auch seine Schwiegertochter strikt von allen Staatsgeschäften fernzuhalten.

Den Höhepunkt in der jahrzehntelangen Dauerkonfrontation der Kronprinzessin mit Otto von Bismarck bildete wohl die so genannte Battenberg-Affäre. Prinz Alexander von Battenberg, ein Sohn aus der morganatischen Ehe des Prinzen Alexander von Hessen-Darmstadt mit der Gräfin Julie Hauke, wurde 1879 mit Unterstützung des mit ihm verwandten russischen Kaiserhauses zum Fürsten von Bulgarien gewählt. Als Fürst Alexander die Erwartungen hinsichtlich einer eindeutig pro-russischen Regierung nicht erfüllte, wurde er auf Betreiben des Zaren 1886 zur Abdankung gezwungen. Die preußische Prinzessin Victoria, genannt Moretta, war schon seit einigen Jahren in den gut aussehenden Fürsten verliebt. Sowohl ihre Mutter, Kronprinzessin Victoria, als auch ihre Großmutter, die britische Königin Victoria, standen diesem Eheprojekt positiv gegenüber. Reichskanzler Otto von Bismarck sah dagegen in einer solchen Heirat sicher nicht zu Unrecht eine Gefahr für seine russlandfreundliche Politik, die das Deutsche Reich vor einem Zweifrontenkrieg bewahren sollte. Er setzte bei Kaiser Wilhelm I. daher ein Verbot der Verbindung durch, da diese seine *„politischen Kreise kreuzen"*[13] würde. Geschickt nutzte Bismarck die Affäre, um den hochmütigen Thronnachfolger Wilhelm, der in dem Battenberger keinen Prinzen von Geblüt sah, gegen seine Mutter aufzuhetzen. Der Streit gipfelte schließlich darin, dass der Kaiser statt seines Sohnes seinen ältesten Enkel Wilhelm mit der Vertretung des kaiserlichen Hofs auf Staatsreisen beauftragte. Großvater und Enkel besaßen seit jeher ein enges Verhältnis zueinander und teilten auch viele politische Überzeugungen.

Während sich der Gesundheitszustand des inzwischen neunzig Jahre alten Kaisers Wilhelm I. zunehmend verschlechterte, erkrankte Anfang 1887 auch Kronprinz Friedrich Wilhelm schwer. An seinen Stimmbändern wurde eine Geschwulst entdeckt. An der von dem englischen Laryngologen Morell Mackenzie entnommenen Gewebeprobe konnte allerdings keine Krebserkrankung diagnostiziert werden, weshalb die ursprünglich von deutschen Ärzten vorgeschlagene Operation unterblieb. Im Verlauf der kommenden Monate sollte sich angesichts des hohen Status des Patienten aus einer rein medizinischen Frage eine nationale Frage entwickeln. Das Kronprinzenpaar setzte auf Mackenzie und reiste nach England, wo dieser seine Behandlung des Kronprinzen fortsetzte. Aus Sicherheitsgründen nahm das Kronprinzenpaar drei große Kisten mit privaten Papieren mit, die in Schloss Windsor deponiert wurden. Bisher hatte der Kronprinz immer eine Art Schutzwall vor Angriffen auf seine Frau dargestellt. Wie prekär die Stellung Victorias war, hatte erst wieder eine der letzten Intrigen gegen sie bewiesen. Der von Bismarck als Spitzel eingesetzte Hofmarschall des Kronprinzen, Graf Hugo von Radolinski, hatte versucht, Vicky eine Affäre mit ihrem ihr treu ergebenen Hofmarschall Graf Götz von Seckendorff anzudichten. Diese üble Verleumdung wurde später nochmals von Bismarcks Anhängern aufgegriffen. In dem Bestreben, das Bild vom glücklichen Ehe- und Familienleben Friedrichs III. zu demolieren und ihn als gehörnten Ehemann der Lächerlichkeit preiszugeben, lancierten sie das Gerücht, dass Victoria kurz nach dem Tod ihres Mannes den Grafen Seckendorff geheiratet habe.

Mackenzies Behandlung schlug beim Kronprinzen zunächst an, weshalb das Kronprinzenpaar im Herbst 1887 zur Kur nach Italien reiste. Als Anfang November die Stimme des Kronprinzen völlig versagte, stellte das nach San Remo gerufene Ärztekollegium eine neue Geschwulst mit bösartigem Charakter fest. Die empfohlene Entfernung des Kehlkopfes ließ Friedrich Wilhelm nicht durchführen, worin ihn Victoria unterstützte. Dies löste einen heftigen Streit zwischen der Kronprinzessin und ihrem in San Remo aufgetauchten Sohn Wilhelm aus. Das Sterben von Kaiser und

Kronprinz zog sich über Monate hin. Um sowohl einerseits die historische Bedeutung ihres Mannes für die deutsche Geschichte dokumentieren zu können als auch andererseits ihre gemeinsamen liberalen Berater zu schützen, sorgte Victoria dafür, dass das Kriegstagebuch des Kronprinzen und andere wichtige Schriften nach England zu Königin Victoria in Sicherheit gebracht wurden. Sie befürchtete, dass diese Papiere in Deutschland nicht sicher wären. Als am 9. März 1888 in San Remo die Nachricht vom Tod Wilhelms I. eintraf, kehrte das neue Kaiserpaar nach Berlin zurück.

Wie Victoria ihrer Mutter schrieb, waren in der Hauptstadt bereits im Vorfeld bösartige Gerüchte in Umlauf gesetzt worden: *„Augenscheinlich spannten sich alle Arten von Intrigen an, ehe wir zurückkamen. Einige sind über unsere Rückkehr froh, andere nicht; die meisten glaubten, Fritz würde nur zur Abdankung nach Hause kommen! Alle haben die Überzeugung, daß die gegenwärtige Regierung nur wenige Monate dauern werde"*[14]. Angesichts des äußerst schlechten Gesundheitszustands von Friedrich III. überrascht es nicht, dass sich die einflussreichen politischen und gesellschaftlichen Kreise in Berlin auf die zukünftige Sonne, Kronprinz Wilhelm, auszurichten begannen. *„Ich glaube"*, schrieb die darüber verletzte neue Kaiserin an ihre Mutter, *„wir werden im allgemeinen nur als vorüberziehende Schatten angesehen, an deren Stelle bald die Realität in Wilhelms Gestalt treten wird! Ich kann mich irren, aber mir scheint, daß die Partei, die uns so lange bekämpft & uns so schlecht behandelt hat, es kaum der Mühe wert findet, ihre Haltung mehr als nur ein wenig zu ändern, da sie mit einer anderen Zukunft rechnen"*[15].

Zu größeren politischen Maßnahmen war der todkranke Kaiser Friedrich III. tatsächlich nicht mehr in der Lage. Er behielt Bismarck als Reichskanzler bei. In den neunundneunzig Regierungstagen, die ihm verbleiben sollten, veranlasste er aber immerhin eine Amnestie für politische Häftlinge und entließ den reaktionären Innenminister Robert von Puttkamer. Ob er bei einer längeren Regierungszeit die in ihn gesetzten Hoffnungen auf eine liberalere Zukunft des Deutschen Kaiserreichs und Preußens wirklich erfüllt hätte, muss offen bleiben, da Äußerungen Friedrichs nahe legen, dass er eine Schmälerung der Macht der Krone zugunsten des Parlaments bestimmt nicht akzeptiert hätte. Kaiserin Victorias fixe Idee, jetzt endlich die Heirat ihrer Tochter Victoria mit Alexander von Battenberg durchsetzen zu können, scheiterte erneut. Erst nachdem ihr auch ihre eigene Mutter davon abriet, gab sie diesen Plan endgültig auf. Ihre Tochter heiratete 1890 den Prinzen Adolf zu Schaumburg-Lippe.

Die Ereignisse nach dem Tod von Kaiser Friedrich III. am 15. Juni 1888 zeigten, dass das Kronprinzenpaar gut daran getan hatte, seine Privatpapiere rechtzeitig nach Windsor zu schaffen. Zu den ersten Handlungen des neuen Kaisers Wilhelm II. gehörte es, dass er noch in der Nacht vor dem Tod seines Vaters das Neue Palais in Potsdam von Soldaten umstellen und das Schloss unmittelbar nach dem Tod Friedrichs III. besetzen ließ. Alle Räume des ehemaligen Kaiserpaares wurden auf dessen Korrespondenz hin durchsucht. Später erklärte Wilhelm II., dass es um die Sicherstellung von geheimen Staatspapieren gegangen wäre. *„Welch unwürdige und schreckliche Dinge haben sich an diesem unglückseligen Tag ereignet!"*[16], empörte sich die zutiefst getroffene Witwe über diese Vorgänge. Das Leichenbegängnis für Kaiser Friedrich fand in Potsdam größtenteils unter Ausschluss der Öffentlichkeit statt. Zum Andenken an ihren Mann nannte sich

Victoria fortan Kaiserin Friedrich und trug wie ihre Mutter nur noch Trauerkleidung. Verbittert musste sie zur Kenntnis nehmen, dass Personen, die einst zum engsten Kreis des früheren Kaiserpaares gehört hatten, von den Staatsbehörden drangsaliert wurden. Von den politischen Geschehnissen weitgehend ausgeschlossen, zog sich Victoria im Frühjahr 1894 auf den von ihr erbauten Witwensitz Schloss Friedrichshof in Kronberg im Taunus zurück.

Die Politik Kaiser Wilhelms II. widersprach fast durchgängig den liberalen Idealen und Plänen seiner Eltern, an denen die Kaiserinwitwe zäh festhielt. Das Verhältnis zu ihrem regierenden Sohn blieb angespannt, da er in keiner Weise die von seiner Mutter ursprünglich auf ihn gesetzten Hoffnungen erfüllte. Sein politisches Handeln erregte bis zuletzt immer wieder ihr Missfallen, so schrieb sie etwa am 4. Juli 1900: *„Der liebe Wilhelm hat wieder eine neue Rede mit viel Gedröhn losgelassen. Ich wünschte, die deutsche Regierung gäbe die Politik der fortwährenden Feuerwerke, aufsehenerregenden Überraschungen usw. auf, da die Eitelkeit und Einbildung des Publikums und ihr übertriebenes Nationalgefühl dadurch bis zu einem vollkommen lächerlichen Grade aufgestachelt werden"*[17].

Nur wenige Monate nach dem Tod ihrer Mutter verstarb die frühere deutsche Kaiserin selbst. Im Beisein ihres Sohnes Wilhelm II. erlag Victoria am 5. August 1901 in Schloss Friedrichshof ihrem qualvollen Krebsleiden. Die unerfreulichen Szenen nach dem Ableben ihres Mannes wiederholten sich. Kaum hatte Victoria ihre Augen für immer geschlossen, ließ Wilhelm ihr Schloss gründlich durchsuchen, doch die Kaiserinwitwe war ihm wieder zuvorgekommen. Ihre gesamten Papiere waren noch kurz vor ihrem Tod im Gepäck von Sir Frederick Ponsonby, dem Privatsekretär ihres Bruders König

Eduard VII., nach England gebracht worden. Dadurch dass sie ihre umfangreiche Korrespondenz mit ihrer Mutter Königin Victoria dem Zugriff ihres Sohnes entzog, wollte sie gewährleistet wissen, dass ihre Biografie und die Geschichte ihrer Zeit unverfälscht überliefert werden konnte. Die Tausende von Briefen bieten so Einblick in die Tragödie einer Frau, die fast ihr ganzes Leben lang auf die Teilhabe an der Macht warten musste und diese, kaum war sie endlich in greifbare Nähe gerückt, gleich wieder abgeben musste.

Anmerkungen

1   Zit. nach Barbara Ohm, Victoria – Eine englische Prinzessin in Deutschland, in: Wilfried Rogasch (Hrsg.), Victoria & Albert. Vicky & The Kaiser. Ein Kapitel deutsch-englischer Familiengeschichte, Ostfildern-Ruit 1997, S. 109 – 117, hier S. 109.
2   Zit. nach Andrew Sinclair, Victoria. Kaiserin für 99 Tage, Bergisch Gladbach 1986, S. 27.
3   Zit. nach Karin Feuerstein-Praßer, Die deutschen Kaiserinnen. 1871-1918, Regensburg 1997, S. 98.
4   Zit. nach Hannah Pakula, Victoria. Tochter Queen Victorias, Gemahlin des preußischen Kronprinzen, Mutter Wilhelms II., München 1999, S. 59.
5   Zit. nach Ebd., S. 65.
6   Zit. nach Feuerstein-Praßer, Kaiserinnen, S. 113.
7   Zit. nach Ebd., S. 126.
8   Zit. nach Ebd., S. 133.
9   Zit. nach Ebd., S. 133f.
10 Zit. nach Pakula, Victoria, S. 178.
11 Zit. nach Ebd., S. 178f.
12 Zit. nach Sinclair, Victoria, S. 138.
13 Zit. nach Pakula, Victoria, S. 437.
14 Zit. nach Feuerstein-Praßer, Kaiserinnen, S. 162.
15 Zit. nach Pakula, Victoria, S. 498.
16 Zit. nach Sinclair, Victoria, S. 321.
17 Zit. nach Feuerstein-Praßer, Kaiserinnen, S. 173.

ELISABETH VON THADDEN

Am Tag ihrer Hinrichtung, dem 8. September 1944, schilderte Elisabeth von Thadden ihre Gefangenschaft und Rolle im Widerstand gegen die nationalsozialistische Herrschaft gegenüber dem Gefängnispfarrer Dr. Ohm folgendermaßen: *„Ich wurde in Meaux in Frankreich um 8 Uhr morgens festgenommen. Im Auto wurde ich von Meaux nach Paris gebracht, dort verhört von 9 bis abends um 6 Uhr, nach 1 Stunde Abendbrotzeit Fortsetzung des Verhörs während der ganzen Nacht. Im Laufe des nächsten Tages wurde die Verhaftung ausgesprochen. Es bestand mehrfach Fluchtmöglichkeit, von dieser habe ich bewußt keinen Gebrauch gemacht, um meinen Bruder nicht zu gefährden. Dann wurde ich nach Berlin gebracht und erneut die ganze Nacht verhört. Die Schwere der Inquisition war ganz ungeheuerlich! Ich wurde gefragt nach der Bekennenden Kirche und nach der Una Sancta. Mir ist kein einziges Wort entschlüpft, das andere belastet hätte. Das K.Z. Ravensbrück war schlimm. Mit dem Attentat vom 20. Juli habe ich nichts zu tun gehabt, kenne keinen dieser Leute. Ich hatte zuviel Einfluß, mein Kreis war zu bedeutend geworden. Wir wollten soziale Hilfe leisten in dem Augenblick, wo diese Hilfe not tat. Daß dieser Augenblick kommen mußte, war klar. Wir wollten barmherziger Samariter sein, aber nichts Politisches"* [1].

Elisabeth von Thadden, die nicht der aktiven Opposition gegen Adolf Hitler im politischen Sinne angehörte, entstammte einem alten pommerschen Adelsgeschlecht. Sie wurde am 29. Juli 1890 im ostpreußischen Mohrungen als ältestes von fünf Kindern des Gutsbesitzers und Landrats Adolf von Thadden und dessen Ehefrau Ehrengard von Gerlach geboren. Ihre Kindheit verlebte sie zusammen mit den jüngeren Geschwistern auf dem Gut Trieglaff im Kreis Greifenberg, dem heutigen polnischen Trzygłów. Nach dem Besuch von Internaten in Neuchâtel und Baden-Baden kam sie auf die landwirtschaftliche Frauenschule des Reifensteiner Verbandes im westpreußischen Maidburg. Ihre dortige Ausbildung musste Elisabeth von Thadden wegen des plötzlichen Todes ihrer Mutter im Mai 1909 vorzeitig abbrechen. Um ihren Vater zu unterstützen, übernahm die noch nicht Neunzehnjährige als älteste Tochter die Leitung des 70 Personen umfassenden Gutshaushalts in Trieglaff und war auch für die Betreuung ihrer jüngeren Geschwister zuständig. Mehr als zehn Jahre lang führte sie erfolgreich den Gutsbetrieb. Ihre Schwester Ehrengard erinnerte sich später: *„Sie war eine vorzügliche Gutsfrau, die in der Familie zuerst ein wenig Schrecken erregte, weil sie großzügig investierte. Erst allmählich sahen wir, dass sie nie verschwendete, sondern ein totsicheres Gefühl für Rentabilität besaß, und dass sie genau wusste, wo man Untergebenen scharf auf die Finger passen musste. Sie machte sich dabei angesichts ihrer großen Jugend nicht immer beliebt, (...). Sie hat sich wirklich um das Dorf gekümmert, hat dafür gesorgt, dass die Arbeiterhäuser instand gesetzt wurden, sie besuchte die Kranken und kannte alle"[2].* In dieser Zeit lernte sie den damaligen Pfarrer an der Potsdamer Friedenskirche und Gründer der ökumenischen „Sozialen Arbeitsgemeinschaft Berlin-Ost", Dr. Friedrich Siegmund-Schultze, kennen. Beflügelt von seinen Ideen unterstützte sie während des Ersten Weltkrieges die Kinderlandverschickung organisatorisch und

nahm auch selbst wochenlang erholungsbedürftige Stadtkin-
der auf Trieglaff auf. Nachdem sie so lange das Familiengut
geführt hatte, bedeutete es für sie einen herben Einschnitt
in ihr bisheriges Leben, als ihr Vater 1920 wieder heiratete,
noch dazu eine Frau, die fünf Jahre jünger als sie selbst war.
Für Elisabeth von Thadden, die daraufhin ihr Elternhaus und
ihre Heimat verlassen musste, brach eine Welt zusammen.
Sie hatte ihrem Vater und dem Gut *„ihre besten Jugendjahre"*
geschenkt, *„ohne an eine eigene Ausbildung denken zu können"*[3].

Elisabeth von Thadden übersiedelte nach Berlin. Da sie in
die soziale oder erzieherische Arbeit gehen wollte, engagierte
sie sich in der „Sozialen Arbeitsgemeinschaft Berlin-Ost" und
besuchte Kurse an der von Alice Salomon gegründeten überkonfessionellen „Sozialen Frauenschule". Im April 1921 trat sie
die Stelle einer evangelischen Erziehungsleiterin in dem Kin-
derdorf Heuberg auf der Schwäbischen Alb an. Diese Erho-
lungsstätte, für die sie vier Jahre lang tätig war, war nur während des Sommerhalbjahrs in Betrieb, den Winter verbrachte
Elisabeth von Thadden weiterhin in Berlin. Da sie gerne eine
feste Anstellung an einer Schule gehabt hätte, dies aber wegen des Fehlens entsprechender Zeugnisse nicht möglich war,
kam sie zu dem Entschluss, selbst eine Schule in Form eines
modernen Landerziehungsheims zu gründen. Um Erfahrun-
gen zu sammeln, arbeitete sie ab Januar 1925 als Wirtschafts-
leiterin in der Schule Schloss Salem am Bodensee. Sie war
dort gleichzeitig auch als Erzieherin für eine Schülerinnen-
gruppe verantwortlich. Zum 1. April 1926 kündigte Elisabeth
von Thadden in Salem, um sich ihrem Ziel, ein eigenes Internat aufzubauen, mit aller Kraft widmen zu können.

Als sich ihr die Möglichkeit bot, das leer stehende Schloss
Wieblingen in der Nähe von Heidelberg zu pachten, griff sie

zu. Noch im November 1926 erhielt sie die Erlaubnis zur Errichtung einer nichtstaatlichen Lehranstalt. Am 1. Januar 1927 erfolgte die Gründung des „Evangelischen Landerziehungsheims für Mädchen Schloss Wieblingen" als einer reformpädagogischen Einrichtung. Voll Bewunderung für die Tatkraft ihrer Schwester äußerte sich Ehrengard Schramm später über diese Leistung: *„Meine Schwester hat es dann fertig gebracht, mit einem eigenen Barkapital von M 3 000 (ihr in Trieglaff stehendes eigentliches Vermögen war nicht flüssig zu machen) eine große Anstalt aufzubauen. Die badische Landeskirche und die Innere Mission in Berlin gaben ihr nur im Vertrauen auf ihre Persönlichkeit M 37 000, mit denen sie die ersten Anschaffungen machte, und dieses Geld war nach noch nicht 10 Jahren restlos zurückgezahlt, obwohl sie in dieser Zeit ein Mehrfaches von diesem Kapital in die Anstalt investieren konnte. All dies, obwohl in dieses erste Jahrzehnt die schwere Wirtschaftskrise von 1929 bis 1933 fiel. Sie war ein Finanzgenie bei gleichzeitiger völliger Unfähigkeit, etwas für ihren persönlichen Bedarf zu sparen. Sie hat stets einen großen Stil gelebt und wusste, dass das auch der Anstalt wieder zugute kam"*[4]. Ostern 1927 eröffnete die Schule mit dreizehn Schülerinnen. Elisabeth von Thadden leitete das Internat, das auch externen Schülerinnen offen stand, bis zu seiner Verstaatlichung 1941 erfolgreich und gewann vielfach Anerkennung. Lonny von Schleicher, Stieftochter von Kurt von Schleicher und ehemalige Schülerin der Wieblinger Schule, erinnerte sich an die Schulleiterin als eine eindrucksvolle Persönlichkeit: *„Aus meiner Sicht als junges Mädchen war Elisabeth von Thadden eine strenge, gerechte Direktorin, die sich bemühte, uns zu selbständig denkenden emanzipierten Frauen heranzubilden. Mütterliche Züge oder besondere Warmherzigkeit fehlten nach meiner Erinnerung. Sie war kulturell sehr interessiert* *und erweiterte unsere Bildung durch Reisen, Theaterbesuche, Vorträge etc. auch in dieser Richtung. Ihr religiös-kirchliches und soziales Engagement sind allgemein bekannt. An Mut hat es ihr sicher nie gefehlt"*[5].

Als bei Ausbruch des Zweiten Weltkrieges Bedenken wegen der nahen Westfront aufkamen, wurde der Großteil des Schulbetriebs im Oktober 1939 in das leer stehende Hotel Simson im weniger gefährdeten Tutzing am Starnberger See verlegt. Die Schule verblieb trotzdem weiter unter badischer Schulaufsicht. Auf Grund einer Denunziation einer Schülerin bzw. von deren Mutter, der NS-Frauenschaftsleiterin von Tutzing, gerieten Elisabeth von Thadden und ihre Schule wegen „mangelnder Erziehung im neuen Sinn" ins Visier der Gestapo. Erstmals erlebte sie stundenlange Verhöre. Die Schule wurde in Bayern nicht mehr geduldet, weshalb das Internat im April 1941 nach Heidelberg zurückkehrte. Am 3. Mai wurde Elisabeth von Thadden die Leitung der Schule zum Ende des Schuljahres entzogen. Gegen die Wieblinger Schule wurde vor allem vorgebracht, dass es sich bei ihr um eine verkappte konfessionelle Schule handle, dass sie durch ihre vielen adeligen Schülerinnen eine „abgehobene" Standesschule sei und keine Gewähr für eine nationalsozialistische Erziehung biete. Mit Beginn des neuen Schuljahres am 28. August 1941 wurde das verstaatlichte Landerziehungsheim als „Oberschule für Mädchen und deutsche Heimschule Schloss Wieblingen" fortgeführt.

Zu Beginn des Dritten Reiches hatte sich die wie viele pommersche Adelige streng deutschnational denkende und christlich-konservative Elisabeth von Thadden den nationalsozialistischen Ideen gegenüber nicht abgeneigt gezeigt. Zeitweise scheint sie sogar Überlegungen angestellt zu ha-

ben, der NSDAP beizutreten. Im Oktober 1933 veröffentlichte sie einen Aufsatz über „Die Bedeutung Wieblingens
als Landerziehungsheim im neuen Deutschland", der auf
die Verwandtschaft ihrer Ziele mit denen der Nationalsozialisten verweisen sollte. Am Schluss ihrer Ausführungen
steht, die Landerziehungsheime hätten *mehr Möglichkeiten
als andere Schulen, durch die Erziehung der deutschen Jugend
zu deutschen Volksgenossen, zu vollbewußten Gliedern des
nationalsozialistischen Staates das neue Deutschland mitbauen
zu helfen*[6]. Obwohl sie sich nach außen hin den Anschein der
Zustimmung gab – so wurde das Evangelische Landerziehungsheim Ende 1936 in „Landerziehungsheim für Mädchen"
umbenannt –, hatte sich die christlich engagierte Schulleiterin andererseits 1934 der Bekennenden Kirche, einer Oppo-
sitionsbewegung evangelischer Christen, angeschlossen. Sie
lehnte die vom NS-Staat unterstützten Deutschen Christen
mit ihrem rassistischen und antisemitischen Gedankengut
ab. Sie stand auch im engeren Kontakt mit katholischen Ver-
tretern der überkonfessionellen Una-Sancta-Bewegung. Es
schockierte sie, dass mehrere ihrer Lehrer und engen Freunde wegen ihres „Nichtariertums" aus ihren Ämtern gedrängt
wurden. Außerdem half Elisabeth von Thadden Juden bei der
Emigration ins Ausland und nahm jüdische Schülerinnen
auf. Die Behandlung ihres Bruders Reinhold und ihrer Tante
Hildegard von Thadden durch den NS-Staat trug zu ihrer
wachsenden Distanz zum Dritten Reich ebenfalls mit bei.
Beide Verwandte wurden wegen ihres Engagements in der
Bekennenden Kirche für kurze Zeit inhaftiert. Im Laufe der
Zeit wurde aus Elisabeth von Thadden nach den Worten des
Schriftstellers Erich Ebermayer eine *glühend-unvorsichtige
Feindin des Regimes*[7].

Der Verlust ihres Landerziehungsheimes bedeutete einen erneuten tiefen Einschnitt im Leben von Elisabeth von Thadden: *„Meine Arbeit nicht verlängern zu können, das ist mein chronischer Kummer!!"*[8] Sie zog im Dezember 1941 wieder nach Berlin, wo sie sich beim Roten Kreuz betätigte. Sie fand dort allerdings keine berufliche Stellung, die ihren Fähigkeiten angemessen war. In Berlin kam sie in Kontakt mit dem so genannten Solf-Kreis, der sich um Johanna Solf, der Witwe des 1936 verstorbenen deutschen Botschafters Dr. Wilhelm Solf, gebildet hatte. In Fortsetzung der Tradition ihres liberal eingestellten Mannes, der den Nationalsozialismus von Beginn an abgelehnt hatte, versammelte Hanna Solf Kritiker und Gegner des NS-Regimes zum Gedankenaustausch auf Teegesellschaften um sich. Bei diesem Kreis Gleichgesinnter handelte es sich jedoch um keine aktive politische Widerstandsgruppe, sondern um einen Gesprächszirkel von Angehörigen der traditionellen Eliten, die gemeinsame Überzeugungen teilten. Durch seine verschiedenen Teilnehmer hatte der Solf-Kreis Kontakte zu anderen Widerstandskreisen. Ein wichtiges Anliegen war der Gruppierung um Hanna Solf die Hilfe für Verfolgte, vor allem für Juden. Durch ihre Beziehungen zum Solf-Kreis machte sich Elisabeth von Thadden höchst verdächtig.

Um die Verbindungen zwischen Exil- und deutschen Widerstandsgruppen aufzudecken, schleuste die Gestapo einen Spitzel ein, der mit entsprechenden Personen Kontakt aufnehmen sollte. Der Arzt Dr. Paul Reckzeh reiste im Auftrag der Gestapo im Sommer 1943 in die Schweiz, um derartige Verbindungen anzuknüpfen. Es gelang ihm, sich bei der Dichterin Bianca Segantini, einer Tochter des bekannten Malers Giovanni Segantini und Freundin von Elisabeth von

Thadden, einzuschleichen und von dieser ein Empfehlungs-
schreiben an die Thadden zu erhalten. Da für Elisabeth von
Thadden zunächst kein Grund bestand, Reckzeh zu misstrauen, lud sie ihn für den 10. September 1943 zur Feier des 50.
Geburtstages ihrer jüngeren Schwester Marie-Agnes Braune
ein. Unter den Gästen befanden sich neben Freunden der Familie auch einige Persönlichkeiten aus dem Solf-Kreis. Für
fast alle Anwesenden wurde die Teilnahme an der Geburts-
tagseinladung zum Verhängnis, da ihre politischen Äußerungen durch Dr. Reckzeh an die Gestapo weitergeleitet wurden.
Zu den Hauptbetroffenen gehörte Elisabeth von Thadden,
die nicht nur eine zweite große Denunziation in ihrem Leben
erleiden musste, nach jener ersten, die sie ihre Schule gekos-
tet hatte, sondern die auch noch ihren passiven Widerstand
gegen ein unmenschliches System mit dem Tod bezahlte. Die
Gespräche an diesem Nachmittag drehten sich neben persönlichen Fragen schon bald um den Krieg und um die gerin-
ge Aussicht, dass ihn Deutschland noch militärisch gewinnen könnte. Ein baldiger Frieden wurde deshalb als dringend
notwendig angesehen. Nach nationalsozialistischem Verständnis war dies allein schon als Hochverrat zu werten. Wie
später der Historiker Prof. Dr. Rudolf von Thadden, ein Neffe
Elisabeths, deutlich machte, waren sich die Gäste seiner Tante der *„Gefährlichkeit ihres friedenspolitischen Gedankenspiels"*
nicht klar bewusst: *„Wie viele Regimekritiker im Umfeld des
Widerstands verkannten sie den Abgrund der Haßgefühle, der
sich bei führenden Nationalsozialisten angesichts des bloßen
Gedankens an einen Verlust der Macht an ihre alten Feinde aus
den Jahren der verhaßten Weimarer Republik auftat. Und wie
viele andere ignorierten sie, daß für Hitler Frieden schlimmer als
ein Verlust des Krieges war"*[9]. Die Gäste erörterten an diesem

Septembernachmittag außerdem noch mögliche Hilfsmaß-
nahmen nach dem Kriegsende. Um die Verbindungen zu den
im Ausland lebenden Sympathisanten der Widerstandskreise
auszuspionieren, bot Dr. Reckzeh bei dieser Gelegenheit an,
dass er Briefe an deutsche Emigranten unkontrolliert in die
Schweiz weiterleiten könnte.

Nachdem Dr. Reckzeh die Gestapo über die Teilnehmer
der Geburtstagsgesellschaft sowie über deren Kontakte zu
Emigranten in der Schweiz und zu Kreisen des deutschen
Widerstands informiert hatte, wurde umgehend eine Tele-
fonüberwachung der Verdächtigen angeordnet. In der Zwischenzeit waren die Geburtstagsgäste aber vor Reckzeh als
einem Spitzel gewarnt worden, so dass dieser keine weiteren
Informationen über die so genannte Teegesellschaft und ihr
Umfeld erbringen konnte. Elisabeth von Thadden, die sich
die Schuld daran gab, ihre Gäste durch diesen Spitzel in Gefahr gebracht zu haben, lehnte Angebote von Freunden ab, sie
sicher über die Grenze zu bringen. Im Dezember 1943 wurde
sie vom Roten Kreuz mit einer Vertretung im Soldatenheim
in Meaux in Frankreich betraut.

Da keine zusätzlichen Erkenntnisse über die Teegesell-
schaft mehr zu erwarten waren, wurde die Verhaftung der
Teilnehmer an jener verhängnisvollen Geburtsfeier angeordnet. Elisabeth von Thadden wurde am 13. Januar 1944 in
Frankreich verhaftet und nach ersten Verhören zurück nach
Deutschland überführt. Als Sonderhäftling im Zellenbau des
Frauen-KZ Ravensbrück musste sie zu ihrem großen Entsetzen erleben, wie ihre einstigen Gäste an ihr vorüberge-
führt wurden. Nur einen „Teegast" bekam sie nicht mehr zu
Gesicht, da Ministerialdirektor a. D. Dr. Artur Zarden sich
in einer Vernehmungspause am 18. Januar aus dem Fenster

gestürzt hatte. Ihr Prozess vor dem Volksgerichtshof fand am 1. Juli 1944 statt. Zusammen mit Elisabeth von Thadden, die als eine der Hauptangeklagten galt, wurden fünf weitere „Teegäste" angeklagt. Da sich der mit ihrer Verteidigung beauftragte Rechtsanwalt zu dem Zeitpunkt, als die Anklageschrift zugestellt wurde, in Süddeutschland aufhielt, wurde ihr ein Pflichtverteidiger zugewiesen, den sie erstmals vor Gericht sah. Elisabeth von Thadden war daher weitgehend auf sich selbst gestellt. Sie sah von einer Verteidigung ab und suchte *„der Wahrheit geradezu mehr als erforderlich zu entsprechen"*[10]. Der Schauprozess unter der persönlichen Leitung von Roland Freisler, dem berüchtigten Präsidenten des Volksgerichtshofs, dauerte von 8.30 Uhr bis gegen 22 Uhr und wurde nur durch eine Mittagspause unterbrochen. Elisabeth von Thadden wurde zusammen mit dem Gesandten Dr. Otto Kiep wegen „Wehrkraftzersetzung", „versuchten Hochverrats" und „Feindbegünstigung" zum Tode verurteilt. Das Urteil des Volksgerichtshofs überrascht nicht, da Zweifel am „Endsieg" des Dritten Reiches im Allgemeinen mit dem Tod geahndet wurden. In der schriftlichen Urteilsbegründung verwies Roland Freisler auf diesen Umstand auch eigens hin: *„Ein anderes Urteil wäre schon deshalb nicht nationalsozialistisch gewesen, weil es unserem Reiche den notwendigen Schutz vorenthalten würde"*[11]. Die Versuche der Familienangehörigen, Elisabeth von Thadden durch Gnadengesuche freizubekommen, waren nach dem gescheiterten Attentat auf Adolf Hitler vom 20. Juli aussichtslos geworden. Die zehn Wochen vor ihrer Hinrichtung verbrachte Elisabeth von Thadden in strenger Haft in der Todeszelle im Berliner Frauengefängnis Barnimstraße. Sie musste in dieser Zeit ständig Eisenfesseln an den Händen tragen. Da sich die Gestapo von ihr keine

weiterführenden Informationen zu den Widerstandskämp-
fern vom 20. Juli versprach, blieb sie wenigstens von weiteren Verhören und Folter verschont. Nur wenige Monate vor
Kriegsende wurde Elisabeth von Thadden am 8. September
1944 in Berlin-Plötzensee durch das Fallbeil hingerichtet.
Die ursprünglich auf 13 Uhr festgesetzte Exekution wurde auf
17 Uhr verschoben, da die Henker zu sehr mit der gleichzeitig stattfindenden Hinrichtung mehrerer Widerstandskämp-
fer des 20. Juli beschäftigt waren. Gestärkt durch ihren tiefen
protestantischen Glauben ging Elisabeth von Thadden ihrem
Tod gefasst entgegen. Ihre letzten Worte lauteten: *„Mach
End, o Herr, mach Ende mit aller unserer Not!"*[12]

Die von ihr begründete Schule wurde im Januar 1946 unter
dem Namen „Elisabeth-von-Thadden-Schule" in Wieblingen neugegründet. Die in der Trägerschaft der Schulstiftung
der Evangelischen Landeskirche in Baden befindliche Schule
mit reformpädagogischer Tradition versteht dabei die Biografie der Schulgründerin als Vermächtnis und Auftrag. Die
Schülerinnen und Schüler sollen zu Toleranz, Zivilcourage
und verantwortungsbewusstem Leben erzogen werden.

Anmerkungen

1 Zit. nach Irmgard von der Lühe, Eine Frau im Widerstand. Elisabeth
   von Thadden und das Dritte Reich, Freiburg i. Breisgau 1980, S. 143.
2 Ehrengard Schramm-von Thadden, Erinnerungen an meine Schwester,
   in: Elisabeth von Thadden. Gestalten – Widerstehen – Erleiden. Hrsg.
   von Matthias Riemenschneider und Jörg Thierfelder, 2. Aufl., Karlsruhe
   2003, S. 158 – 177, hier S. 162.
3 Ebd., S. 163.
4 Ebd., S. 165.
5 Zit. nach Martha Schad, Frauen gegen Hitler. Schicksale im Nationalsozialismus, München 2001, S. 147.

6 Zit. nach Ebd., S. 148.
7 Zit. nach Ebd., S. 161.
8 Zit. nach Jörg Thierfelder, Von der Kooperation zur inneren Distanzierung. Elisabeth von Thadden in der Zeit des Nationalsozialismus, in: Elisabeth von Thadden. Gestalten – Widerstehen – Erleiden. Hrsg. von Matthias Riemenschneider und Jörg Thierfelder, 2. Aufl., Karlsruhe 2003, S. 96 – 133, hier S. 129.
9 Zit. nach Schad, Frauen gegen Hitler, S. 167.
10 Zit. nach Gerhard Ringshausen, Zwischen Dissens und Widerstand. Geschichte und Einordnung der Tee-Gesellschaft, in: Elisabeth von Thadden. Gestalten – Widerstehen – Erleiden. Hrsg. von Matthias Riemenschneider und Jörg Thierfelder, 2. Aufl., Karlsruhe 2003, S. 188 – 229, hier S. 208.
11 Zit. nach Uta Horeld und Matthias Riemenschneider, Die letzten Jahre – Berlin 1941 bis 1944, in: Elisabeth von Thadden. Gestalten – Widerstehen – Erleiden. Hrsg. von Matthias Riemenschneider und Jörg Thierfelder, 2. Aufl., Karlsruhe 2003, S. 134 – 157, hier S. 147.
12 Schramm-von Thadden, Erinnerungen, S. 176.

Polina Semjonowa
Schemtschuschina

Auf dem Empfang zum 31. Jahrestag der Oktoberrevolution, den der russische Vizepremier und Außenminister Wjatscheslaw Michajlowitsch Molotow am 7. November 1948 nach der obligatorischen Militärparade auf dem Roten Platz für das diplomatische Korps in Moskau gab, kam es zu einem folgenschweren Gespräch für Molotows Ehefrau Polina Semjonowa Schemtschuschina. Unter den Eingeladenen befand sich auch Golda Meir, die erste Botschafterin des neu gegründeten Staates Israel in der Sowjetunion und spätere israelische Ministerpräsidentin. Sofort nach der Begrüßung von Meir durch Molotow begann Polina Schemtschuschina, die seit dem Tod von Stalins Ehefrau als Erste Dame der UdSSR galt, eine angeregte Unterhaltung mit der israelischen Politikerin. Zur großen Überraschung der Gesandtin, die kein russisch sprach, bot ihr die Schemtschuschina an, das Gespräch auf Jiddisch zu führen. Auf Meirs Frage, woher sie diese Sprache könne und ob sie Jüdin sei, antwortete diese: *„Ja, ich bin a jiddische Tochter."* Unter dem Eindruck des Holocausts und der Gründung des Staates Israel fühlte sich die überzeugte Stalinistin Schemtschuschina offensichtlich an ihre eigenen jüdischen Wurzeln erinnert und sprach davon, dass sich die russischen Juden *„so sehr gewünscht"* hätten, die neue Botschafterin zu sehen. Die beiden Frauen, zu denen sich noch Meirs Tochter

Sarah gesellte, unterhielten sich lange miteinander, bevor sich Polina Schemtschuschina schließlich mit den Worten verabschiedete: *„Lassen Sie es sich gutgehen. Wenn es Ihnen gutgeht, wird es bei allen Juden überall in der Welt so sein"*[1]. Golda Meir sah Molotows Frau nach diesem Gespräch nie wieder. Jahre später hörte sie, dass die Schemtschuschina nach ihrer Unterhaltung verhaftet worden sei.

Das Gespräch zwischen den beiden Politikerinnen bei dem Empfang war natürlich nicht unbeobachtet geblieben, sondern erregte unliebsame Aufmerksamkeit. Zu dieser Zeit nahm gerade eine erneute großangelegte Judenverfolgung in der Sowjetunion ihren Anfang, die gerade auch die jiddische Sprache und Kultur vernichten sollte. Während des Zweiten Weltkrieges war unmittelbar nach dem deutschen Überfall auf die Sowjetunion auf Betreiben der sowjetischen Regierung das Jüdische Antifaschistische Komitee (JAK) von einer Gruppe jüdischer Intellektueller gegründet worden. Sinn und Zweck dieser Organisation war es, vor allem die finanzielle Unterstützung von Juden in den Vereinigten Staaten, Mexiko, Kanada und Großbritannien für die sowjetischen Kriegsbemühungen zu gewinnen. Zu den Führungsmitgliedern des Komitees hatte Polina Schemtschuschina in Kontakt gestanden. Nach dem Ende des Zweiten Weltkrieges und mit dem Beginn des Kalten Krieges erregten jedoch gerade die internationalen Beziehungen des Komitees, vor allem jene zu jüdischen Organisationen in den Vereinigten Staaten, Stalins Misstrauen. Die russischen Juden, vor allem die Intellektuellen, Künstler sowie die Partei- und Regierungsfunktionäre, wurden der Illoyalität zur Sowjetunion und vielfach auch der Spionagetätigkeit verdächtigt. Auch wurde das JAK beschuldigt, auf der Krim eine jüdische Republik, ein „jüdisches Kalifornien", unter dem

Protektorat der Amerikaner gründen zu wollen. Im November 1948 begann eine beispiellose Kampagne gegen die „heimatlosen Kosmopoliten". Sämtliche jüdischen kulturellen Einrichtungen in der Sowjetunion wurden geschlossen. Das Jüdische Komitee wurde am 20. November 1948 aufgelöst, viele seiner Mitarbeiter verhaftet. Die am 15. Mai 1948 erfolgte Anerkennung des Staates Israel durch die UdSSR blieb in dieser Hinsicht bedeutungslos. Nachdem sich nämlich die Hoffnungen Stalins zerschlugen, aus Israel einen sowjetischen Vorposten im Nahen Osten zu machen, kühlten die Beziehungen zwischen beiden Ländern rasch ab. Golda Meir, die nur sieben Monate den Staat Israel in Moskau vertrat, erinnerte sich später an die damalige Lage der russischen Juden: *„Zur Zeit unserer Ankunft in der UdSSR gab es nicht nur eine offene Unterdrückung alles dessen, was jüdisch war, sondern auch einen gehässigen, von der Regierung gelenkten Antisemitismus. Innerhalb weniger Jahre kam er zu voller ‚Blüte'. Juden wurden ohne Ansehen der Person rücksichtslos verfolgt"*[2]. Als Tausende russischer Juden Golda Meir bei ihrem Besuch der Großen Synagoge in Moskau aus Anlass des jüdischen Neujahrsfestes begeistert begrüßten, sah die sowjetische Regierung darin einen Verrat an den Idealen des Kommunismus. Josef Wissarionowitsch Stalin bestärkte diese öffentliche Demonstration jüdischer Solidarität in seinem Antisemitismus. Stalins Tochter Swetlana Allilujewa erklärte Jahrzehnte später: *„Ich kannte sehr wohl die Besessenheit meines Vaters, dass hinter jeder Ecke eine zionistische Verschwörung lauerte. Sein tief verwurzelter Antisemitismus wurde genährt durch Hitlers Holocaust, seine Paranoia durch eingebildete jüdische Verschwörung und Infiltration"*[3].

Bereits am 12. Januar 1948 war auf den persönlichen Befehl Stalins hin Salomon Michoels, Direktor des Staatlichen Jüdischen Theaters in Moskau und Präsident des JAK, ermordet worden, was allerdings geschickt als Verkehrsunfall getarnt und durch ein Staatsbegräbnis kaschiert wurde. Schemtschuschinas Anwesenheit auf der Trauerfeier für Michoels sowie ihre indes seltenen Synagogenbesuche hatten ihr schon Stalins Missfallen eingebracht, was ihr offensichtlich nicht bewusst war. Mit ihrem auf Jiddisch geführten Gespräch mit Golda Meir auf dem Empfang am 7. November 1948 überspannte sie den Bogen endgültig. Ihr selbstbewusstes Auftreten, ihre intellektuelle Arroganz und ihre jüdische Abstammung erregten anscheinend seit längerem Stalins Abscheu. Ebenso wenig gefiel ihm, dass ein Bruder von ihr ein erfolgreicher Geschäftsmann in den Vereinigten Staaten war, mit dem sie in brieflichem Kontakt stand. Außerdem verübelte er ihr ihren einstmals in seinen Augen schlechten Einfluss auf seine verstorbene Frau Nadja. Wie gefährlich es für die Mitglieder des engeren Machtzirkels um Stalin und deren Angehörige war, das Vertrauen des Diktators zu verlieren, hielt Nikita Chruschtschow in seinen Erinnerungen fest: *„Wir alle, die wir zu Stalins engster Umgebung gehörten, lebten gleichsam auf Abruf. Solange er uns bis zu einem gewissen Grade vertraute, war es uns gestattet, weiterzuleben und weiterzuarbeiten. In dem Augenblick aber, da Stalin aufhörte, einem zu vertrauen, nahm er einen unter die Lupe, bis das Maß seines Mißtrauens überlief. Dann war man an der Reihe, denjenigen zu folgen, die nicht mehr unter den Lebenden weilten"*[4].

Bis 1948 hatte Polina Semjonowa Schemtschuschina zu den mächtigsten Frauen im Kreml gehört. Die am 27. Februar 1897 in dem ukrainischen Dorf Pologi als Perl Karpowskaja geborene Tochter eines jüdischen Schneiders war 1918 in die Kommunistische Partei Russland eingetreten und beteiligte sich an den Kämpfen der Roten Armee gegen die weißen Truppen. Seit 1919 nannte sie sich Polina Semjonowa Schemtschuschina. Ihr angenommener Untergrundname „Schemtschuschina" bedeutet auf Russisch „Perle". 1921 hatte sie bei einer Internationalen Frauenkonferenz in Moskau den sieben Jahre älteren Molotow kennen gelernt, sich in ihn verliebt und ihn Ende des Jahres geheiratet. Der damals bereits einflussreiche Politiker betete seine junge Frau an, die eine stärkere Persönlichkeit als er selbst war. Das Ehepaar verband bis zum Tod von Polina Schemtschuschina eine enge Beziehung. Molotow hieß eigentlich mit bürgerlichem Familiennamen Skrjabin, aber als er im Alter von sechzehn Jahren in die kommunistische Partei eintrat, nahm er für seine illegale Arbeit im zaristischen Russland den Tarnnamen „Molotow" an, was übersetzt soviel wie „Hammer" bedeutet. Nach der Februarrevolution von 1917 hatte er als engster Mitarbeiter von Stalin eine bemerkenswerte Karriere gemacht. Zum Zeitpunkt der Heirat war Molotow Sekretär des Zentralkomitees der Kommunistischen Partei und gehörte als Vollmitglied im Politbüro der Kommunistischen Partei der Sowjetunion und treuer Gefolgsmann von Stalin zum mächtigsten Herrschaftszirkel der Sowjetunion.

Durch ihre Heirat gelangte Polina Schemtschuschina in den engeren Kreis um Stalin. Alle Regierungsmitglieder lebten mit ihren Familien im Kreml. Polina Schemtschuschina freundete sich mit Stalins junger zweiter Frau Nadeschda Allilujewa an. Ihre eigene Karriere verlor sie trotz der Geburt einer Tochter nicht aus den Augen. Nach dem Abschluss eines Wirtschaftsstudiums 1926 hatte die ehrgeizige Schemtschuschina verschiedene Posten in der Industrie inne. 1937 wurde sie stellvertretende Leiterin des Nahrungsmittelministeriums. Ihr im Januar 1939 angetretenes Amt als

Polina Semjonowa Schemtschuschina

Volkskommissarin für die Fischindustrie verlor sie bereits im November des gleichen Jahres wieder und sah sich erstmals Verdächtigungen ausgesetzt. Sie wurde schließlich nur wegen *„Leichtfertigkeit und Pfuscherei"*[5] getadelt. Da sie bald darauf zur Leiterin der sowjetischen Kurzwarenbranche ernannt wurde, wandte sie sich wieder ihrem gewohnten Leben zu. Im Februar 1942 wurde sie Mitglied des Zentralkomitees.

Nach dem bis heute rätselhaften Selbstmord von Stalins Ehefrau im November 1932, für den Polina Schemtschuschina scheinbar keinerlei Verständnis aufbringen konnte, kümmerte sie sich nicht nur um Stalins Kinder, sondern übernahm auch nach und nach die Aufgaben einer Ersten Dame der Sowjetunion. Wohl erst in späteren Jahren scheint Stalin demnach in der Schemtschuschina wegen ihres angeblich schlechten Einflusses auf Nadjeschda Allilujewa eine Mitschuldige am Selbstmord seiner Frau gesehen zu haben. Es wäre sonst nämlich auch nicht nachvollziehbar, warum er bis 1949 mit ihrer Verhaftung gewartet haben sollte, wenn er schon bald nach dem Tod seiner Frau einen versteckten Hass gegen Polina Schemtschuschina entwickelt hätte. Während der Stalinschen „Säuberungen" vor dem Zweiten Weltkrieg hätte er sich ihrer Person leicht entledigen können.

Nachdem Polina Semjonowa Schemtschuschina bei Stalin in Ungnade gefallen war, wurde sie aller Ämter enthoben und aus der Partei ausgeschlossen. Nach kurzem Widerstand in Form einer Stimmenthaltung bei der Abstimmung darüber lenkte Molotow am 20. Januar 1949 in einem Brief an Stalin ein: *„Als man darüber abstimmte, dass P. S. Schemtschuschina aus der Partei ausgeschlossen werden soll, habe ich mich der Stimme enthalten, was politisch inkorrekt war. Ich erkläre hiermit, dass ich nach einigem Nachdenken zu dem Schluss gekommen bin, dass ich* *jetzt dem ZK zustimme, wie es sich im Interesse der Mitgliedschaft in der Partei gehört. Außerdem bestätige ich, dass es ein schlimmer Fehler war, nicht rechtzeitig zu unterbinden, dass eine mir nahe stehende Person falsche Schritte unternimmt und sich mit solchen antisowjetischen Nationalisten wie Michoels umgibt"*[6]. Außerdem ließen sich die Molotows auf Stalins dringlich vorgebrachten „Wunsch" hin scheiden. Gehorsam schien in dieser Sache angebracht zu sein, um die Lage nicht weiter zu verschlimmern. Angeblich war die Schemtschuschina aus Parteiräson sogar mit der Scheidung einverstanden. Am 29. Januar 1949 wurde sie wegen des Verlustes von geheimen Staatsdokumenten verhaftet. Es folgten zahlreiche Verhöre in der Lubjanka, wie das Hauptquartier und Gefängnis des sowjetischen Geheimdienstes inoffiziell hieß. Im Gegensatz zu anderen Gefangenen blieb ihr jedoch Folter erspart. Sie stritt ab, Verbrechen gegen den sowjetischen Staat verübt zu haben: *„Ich habe keine Verbrechen gegen den Sowjetstaat begangen. Ich weise die Anschuldigung, verbrecherische Kontakte zu jüdischen Nationalisten zu haben, zurück"*[7]. Um ihr ein Geständnis abzuringen, wurden zwei Männer aus dem Ministerium der Leichtindustrie dazu gezwungen, ein Verhältnis mit Polina Schemtschuschina einzugestehen. Bei der Gegenüberstellung mit ihr schilderten sie vorher auswendig gelernte intime Details. Die Schemtschuschina wehrte sich heftig gegen diese Vorwürfe von sexueller Ausschweifung. Offenbar war eine Zeit lang geplant, sie zur Hauptangeklagten im Prozess gegen das Jüdische Antifaschistische Komitee zu machen. Wegen fortgesetzten Kontakts zu jüdischen Nationalisten wurde sie schließlich zu fünf Jahren Lagerhaft in das zentralasiatische Kustanai verurteilt. Im Vergleich zu den Schicksalen anderer jüdischer Verurteilter fiel das Urteil damit mild aus. Molotow erzählte später: *„Meine Knie zitterten, als Stalin dem Politbüro die Beweise gegen Paulina Semjonowna vorlas, welche er von seinen Tscheka-Agenten erhalten hatte. Ich stritt darüber mit ihm, aber es war nichts zu machen. Die Tscheka hatte zugeschlagen, sie konnte ihr nicht entkommen. Sie wurde beschuldigt, sich mit zionistischen Organisationen und mit der Botschafterin Israels, Golda Meir, vereinigt zu haben und die Krim in eine autonome jüdische Republik umwandeln zu wollen. Sie war zu freundlich mit Mikoels – sie hätte vorsichtiger sein sollen gegenüber ihren Freunden"*[8]. Wider Erwarten überstand sie als „Objekt Nr. 12" das Gefängnis und die Jahre im Arbeitslager relativ gut. *„Im Gefängnis braucht man dreierlei"*, erzählte sie später. *„Seife, um sich sauber zu halten, Brot, um sich zu ernähren, und Zwiebeln, um gesund zu bleiben"*[9]. Ihrem Ehemann blieb nichts anderes übrig, als die Verbannung seiner Frau hinzunehmen. Stalins Tochter Swetlana behauptete später, dass Molotow und seine Frau Stalin so vergöttert hätten, dass sie ihm nicht einmal Polinas Verbannung übel genommen hätten. Größerer Widerstand Molotows gegen die Verbannung seiner Frau wäre jedoch nicht ratsam gewesen, da er selbst auch bei Stalin in Ungnade gefallen war. Molotow, der in der Zeit der so genannten Großen Säuberung von 1936 bis 1938 die brutale Verfolgungsmaschinerie mit ihren Millionen Opfern kaltblütig befürwortet hatte, wurde im März 1949 als Außenminister entlassen, sein Amt übernahm sein Stellvertreter Andrej Januarjewitsch Wyschinskij. Obwohl er Stalins Vertrauen verloren hatte und eines positiven Verhältnisses zu den Juden verdächtigt wurde, blieb Molotow zunächst Mitglied des Politbüros und Stellvertretender Vorsitzender des Rates der Volkskommissare. Ab August 1952 wurde er nicht mehr zu den Sitzungen des Politbüros eingeladen. Trotz all dieser Vorkommnisse gab er seine treue Ergebenheit gegenüber seinem Abgott Josef Stalin auch nach dessen Tod nicht auf. Wegen dieser Haltung und seines Widerstands gegen die Entstalinisierung überwarf sich Molotow später, als er wieder dem engeren Führungszirkel von Partei und Staat angehörte, mit Nikita Chruschtschow, verlor erneut seine Partei- und Regierungsämter und wurde schließlich 1962 aus der Partei ausgeschlossen. Zwei Jahre vor seinem Tod, 1984, wurde er rehabilitiert und wieder in die Kommunistische Partei aufgenommen.

Offensichtlich hatte Stalin vor, Polina Semjonowa Schemtschuschina im Zusammenhang mit der so genannten Ärzteverschwörung, bei der in der Mehrzahl jüdische Mediziner angeblich geplant hatten, die oberste sowjetische Führung auszuschalten, erneut anklagen zu lassen. Im Januar 1953 wurde sie von einer Einsatzgruppe des Ministeriums für Staatssicherheit aus dem sibirischen Lager zurück nach Moskau ins Gefängnis gebracht. Die Gründe für ihre Verlegung wurden ihr nicht mitgeteilt. Gleichmütig äußerte sie dazu: *„Ich bin eine erwachsene Frau, ich brauche keine Begründung, es geschieht, was die Regierung beschließt"*[10]. Erneut durchlebte sie eine schreckliche Zeit mit endlosen Verhören in der Lubjanka. Wieder wurde sie von anderen Verdächtigten als jüdische Nationalistin bezeichnet, wobei diese durch Brutalität und Schläge dazu erpresst wurden. Durch Stalins Tod am 5. März 1953 wurde der Fall jedoch niedergeschlagen. Die neue sowjetische Staatsführung erklärte die Ärzteverschwörung zu einer vorgeschobenen Verdächtigung. Als Polina Schemtschuschina die Nachricht von Stalins Ableben erhielt, brach sie ohnmächtig zusammen. Noch im März wurde sie entlassen und rehabilitiert. Über ihre Leiden im Gefängnis und Lager während der Stalin-Ära schwieg sie eisern. Erstaunlicherweise hielt sie trotz ihrer furchtbaren Erlebnisse Stalins Andenken scheinbar unbeirrt immer noch hoch. Zu Stalins Tochter Swetlana etwa sagte sie: *„Dein Vater war ein Genie. Er zerstörte die Fünfte Kolonne in unserem Land, so daß Partei und Volk geeint waren, als der Krieg kam"*[11].

Wieder mit ihrem Mann vereint, lebte Polina Semjonowa Schemtschuschina bis zu ihrem Tod am 1. April 1970 in Moskau. In späteren Jahren begeisterte sie sich für die Ideen Maos. Molotow, der mit ihrem Tod schwer zurechtkam, setzte ihr mit folgenden Worten ein Denkmal: *„Zu meiner großen Freude hatte ich Paulina Semjonowna zur Frau. Sie war nicht nur schön und klug, sie war eine echte Bolschewistin, ein echter Sowjetmensch. Das Leben hat ihr übel mitgespielt, weil sie meine Frau war, und trotz all ihrem Leiden hat sie nie Stalin beschuldigt und sich geweigert, jene anzuhören, die es taten. Die Geschichte nämlich wird jene verwerfen, die seinen Namen anschwärzen"*[12].

ANMERKUNGEN

1 Golda Meir, Mein Leben, Hamburg 1975, S. 258f.
2 Ebd., S. 252.
3 Zit. nach Martha Schad, Stalins Tochter. Das Leben der Swetlana Allilujewa, Bergisch Gladbach 2005, S. 183f.
4 Zit. nach Gerd Koenen, Utopie der Säuberung. Was war der Kommunismus?, Berlin 1998, S. 370.
5 Zit. nach Simon Sebag Montefiore, Stalin. Am Hof des roten Zaren, Frankfurt am Main 2005, 2. Aufl., S. 360.
6 Zit. nach Schad, Stalins Tochter, S. 181.
7 Zit. nach Larissa Wassiljewa, Die Kreml-Frauen. Erinnerungen, Dokumente, Legenden, Zürich 1994, S. 249f.
8 Zit. nach Ebd., S. 241.
9 Zit. nach Montefiore, Stalin, S. 672.
10 Zit. nach Wassiljewa, Kreml-Frauen, S. 257.
11 Zit. nach Ebd., S. 262.
12 Zit. nach Ebd., S. 263.

Literaturverzeichnis

Andermatt, Michael (Hrsg.), Geschichte der Margaretha von Valois. Gemahlin Heinrichs IV. Von ihr selbst beschrieben. Nebst Zusätzen und Ergänzungen aus andern französischen Quellen. Übersetzt von Dorothea Schlegel. Zusammengestellt und mit einer Vorrede versehen von Friedrich Schlegel, Zürich 1996

Aretin, Karl Otmar von, Die Halsbandaffäre als Vorspiel der Französischen Revolution. Ein Kollier für die Königin, in: Schultz, Uwe (Hrsg.), Große Prozesse. Recht und Gerechtigkeit in der Geschichte, München 1996, S. 204 – 213

Badisches Landesmuseum (Hrsg.), Stephanie Napoleon. Großherzogin von Baden. 1789-1860, Karlsruhe 1989

Bomann-Museum Celle (Hrsg.), Von Kopenhagen nach Celle. Das kurze Leben einer Königin. Caroline Mathilde 1751-1775, Celle 2001

Borchardt-Wenzel, Annette, Die Frauen am badischen Hof. Gefährtinnen der Großherzöge zwischen Liebe, Pflicht und Intrigen, München 2003

Bosl, Karl, Agnes Bernauer, Baderstochter aus Augsburg. Eine tragische Figur der bayerischen Geschichte. Vortrag, gehalten am 17. März 1992 in Traunreut, in: Ders., Vorträge zur bayerischen Landesgeschichte, Stuttgart 2002, S. 171 – 186

Boysson, Bernadette de, Die Vorliebe der Herzogin von Berry für die Malerei und ihre Gemäldesammlung (1820-1830), in: Kremers, Hildegard (Hrsg.), Marie Caroline Herzogin von Berry. Neapel, Paris, Graz, Lebenswege einer Prinzessin der Romantik, Wien, Köln, Weimar 2002, S. 98 – 109

Braubach, Max, Geschichte und Abenteuer. Gestalten um den Prinzen Eugen, München 1950

Braubach, Max, Prinz Eugen von Savoyen. Eine Biographie. Band I: Aufstieg, München 1963

Brodt, Bärbel, Eduard VI. 1547-1553, in: Wende, Peter (Hrsg.), Englische Könige und Königinnen der Neuzeit. Von Heinrich VII. bis Elisabeth II., München 2008, S. 47 – 59

Brouwer, Johan, Johanna die Wahnsinnige. Ein tragisches Leben in bewegter Zeit, München 1978

Clément, Jean-Paul, Chateaubriand und die Herzogin von Berry, in: Kremers, Hildegard (Hrsg.), Marie Caroline Herzogin von Berry. Neapel, Paris, Graz, Lebenswege einer Prinzessin der Romantik, Wien, Köln, Weimar 2002, S. 66 – 83

Craveri, Benedetta, Königinnen und Mätressen. Die Macht der Frauen – von Katharina de' Medici bis Marie Antoinette, München 2010

Chaussinand-Nogaret, Guy, Madame Roland, Stuttgart 1988

Czok, Karl, August der Starke und seine Zeit. Kurfürst von Sachsen, König in Polen, Augsburg 2005

Degout, Bernard, Victor Hugo und die Herzogin von Berry, in: Kremers, Hildegard (Hrsg.), Marie Caroline Herzogin von Berry. Neapel, Paris, Graz, Lebenswege einer Prinzessin der Romantik, Wien, Köln, Weimar 2002, S. 110 – 123

Deiters, Heinz-Günter, Die Kunst der Intrige, Hamburg 1966

Erbe, Michael, Heinrich VIII. 1509-1547, in: Wende, Peter (Hrsg.), Englische Könige und Königinnen der Neuzeit. Von Heinrich VII. bis Elisabeth II., München 2008, S. 30 – 46

Eßer, Raingard, Die Tudors und die Stuarts. 1485-1714, Stuttgart 2004

Fernández Álvarez, Manuel, Johanna die Wahnsinnige. 1479-1555. Königin und Gefangene, München 2008

Feuerstein-Praßer, Karin, Die deutschen Kaiserinnen. 1871-1918, Regensburg 1997

Flake, Otto, Große Damen des Barock. Historische Porträts, Berlin 1986

Fraser, Antonia, Die sechs Frauen Heinrichs VIII., 2. Aufl., Hildesheim 1995

Fraser, Antonia, King Charles II, London 1979

Fraser, Antonia, Maria Stuart. Königin der Schotten. Eine Biographie, Herrsching 1989

Gajić, Helmut (Red.), Die großen Dynastien, München 1978

Garrisson, Janine, Königin Margot. Das bewegte Leben der Marguerite de Valois. Biographie, Solothurn und Düsseldorf 1995

Gies McGuigan, Dorothy, Familie Habsburg. 1273-1918, 2. Aufl., Bergisch Gladbach 1989

Grubitzsch, Helga und Bockholt, Roswitha, Théroigne de Méricourt. Die Amazone der Freiheit, Pfaffenweiler 1991

Hattendorff, Mathias, Ihr „Wesen ist frey und ungezwungen und es
scheint, dass Sie die genirte Lebens Arth nicht liebet" – Caroline
Mathilde und Johann Friedrich Struensee, in: Von Kopenhagen
nach Celle. Das kurze Leben einer Königin. Caroline Mathilde
1751-1775. Hrsg. vom Bomann-Museum Celle, Celle 2001, S. 27 – 70

Hawkyard, Alasdair, Die Tudor, in: Gajić, Helmut (Red.), Die großen Dynastien, München 1978, S. 139 – 151

Hoffmann, Gabriele, Constantia von Cosel und August der Starke.
Die Geschichte einer Mätresse, Bergisch Gladbach 1988

Horeld, Uta und Riemenschneider, Matthias, Die letzten Jahre –
Berlin 1941 bis 1944, in: Elisabeth von Thadden. Gestalten – Wi-
derstehen – Erleiden. Hrsg. von Matthias Riemenschneider und
Jörg Thierfelder, 2. Aufl., Karlsruhe 2003, S. 134 – 157

Jacta, Maximilian, Berühmte Strafprozesse. Frankreich III, München 1971

Jurewitz-Freischmidt, Sylvia, Krone und Schafott. Maria Stuart und
Elisabeth I. – eine Doppelbiographie, Gernsbach 2008

Kenyon, John, The Popish Plot, London 1972

Koenen, Gerd, Utopie der Säuberung. Was war der Kommunismus?, Berlin 1998

Kraus, Gerlinde, Bedeutende Französinnen, Mühlheim am Main
2006

Kremers, Hildegard, Exil in Österreich, in: Dies. (Hrsg.), Marie Caroline Herzogin von Berry. Neapel, Paris, Graz, Lebenswege einer
Prinzessin der Romantik, Wien, Köln, Weimar 2002, S. 8 – 21

Kremers, Hildegard, Marie Caroline. Duchesse de Berry. Ein Lebensbild, Graz, Wien, Köln 1998

Kremers, Hildegard (Hrsg.), Marie Caroline Herzogin von Berry.
Neapel, Paris, Graz, Lebenswege einer Prinzessin der Romantik,
Wien, Köln, Weimar 2002

Kuster, Thomas, Aufstieg und Fall der Mätresse im Europa des 18.
Jahrhunderts. Versuch einer Darstellung anhand ausgewählter
Persönlichkeiten, Nordhausen 2003

Leitner, Thea, Skandal bei Hof. Frauenschicksale an europäischen
Königshöfen, 4. Aufl., München 1997

Lever, Evelyne, Marie Antoinette. Eine Biographie, Zürich 1992

Lühe, Irmgard von der, Eine Frau im Widerstand. Elisabeth von Thadden und das Dritte Reich, Freiburg i. Breisgau 1980

MacLeod, Catherine und Marciari Alexander, Julia (Hrsg.), Painted Ladies. Women at the Court of Charles II, London und New Haven 2001

Märtl, Claudia, Straubing. Die Hinrichtung der Agnes Bernauer 1435, in: Schauplätze der Geschichte in Bayern. Hrsg. von Alois Schmid und Katharina Weigand, München 2003, S. 149 – 164

Mahoney, Irene, Katharina von Medici. Königin von Frankreich – Fürstin der Renaissance, München 1977

Malettke, Klaus, Die Bourbonen, Band 3: Von Ludwig XVIII. bis zu Louis Philippe. 1814-1848, Stuttgart 2009

Mander, Gertrud, Elisabeth Tudor und Maria Stuart. Zwei Königinnen und eine Krone, in: Schultz, Uwe (Hrsg.), Große Prozesse. Recht und Gerechtigkeit in der Geschichte, München 1996, S. 135 – 147

Meir, Golda, Mein Leben, Hamburg 1975

Montefiore, Simon Sebag, Stalin. Am Hof des roten Zaren, 2. Aufl., Frankfurt am Main 2005

Ohm, Barbara, Victoria – Eine englische Prinzessin in Deutschland, in: Rogasch, Wilfried (Hrsg.), Victoria & Albert. Vicky & The Kaiser. Ein Kapitel deutsch-englischer Familiengeschichte, Ostfildern-Ruit 1997, S. 109 – 117

Pakula, Hannah, Victoria. Tochter Queen Victorias, Gemahlin des preußischen Kronprinzen, Mutter Wilhelms II., München 1999

Pangels, Charlotte, Die Kinder Maria Theresias. Leben und Schicksal in kaiserlichem Glanz, 2. Aufl., München 1983

Panzer, Marita A., Agnes Bernauer. Die ermordete „Herzogin", Regensburg 2007

Panzer, Marita, Englands Königinnen. Von den Tudors zu den Windsors, 5. Aufl., München 2009

Pepys, Samuel, Die Geheimen Tagebücher. Hrsg. von Volker Kriegel und Roger Willemsen, Berlin 2004

Philipps, Carolin, Zwischen Krone und Leidenschaft. Caroline Mathilde von Dänemark, Wien 2003

Pourroy, Gustav Adolf, Das Prinzip Intrige. Über die gesellschaftliche Funktion eines Übels, 2. Aufl., Zürich 1988

Riemenschneider, Matthias und Thierfelder, Jörg (Hrsg.), Elisabeth von Thadden. Gestalten – Widerstehen – Erleiden, 2. Aufl., Karlsruhe 2003

Ringshausen, Gerhard, Zwischen Dissens und Widerstand. Geschichte und Einordnung der Tee-Gesellschaft, in: Elisabeth von Thadden. Gestalten – Widerstehen – Erleiden. Hrsg. von Matthias Riemenschneider und Jörg Thierfelder, 2. Aufl., Karlsruhe 2003, S. 188 – 229

Rogasch, Wilfried (Hrsg.), Victoria & Albert. Vicky & The Kaiser. Ein Kapitel deutsch-englischer Familiengeschichte, Ostfildern-Ruit 1997

Roland, Manon, Memoiren und Korrespondenzen. Hrsg. von Rudolf Noack, Leipzig und Weimar 1988

Schad, Martha, Frauen gegen Hitler. Schicksale im Nationalsozialismus, München 2001

Schad, Martha, Stalins Tochter. Das Leben der Swetlana Allilujewa, Bergisch Gladbach 2005

Schiener, Anna, Markgräfin Amalie von Baden (1754-1832), Regensburg 2007

Schlosser, Hans, Agnes Bernauerin (1410-1435). Der Mythos von Liebe, Mord und Staatsräson, in: Zeitschrift der Savigny-Stiftung für Rechtsgeschichte. Germanistische Abteilung 122 (2005), S. 263 – 284

Schmieglitz-Otten, Juliane, Königliche Fluchten. Versuchte Ausbrüche aus der höfischen Etikette, in: Von Kopenhagen nach Celle. Das kurze Leben einer Königin. Caroline Mathilde 1751-1775. Hrsg. vom Bomann-Museum Celle, Celle 2001, S. 107 – 125

Schmölzer, Hilde, Revolte der Frauen. Porträts aus 200 Jahren Emanzipation, 2. Aufl., Klagenfurt und Wien 2008

Schramm-von Thadden, Ehrengard, Erinnerungen an meine Schwester, in: Elisabeth von Thadden. Gestalten – Widerstehen – Erleiden. Hrsg. von Matthias Riemenschneider und Jörg Thierfelder, 2. Aufl., Karlsruhe 2003, S. 158 – 177

Schwarzmaier, Hansmartin, Vom Empire zum Biedermeier: Der badische Hof nach dem Tod Großherzog Karl Friedrichs, in: Württembergisches Landesmuseum (Hrsg.), Baden und Württemberg im Zeitalter Napoleons. Band 2: Aufsätze, Stuttgart 1987, S. 41 – 54

Sinclair, Andrew, Victoria. Kaiserin für 99 Tage, Bergisch Gladbach 1986

Somerset, Anne, Die Giftaffäre. Mord, Menschenopfer und Schwarze Messen am Hof Ludwigs XIV., Essen 2006

Steinau, Norbert, Caroline Mathilde im Kurfürstentum Hannover 1772-1775, in: Von Kopenhagen nach Celle. Das kurze Leben einer Königin. Caroline Mathilde 1751-1775. Hrsg. vom Bomann-Museum Celle, Celle 2001, S. 127 – 154

Stemmler, Theo (Hrsg.), Die Liebesbriefe Heinrichs VIII. an Anna Boleyn, Zürich 1988

Tamussino, Ursula, Margarete von Österreich. Diplomatin der Renaissance, Graz, Wien, Köln 1995

Thierfelder, Jörg, Von der Kooperation zur inneren Distanzierung. Elisabeth von Thadden in der Zeit des Nationalsozialismus, in: Elisabeth von Thadden. Gestalten – Widerstehen – Erleiden. Hrsg. von Matthias Riemenschneider und Jörg Thierfelder, 2. Aufl., Karlsruhe 2003, S. 96 – 133

Thoma, Helga, Ungeliebte Königin. Ehetragödien an Europas Fürstenhöfen, 9. Aufl., München 2010

Treffer, Gerd, Die französischen Königinnen. Von Bertrada bis Marie Antoinette (8.-18. Jahrhundert), Regensburg 1996

Vogt-Lüerssen, Maike, Frauen in der Renaissance. 30 Einzelschicksale, Norderstedt 2006

Wassiljewa, Larissa, Die Kreml-Frauen. Erinnerungen, Dokumente, Legenden, Zürich 1994

Wende, Peter, Karl II. 1649/60-1685, in: Ders., Englische Könige und Königinnen der Neuzeit. Von Heinrich VII. bis Elisabeth II., München 2008, S. 128 – 143

Williams, Neville, Elisabeth I. von England. Beherrscherin eines Weltreichs, München 1976